हिन्दी साहित्य
परम्परागत विवाद एवं नये समाधान

हिन्दी साहित्य :
परम्परागत विवाद एवं नये समाधान

लेखक
डॉ० गणपति चन्द्र गुप्त, एम० ए०, पीएच० डी०, डी० लिट्०
भू० पू० कुलपति, हिमाचल प्रदेश विश्वविद्यालय एवं कुरुक्षेत्र विश्वविद्यालय
आचार्य एवं निदेशक, क० मुं० हिन्दी तथा भाषा-विज्ञान संस्थान,
आगरा विश्वविद्यालय, आगरा

एटलांटिक पब्लिशर्स एण्ड डिस्ट्रीब्यूटर्स
42 5/1, अंसारी रोड, दरियागंज,
नई दिल्ली-110002

प्रकाशक :
एटलांटिक पब्लिशर्स एण्ड डिस्ट्रीब्यूटर्स
4215/1, अन्सारी रोड, दरियागंज,
नई दिल्ली-110002

मुख्य कार्यालय :
बी-2, विशाल इन्क्लेव, नजफगढ़ रोड,
नई दिल्ली-110027
दूरभाष : 5413460

संस्करण : 1990

मुद्रक :
नितिन प्रिंटिंग प्रेस
A-12/32C, मैन गली, जमालू का बाग, विजय मोहल्ला
नहर बाजार, मौजपुर, शाहदरा-दिल्ली-53.

HINDI SAHITYA : Paramparagat Vivad evam Naye Samadhan
By Dr. Ganpati Chandra Gupta

प्राक्कथन

हिन्दी समीक्षा का सूत्रपात ही विभिन्न विवादों से हुआ– आरम्भ में लाला श्रीनिवासदास के "संयोगिता स्वयंवर" नाटक की महत्ता को लेकर आलोचकों में वाद-विवाद छिड़ गया तो आगे चलकर "बिहारी बड़े हैं या देव ?" का विवाद छिड़ गया। इसी तरह केशवदास के महत्त्व को लेकर भी एक लम्बा विवाद चला। क्या केशव और बिहारी में पिता-पुत्र सम्बन्ध है या नहीं? यह विषय भी विवादास्पद रहा। इसी प्रकार हिन्दी साहित्य के "आदिकाल" का तो हिन्दी के दिग्गज आचार्य एवं इतिहासकार पं० हजारीप्रसाद द्विवेदी ने सर्वाधिक विवादास्पद घोषित किया ही है, किन्तु अन्य काल भी विवादों से मुक्त नहीं हैं। आदिकाल की प्रमुख रचना "पृथ्वीराज रासो" की प्रामाणिकता को लेकर भी दीर्घकाल तक विवाद चलता रहा जो कि आज भी अनिर्णीत है।

इस प्रकार हिन्दी में न जाने कितने विवाद उठे और बिना किसी निर्णय के ही धीरे-धीरे शान्त हो गए। शांत होने का कारण यह नहीं है कि उनका समाधान मिल गया अपितु यह कि विद्वानों ने असफल और निराश होकर उनसे मुँह मोड़ लिया। भले ही काल के अन्तराल के कारण इनमें से कुछ विवाद गौण हो गये हों किन्तु बहुत से ऐसे भी हैं जो आज भी उपत्युक्त समाधान की प्रतीक्षा कर रहे हैं।

प्रस्तुत पुस्तक में ऐसे ही कुछ विवादास्पद विषयों को लेकर उनके समाधान प्रस्तुत करने की चेष्टा की गयी है। मैं नहीं कहता कि ये समाधान अन्तिम हैं, किन्तु इस बात का दावा विनम्रतापूर्वक अवश्य कर सकता हूँ कि ये नए हैं, मौलिक हैं और मेरे अपने हैं। अब यह प्रबुद्ध पाठकों एवं विद्वानों का कार्य है कि वे इन समाधानों की संतुलित रूप में परीक्षा करें। यदि इनसे पाठकों की थोड़ी भी संतुष्टि हुई तो मैं अपने प्रयास को सार्थक समझूँगा। इन शब्दों के साथ मैं प्रस्तुत पुस्तक को प्रबुद्ध पाठकों को अर्पित करता हूँ।

क० मुं० हिन्दी तथा भाषा विज्ञान विद्यापीठ,
आगरा विश्वविद्यालय, आगरा-282004

— गणपति चन्द्र गुप्त

विषय-सूची

1

आदिकाल का अस्तित्व कहाँ है ?

हमारे इतिहास-लेखकों ने काल-विभाजन करते हुए संवत् 1050 से 1375 तक के समय को हिन्दी-साहित्य का आदिकाल माना है। इस काल की रचनाओं में वीरगाथात्मक साहित्य की प्रमुखता बताते हुए आचार्य शुक्लजी ने इसे 'वीरगाथा-काल' नाम दिया है। किन्तु उन्होंने जिस सामग्री के आधार पर इस काल का नाम-करण, सीमा-निर्धारण व अन्य विवेचन किया, वह सामग्री ही अप्रामाणिक या बहुत बाद की लिखी हुई है। इस बात का आभास स्वयं शुक्लजी को भी मिल गया था। इसीलिए 'हिन्दी-साहित्य के इतिहास' में उन्होंने अपनी विवशता इन शब्दों में प्रकट की थी—'इसी संदिग्ध सामग्री को लेकर जो थोड़ा बहुत विचार हो सकता है, उसी पर हमें सन्तोष करना पड़ता है।' वस्तुतः इस संदिग्ध सामग्री के आधार पर किया गया विवेचन कई जगह असंगत व दोषपूर्ण बन गया है, जिस पर अर्वाचीन शोध-कार्य से प्राप्त नवीन तथ्यों के प्रकाश में पुनर्विचार करने की गहरी आवश्यकता है।

जिन बारह रचनाओं के आधार पर आचार्य शुक्लजी ने वीरगाथा-काल के विशाल भवन का निर्माण किया था, उनमें कुछ तो हिन्दी की जननी अपभ्रंश से उधार ली गई हैं, कुछ ऐसी हैं जो असंदिग्ध रूप से 16वीं शताब्दी के भी बाद की लिखी हुई हैं, कुछ का मूल रूप प्राप्य नहीं और कुछ ऐसी हैं जिनका नाममात्र 'राठोडां री ख्यात' आदि पुस्तकों में मिलता है, उनके अस्तित्व का कोई पता नहीं। हिन्दी-साहित्य के 'वीरगाथा-काल' के अस्तित्व-निर्माण के लिए अपभ्रंश की रचनाओं को भी सम्मिलित कर लेना उचित नहीं प्रतीत होता। अपभ्रंश से केवल हिन्दी का ही नहीं अन्य प्रान्तीय भाषाओं का भी सम्बन्ध है, अत: उस पर हिन्दी का एकाधिपत्य स्वीकार नहीं किया जा सकता। अन्यथा, चार रचनाओं को ही क्यों, सातवीं शताब्दी से चौदहवीं शताब्दी तक में लिखे गये सारे अपभ्रंश-साहित्य को भी सम्मिलित कर लिया जाता।

वीरगाथा-काल की हिन्दी-रचनाओं में 'बीसलदेव रासो' और 'खुमान रासो'

का रचना-काल विभिन्न विद्वानों द्वारा सत्रहवीं-अठारहवीं शताब्दी सिद्ध किया जा चुका है जिससे ये वीरगाथा-काल की सीमा से शताब्दियों दूर पड़ जाती हैं। 'जयचन्द-प्रकाश' और जयमयंक-जस चन्द्रिका' का तो केवल नामोल्लेख मात्र मिलता है; अतः इनके आधार पर 'वीरगाथा-काल' की चर्चा करना ही व्यर्थ है।

विद्यापति को वीरगाथा-काल के अन्तर्गत रखना भी कुछ असंगत-सा प्रतीत होता है जबकि शुक्लजी स्वयं उनका रचना-काल सं० 1460 वि० के आसपास स्वीकार करते हैं तो फिर क्या कारण है कि उन्हें भक्ति-काल की पवित्र भूमि से वंचित करके, 85 वर्ष पूर्व ही समाप्त हो जाने वाले वीरगाथा-काल के रक्त-रंजित क्षेत्र में स्थान दिया जाता है ? शुक्लजी ने इसका कारण उनका अपभ्रंश में काव्य-रचना करना बताया है। पर इसी कारण से उन्हें पीछे धकेल देना ठीक नहीं जँचता। पहले तो 'वीरगाथा-काल' का अर्थ 'अपभ्रंश-रचना-काव्य' नहीं है, दूसरे केवल भाषा-साम्य के कारण किसी कवि को विगत युग में नहीं रखा जा सकता, तीसरे विद्यापति ने अपभ्रंश के अतिरिक्त देशीभाषा में भी काव्य-रचना की है। इसके अतिरिक्त विद्यापति की काव्य-प्रवृत्तियाँ वीरगाथा-काल की अपेक्षा भक्ति-काल से अधिक साम्य रखती हैं। उनके काव्य की भावधारा वीररस को नहीं, अपितु भक्ति और शृङ्गार को पुष्ट करती है, विषय उनका राधाकृष्ण है तथा शैली मुक्तक गीति की है। ये सब बातें सिद्ध करती हैं कि वे चन्दवरदायी के साथ नहीं, सूर, तुलसी की पंक्ति में बैठने योग्य हैं। वस्तुतः विद्यापति को वीरगाथा-काल में रखकर उनके साथ न्याय नहीं किया गया। चारण-काल के गौरवनाद में उनकी कोमल मधुर रागिनी प्रभाव-शून्य हो जाती है, अतः उनका महत्त्व पूरी तरह नहीं आंका जा सका। पर यदि विद्यापति या अन्य 'जयचन्द-प्रकाश', 'जयमयंक-जस-चन्द्रिका' आदि रचनाओं के लेखकों को इधर उधर से नहीं बुलाया जाता तो यह 'वीरगाथा-काल' का भानुमती का कुनबा कैसे जुड़ता ? अतः विद्वानों के सन्तोष के लिए शुक्लजी ने जो कुछ परिश्रम किया उसकी उपेक्षा न करते हुए भी हम वीरगाथा-काल की उपर्युक्त असङ्गतियों की अवहेलना नहीं कर सकते।

आचार्य शुक्ल जी ने वीरगाथा-काव्य का परिचय देते हुए इस बात की ओर संकेत किया था कि इनके रचयिता अधिकांश में चारण लोग थे। सम्भवतः इस बात से प्रभावित होकर ही डा० रामकुमार वर्मा ने 'वीरगाथा-काल' को 'चारण-काल' नाम दिया है। पर आश्चर्य की बात यह है कि स्वयं डा० वर्मा के इतिहास के नवीनतम संस्करण तक में इस काल की सीमाओं के अन्तर्गत लिखी गई एक भी प्रामाणिक चारण-कृति का उल्लेख नहीं है और साथ ही संवत् 1715 या 1895 तक की रचनाओं को भी इस काल में सम्मिलित कर लिया गया है जबकि वे इस काल की सीमा संवत् 1375 ही स्वीकार करते हैं। यदि उन्हें चारणों को साहित्य में विशेषता देनी ही थी तो 'चारण-काल' के स्थान पर 'चारण-काव्य शीर्षक दे देते तो

भी ये असंगतियाँ नहीं आतीं ।

आचार्य हजारी प्रसाद द्विवेदी ने भी अपने विभिन्न लेखों में 'वीरगाथा-काल' नाम का विरोध किया है और 'आदिकाल' नाम का समर्थन किया है। पर विचारणीय यह है कि क्या इस काल की समस्या केवल नामकरण की ही समस्या है ? यदि हम उसे 'आदिकाल' पुकारने लगते हैं तो क्या वे सारी असंगतियाँ दूर हो जाती हैं जो दूसरे नामों के कारण दिखाई पड़ती हैं ? जहाँ तक हम सोचते हैं ऐसी बात नहीं है। जिस सामग्री के आधार पर इस काल का अस्तित्व निर्मित हुआ था यदि वह सामग्री ही शताब्दियों बाद की लिखी हुई सिद्ध हो जाती है तो उस काल का अस्तित्व ही कहाँ रहा ? वस्तुतः इस काल की अनेक असंगतियों का मुख्य कारण यह है कि सामग्री के अभाव में भी हम इसे हिन्दी का 'वीरगाथा-काल', 'चारण काल' या 'आदिकाल' सिद्ध करना चाहते हैं। यह बात हमारे विद्वानों के कथन से भी प्रमाणित होती है। आचार्य शुक्ल ने स्पष्ट लिखा है कि "दूसरी बात इस आदिकाल के सम्बन्ध में ध्यान देने की यह है कि इस काल की जो साहित्यिक सामग्री प्राप्त है उसमें कुछ तो असंदिग्ध है और कुछ संदिग्ध है। असंदिग्ध सामग्री जो कुछ प्राप्त है उसकी भाषा अपभ्रंश अर्थात् प्राकृताभास—'प्राकृत की रूढ़ियों से बहुत कुछ बद्ध'—हिन्दी है।" शुक्लजी ने अपने इतिहास में सर्वप्रथम सर्वत्र अपभ्रंश को 'प्राकृताभास हिन्दी' या 'पुरानी हिन्दी' माना है। यदि हम अपभ्रंश को हिन्दी से अलग मानें तो स्वयं शुक्लजी के शब्दों में ही आदिकाल के पास हिन्दी की कोई असंदिग्ध सामग्री नहीं रह जाती।

आचार्य हजारी प्रसाद द्विवेदी ने जहाँ एक ओर अपभ्रंश को हिन्दी मानने का का विरोध करते हुए लिखा है कि—"अपभ्रंश को पुरानी हिन्दी कहने का विचार भाषा-शास्त्रीय और वैज्ञानिक नहीं है। भाषा-शास्त्र के अर्थ में जिसे हम हिन्दी कहते हैं वह इस साहित्यिक अपभ्रंश से सीधे विकसित नहीं हुई है। अपभ्रंश को अब कोई भी पुरानी हिन्दी नहीं कहता।" वहाँ दूसरी ओर वे जैन मुनियों व सिद्धों के अपभ्रंश साहित्य के आधार पर हिन्दी के 'आदिकाल' का नव निर्माण करना चाहते हैं। वे इस काल की सामग्री को दो वर्गों में विभाजित करते हैं—एक वह जो साहित्यिक अपभ्रंश में लिखित है, दूसरी वह जो 'लोक-भाषा' या 'अपभ्रंश से कुछ आगे बढ़ी हुई भाषा' में लिखित है। किन्तु दूसरे वर्ग की रचनाओं के 'मूल रूप' बहुत परिवर्तित और विकृत हो गये हैं। इन्हें हम संदिग्ध ग्रंथ कह सकते हैं।

अतः यह स्पष्ट है कि आदिकाल की प्रामाणिक सामग्री अपभ्रंश में ही लिखित है। अब हमारे सामने दो रास्ते हैं—एक यह है कि अपभ्रंश को 'प्राचीन हिन्दी' मानकर अपभ्रंश रचनाओं के आधार पर 'आदिकाल' का अस्तित्व बनाये रखें या अपभ्रंश को, चाहे वह अपभ्रंश साहित्यिक हो या असाहित्यिक, उसे हिन्दी से भिन्न घोषित करके उसकी रचनाओं के आधार पर हिन्दी के 'आदिकाल' को बनाये रखने

का विचार छोड़ दें। यदि हम पहली राह स्वीकार करते हैं तो अपभ्रंश के उस साहित्य को भी सम्मिलित करना पड़ेगा जो सातवीं शताब्दी से दसवीं शताब्दी तक लिखा गया था, और इस प्रकार इस काल की आरम्भिक सीमा संवत् 700 के लगभग माननी होगी। श्री राहुल सांकृत्यायनजी ने भी ऐसा ही किया है। उन्होंने आदिकाल को 'सिद्ध सामन्त युग' नाम देकर अपभ्रंश को पुरानी हिन्दी मानते हुए अपभ्रंश के सभी काव्य-ग्रन्थों को सम्मिलित किया है और इस काल की सीमा सन् 760 ई० से 1300 ई० तक मानी है। इसमें कोई सन्देह नहीं कि सांकृत्यायनजी का यह प्रयत्न उन आलोचकों की अपेक्षा अधिक अच्छा है जो एक साथ दो घोड़ों पर सवार होते हुए एक ओर अपभ्रंश को हिन्दी का पर्यायवाची मानते हैं, दूसरी ओर अपभ्रंश की रचनाओं को सम्मिलित नहीं करते या अपभ्रंश को हिन्दी से भिन्न मानते हैं, पर जैनियों व सिद्धों के अपभ्रंश-साहित्य के आधार पर 'आदिकाल' का ढांचा सुरक्षित रखना चाहते हैं। पर अपभ्रंश को हिन्दी या पुरानी हिन्दी मान लेने से अन्य प्रान्तीय भाषाओं के अधिकारों पर कुठाराघात होता है। इसी तथ्य को ध्यान में रखते हुए राहुलजी ने लिखा है कि—"हम जब पुराने कवियों की भाषा को हिन्दी कहते हैं तो इस पर मराठी, उड़िया, बंगला, आसामी, गोरखा, पंजाबी, गुजराती भाषा-भाषियों को आपत्ति हो सकती है। उन्हें भी उसे अपना कहने का उतना ही अधिकार है जितना हिन्दी भाषा-भाषियों को। वस्तुतः वे सारी आधुनिक भाषाएँ बारहवीं-तेरहवीं शताब्दी में अपभ्रंश से अलग होती दीख पड़ती हैं। वस्तुतः ये सिद्ध-सामन्त-युगीन कवियों की रचनाएँ उपरोक्त सारी भाषाओं की सम्मिलित निधि हैं।"

सांकृत्यायनजी के उपर्युक्त कथन में यह आश्चर्यजनक असंगति है कि वे एक ओर तो अपभ्रंश को सभी अन्य भाषाओं की 'सम्मिलित निधि' बताते हैं, दूसरी ओर उस पर हिन्दी का ऐसा एकाधिपत्य स्वीकार करते हैं कि उसे पुरानी हिन्दी तक कह डालते हैं। सांकृत्यायनजी का यह हिन्दी-प्रेम सराहनीय है फिर भी हमें यहाँ दूसरी भाषाओं के अधिकारों को ध्यान में रखते हुए हिन्दी के साहित्य-भंडार को अनुचित रूप में बढ़ाने का लोभ संवरण ही करना पड़ेगा तथा अपभ्रंश को अपभ्रंश कहना ही ज्यादा न्याय-संगत होगा।

अतः हमारे सामने दूसरी राह ही रह जाती है। जिस काल को हम हिन्दी का 'आदिकाल' कहते हैं, जिसमें अपभ्रंश में लिखित विपुल सामग्री मिलती है जबकि एक भी ऐसी रचना नहीं मिलती जिससे हम असंदिग्ध रूप से हिन्दी की कह सकें, उस काल को हिन्दी का 'आदिकाल' न कहकर अपभ्रंश का उत्तर काल' कहना ही अधिक उचित होगा। यदि हम पृथ्वीराज रासो को छोड़ दें तो हिन्दी की एक भी असंदिग्ध रचना ऐसी नहीं है जिसे 1300 वि० पूर्व की लिखी हुई कह सकें। पृथ्वीराज रासो की भी, यदि वह प्रामाणिक है तो उसकी रचना मूलतः अपभ्रंश में ही हुई होगी, इस

बात का समर्थन श्री मुनि जिनविजय के छन्द व लघुतम संस्करण का डॉ० दशरथ शर्मा द्वारा किया गया अपभ्रंश अनुवाद आदि के द्वारा होता है। वास्तव में शुक्लजी ने हिन्दी साहित्य का उदय-काल जो संवत् 1050 के लगभग स्थिर किया था, वह इस मिथ्या धारणा पर आधारित है कि अपभ्रंश हिन्दी से भिन्न नहीं, वह पुरानी हिन्दी ही है। मानने के लिए तो वे सातवीं शताब्दी से ही हमारे साहित्य का प्रारम्भ मान लेते, क्योंकि इसी समय से अपभ्रंश-काव्य-रचना प्रारम्भ हो गई थी, पर इन रचनाओं में उन्हें साहित्यिकता नजर नहीं आई, योग-मार्गियों की साम्प्रदायिकता ही दिखाई पड़ी। अपने इतिहास में उन्होंने स्पष्ट लिखा है—"अपभ्रंश या प्राकृताभास हिन्दी के पद्यों का सबसे पुराना पता तांत्रिक और योगमार्गी बौद्धों की साम्प्रदायिक रचनाओं के भीतर विक्रम की सातवीं शताब्दी के अन्तिम चरण में लगता है। मुंज और भोज के समय संवत् 1050 के लगभग में तो ऐसी अपभ्रंश या पुरानी हिन्दी का पूरा प्रचार शुद्ध साहित्य या काव्य-रचनाओं में भी पाया जाता है। अतः हिन्दी-साहित्य का आदिकाल संवत् 1050 से लेकर 1375 तक माना जा सकता है।"

अतः अपभ्रंश को हिन्दी से भिन्न मानने की स्थिति में हिन्दी-साहित्य का आरम्भ संवत् 1300 के बाद से स्वीकार करना होगा। यद्यपि इसमें कोई सन्देह नहीं कि हिन्दी-भाषा का विकास दसवीं शताब्दी से प्रारम्भ हो गया था, किन्तु उसका पूर्ण विकास होने में और साहित्य के द्वार तक पहुँचने में लगभग तीन शताब्दियों का समय लग गया। चौदहवीं-पन्द्रहवीं शताब्दी में हिन्दी ने साहित्य का आसन अपभ्रंश से छीनकर पूर्णतः अपने अधिकार में ले लिया। अतः हिन्दी-साहित्य का 'आदिकाल' संवत् 1300 से 1700 माना जा सकता है, जिसे दूसरा नाम 'भक्ति-काल' भी दिया जा सकता है। वीर-गाथात्मक साहित्य को भक्ति-काल की ही एक अन्तर्धारा के रूप में रखा जा सकता है। जिस समय मध्य देश के कुछ भू-भागों में निर्गुण का उपदेश प्रवाहित हो रहा था, अवध और व्रज में राम-कृष्ण की लीलाओं का गान हो रहा था, उसी काल में राजस्थान के कवि 'बीसलदेव रासो' व अन्य रासो-ग्रन्थों का प्रणयन कर रहे थे। अतः इन वीर-गाथाओं को 'भक्ति-काल' की पूर्ववर्ती मानने के स्थान पर सम-सामयिक रचनाएँ मान कर अध्ययन करना ऐतिहासिक दृष्टि से अधिक उचित होगा। यदि हम 'भक्ति-काल' को इतना लम्बा न रखना चाहें तो उसे सुविधानुसार दो भागों में भी विभक्त कर सकते हैं। भक्ति-काल की काल-सीमाएँ भी, यदि हम आवश्यकता समझें तो दस-बीस वर्ष आगे-पीछे बढ़ा सकते हैं किन्तु सबसे महत्त्व की बात यह है कि हमें हिन्दी-साहित्य का आरम्भ 13वीं शताब्दी के बाद से मानना होगा तथा वीरगाथाकाल को भक्तिकाल से भिन्न या पूर्ववर्ती मानने का भारी भ्रम दूर कर देना होगा तथा अपभ्रंश-काव्य की इस दोहरी स्थिति को मिटा देना होगा कि कभी हम उन्हें हिन्दी की निधि घोषित करें और कभी सभी भाषाओं की सम्मिलित निधि। अन्यथा हिन्दी के इस अस्तित्वहीन

'आदिकाल' की ये अनेक असंगतियाँ ज्यों की त्यों बनी रहेंगी, जो आज हमारे विद्वानों व विद्यार्थियों के अध्ययन के मार्ग को अवरुद्ध बनाये हुए हैं तथा अन्य भाषा-भाषी-विद्वानों के लिए हमारी एकांगिता या काल-विभाजन की अक्षमता के ज्वलन्त प्रमाण के रूप में उपस्थित हैं ।[1]

—०—

1. यह लेख 'साहित्य-संदेश' में सितम्बर 1954 में प्रकाशित हुआ था, अतः यह लेखक की उस समय की धारणाओं को प्रस्तुत करता है । इसके अनन्तर लेखक ने अपने अनुसंधान के द्वारा आदिकाल के बारे में नये तथ्यों की खोज करते हुए उसे नये रूप में प्रतिष्ठित किया है । इस सम्बन्ध में अगले दो लेख एवं लेखक की अन्य कृतियाँ 'हिन्दी साहित्य का वैज्ञानिक इतिहास' व 'आदिकाल की प्रामाणिक रचनाएँ' आदि द्रष्टव्य हैं ।

2

आदिकाल : सर्वाधिक विवादग्रस्त काल

हिन्दी-साहित्य का प्रारम्भिक काल—जिसे आदिकाल, वीरगाथाकाल, चारण-काल आदि अनेक संज्ञाओं से विभूषित किया गया है—हिन्दी का सबसे अधिक विवाद-ग्रस्त काल है। आचार्य हजारी प्रसाद द्विवेदी ने इस काल की जटिलताओं को स्वीकार करते हुए लिखा है—"शायद ही भारतवर्ष के साहित्य के इतिहास में इन विरोधों और स्वतोव्याघातों का युग कभी आया होगा। इस काल में एक तरफ तो संस्कृत के ऐसे बड़े-बड़े कवि उत्पन्न हुए जिनकी रचनाएँ अलंकृत काव्य-परम्परा की चरम-सीमा पर पहुँच गयी थीं और दूसरी ओर अपभ्रंश के कवि हुए जो अत्यन्त सहज-सरल भाषा में अत्यन्त संक्षिप्त शब्दों में अपने मार्मिक भाव प्रकट करते थे। इस काल की कहानी को स्पष्ट करने का प्रयत्न बहुत दिनों से किया जा रहा है तथापि उसका चेहरा अब भी अस्पष्ट ही रह गया है।" (हिन्दी साहित्य का आदिकाल पृष्ठ-1)

नामकरण की समस्या—आदिकाल की अनेक समस्याओं में से सर्वप्रथम तो उसके नामकरण की ही है। सबसे पूर्व मिश्र-बन्धुओं ने इसे 'आदिकाल' नाम से पुकारा, किन्तु आचार्य रामचन्द्र शुक्ल ने इस युग में वीरगाथात्मक रचनाओं की प्रधानता बताते हुए उसे 'वीरगाथा काल' नाम दिया। किन्तु वास्तविकता यह है कि शुक्ल जी के द्वारा उल्लिखित वीर-गाथाओं—खुमान रासो, बीसलदेव रासो, पृथ्वीराज रासो, जयचन्द प्रकाश, जयमयंक-जस-चन्द्रिका और परमाल-रासो—में से कुछ तो परवर्ती युग में रचित सिद्ध हो चुकी हैं (जैसे—खुमान रासो व परमाल रासो), कुछ अप्रामाणिक (पृथ्वीराज रासो) हैं, और कुछ वीररस से शून्य प्रेमकाव्य (बीसलदेव रासो) तथा कुछ का अस्तित्व ही नहीं है। अतः इसे 'वीर-गाथा-काल' कहना निरर्थक है। डा० रामकुमार वर्मा ने संभवतः शुक्लजी की इस धारणा से प्रभावित होकर कि इन वीर-गाथाओं के रचयिता राज्याश्रित चारण थे, इसे 'चारण-काल' की संज्ञा दी है। किन्तु इस युग के अन्तर्गत उन्होंने जिन रचनाओं को स्थान दिया, उनमें से अधिकांश सोलहवीं

शताब्दी से लेकर उन्नीसवीं शताब्दी तक रचित हैं और जो रचनाएँ इस काल की सीमा में आती हैं, उनमें किसी का भी रचयिता कोई चारण नहीं है, यह तथ्य स्वयं डा० वर्मा द्वारा रचनाओं के दिये गए परिचय—रचनाकाल एवं रचयिता—से ही सिद्ध हो जाता है। ऐसी स्थिति में इसे 'चारणकाल' कहना भी उपयुक्त प्रतीत नहीं होता।

श्री राहुल सांकृत्यायन ने अपभ्रंश और हिन्दी को एक ही भाषा मानते हुए इस काल का नामकरण 'सिद्ध-सामंत युग' किया है। 'सिद्ध' वज्रयानी सिद्धों की अपभ्रंश रचनाओं का प्रतीक है और 'सामंत' हिन्दी के वीर-रसात्मक साहित्य का सूचक, किन्तु उनके मत को स्वीकार करने में भी कई आपत्तियाँ हैं। एक तो अपभ्रंश और हिन्दी को एक मानना ही अनुचित है, अन्यथा आधुनिक युगीन प्रान्तीय भाषाएँ—गुजराती, बंगला, मराठी आदि—जो अपभ्रंश से विकसित हुई हैं, हिन्दी की ही शाखाएँ सिद्ध हो जाएँगी। सम्भवत: हिन्दी-प्रेमी जनता इसे स्वीकार कर ले, किन्तु अन्य प्रांतीय भाषाओं के समर्थक इसे कभी मानने को तैयार नहीं होंगे। दूसरे, यदि हिन्दी और अपभ्रंश को एक कहा जा सकता है तो फिर अपभ्रंश और प्राकृत या प्राकृत और पालि को एक कहने में क्या अड़चन है ? फिर तो हिन्दी के अन्तर्गत पालि, प्राकृत, अपभ्रंश आदि का सारा साहित्य लिया जा सकता है और उस स्थिति में इस युग का नाम 'सिद्ध-सामंत युग' ही नहीं, जैन-सिद्ध-सामंतादि युग' रखना होगा, क्योंकि इस युग के सबसे बड़े कवि जैन हैं।

इस समस्या के समाधान में आचार्य हजारी प्रसाद जी ने भी योग देते हुए लिखा है कि "वस्तुत: हिन्दी का 'आदिकाल' शब्द एक प्रकार की भ्रामक धारणा की सृष्टि करता है और श्रोता के चित्त में यह भाव पैदा करता है कि यह काल कोई आदिम मनोभावापन्न, परम्परा-विनिर्मुक्त, काव्य रूढ़ियों से अछूते साहित्य का काल है, यह ठीक नहीं है। यह काल बहुत अधिक परम्परा-प्रेमी, रूढ़िग्रस्त और सजग-सचेत कवियों का काल है।...यदि पाठक इस धारणा से सावधान रहें तो यह नाम बुरा नहीं है।" इस नाम की अनुपयुक्तता तो इसी से सिद्ध हो जाती है कि पाठक या श्रोता के मस्तिष्क को इसके साथ सदैव एक लम्बा वाक्य चेतावनी के रूप में संवाहित करना पड़ता है अन्यथा भ्रान्ति में पड़ जाने का भय है। यह इस काल का दुर्भाग्य है कि हमारे चोटी के इतिहासकारों के पचास-वर्ष के दीर्घ प्रयत्न के पश्चात् भी इसे कोई निर्भ्रान्त नाम नहीं मिल सका।

अपभ्रंश और हिन्दी की भिन्नता—यह नामकरण की समस्या स्वयं तो हल हो ही नहीं पाई, इसने कई नवीन समस्याओं को और जन्म दे दिया है। एक ओर श्री राहुल सांकृत्यायन ने इस सबंध में अपभ्रंश और हिन्दी की एकता पर प्रकाश डाला था, जिसका विवेचन ऊपर किया जा चुका है। ऊपर आचार्य शुक्ल ने भी कुछ ऐसी ही मौलिक बातें कही हैं— वे भी अपभ्रंश को "प्राकृताभास हिन्दी" का नाम देते हुए इसका

उद्भव विक्रम की सातवीं शती से मानते हैं—"अपभ्रंश या प्राकृताभास हिन्दी के पद्यों का सबसे पुराना पता तांत्रिक और योगमार्गी बौद्धों की साम्प्रदायिक रचनाओं के भीतर विक्रम की सातवीं शताब्दी के अन्तिम चरण में लगता है।...अत: हिन्दी काव्य-भाषा के पुराने रूप का पता हमें विक्रम की सातवीं शताब्दी के अन्तिम चरण में लगता है। (हि० सा० का इतिहास पृष्ठ 3 व 20) यहाँ प्रश्न उठता है, जब इस 'प्राकृताभास हिन्दी' का उदय सातवीं शताब्दी से पूर्व ही हो गया था तो फिर आदिकाल का प्रारम्भ 1050 वि० से मानने में क्या संगति है ? इससे पूर्व जो अपभ्रंश कवि हो चुके हैं, उन्हें हिन्दी साहित्य में स्थान क्यों नहीं दिया गया है ? इसका समाधान करते हुए शुक्लजी ने उत्तर दिया है कि "उनकी रचनाओं का जीवन की स्वाभाविक सरणियों, अनुभूतियों और दशाओं से कोई संबंध नहीं है। वे साम्प्रदायिक शिक्षा मात्र हैं, अत: शुद्ध साहित्य की कोटि में नहीं आ सकतीं।" (हि० सा० ई०, पृष्ठ 21)। इसका तात्पर्य यह है कि यदि शुक्लजी को यह विश्वास हो जाता कि जैन और सिद्ध कवियों की अपभ्रंश-रचनाओं में साहित्यिकता है तो वे हिन्दी साहित्य का आरम्भ सातवीं शताब्दी से ही मान लेते। पर शायद वे ऐसा भी नहीं करते, क्योंकि आगे चलकर उन्होंने अपने इतिहास में 'अपभ्रंश-काल' और 'देश भाषा काव्य' शीर्षक दो अध्याय अलग-अलग दिए हैं तथा दोनों अध्यायों में ही नवीं से पन्द्रहवीं शती तक की रचनाओं को स्थान दिया है। ऐसा प्रतीत होता है कि उनकी इस प्रारम्भिक धारणा में कि 'प्राकृताभास हिन्दी' है, आगे चलकर परिवर्तन आ गया क्योंकि अगले अध्याय में वे 'अपभ्रंश' को इसी नाम से पुकारते हैं, 'प्राकृताभास हिन्दी' के नाम से नहीं।

प्रामाणिक रचनाओं का अभाव—आचार्य हजारी प्रसाद द्विवेदी ने शुक्लजी की मान्यताओं का खंडन करते हुए सिद्ध किया है—"अब यह स्पष्ट है कि जिन ग्रंथों के आधार पर इस काल का नाम वीरगाथा काल रखा गया है, उनमें से कुछ नोटिस मात्र से बहुत अधिक महत्वपूर्ण नहीं हैं और कुछ या तो पीछे की रचनाएँ हैं या पहले की रचनाओं के विकृत रूप हैं। इन पुस्तकों को गलती से प्राचीन मान लिया गया है।" साथ ही उन्होंने डॉ० मोतीलाल मेनारिया के इस मत का भी समर्थन किया है कि वीर-गाथाएँ किसी युग विशेष की प्रवृत्ति न होकर चारण, भाट आदि कुछ वर्ग के कवियों की जातिगत मनोवृत्ति की सूचक हैं। यदि इनकी रचनाओं के आधार पर कोई निर्णय किया जाय, तब तो वीरगाथा काल राजस्थान में आज भी ज्यों का त्यों बना है।

आचार्य हजारी प्रसाद जी ने स्पष्ट रूप से घोषणा की है कि आदिकाल में हिन्दी भाषी-प्रदेश में रचित एक भी ऐसी रचना नहीं मिलती जिसे हिन्दी की कहा जा सके। उन्ही के शब्दों में —"वस्तुत: 14वीं शताब्दी के पहले की भाषा का रूप हिन्दी-भाषी प्रदेशों में क्या और कैसा था, इसका निर्णय करने योग्य साहित्य आज उपलब्ध नहीं हो रहा है। जो एकाध शिलालेख और ग्रंथ मिल जाते हैं, वे बताते हैं कि यद्यपि गद्य की और बोलचाल की भाषा में तत्सम शब्दों का प्रचार बढ़ने लगा था, पर पद्य में

अपभ्रंश का ही प्राधान्य था।" प्रश्न है चौदहवीं शताब्दी से पूर्व हिन्दी की कोई प्रामाणिक रचना उपलब्ध क्यों नहीं है ? इस विषय में द्विवेदी जी का कथन है कि इस युग में मध्य देश के शासक गाहड़वाल नरेश थे। वे "इस प्रदेश की जनता से भिन्न और विशिष्ट बने रहने की प्रवृत्ति के कारण देशी भाषा और उसके साहित्य को आश्रय नहीं दे सके और यही कारण है कि जहाँ तक उनका राज्य था, वहाँ देशी भाषा का साहित्य सुरक्षित नहीं रह सका। अंतिम पीढ़ियों में ये लोग देशी भाषा-साहित्य को प्रोत्साहन देने लगे थे।" द्विवेदी जी का यह मत मौलिक होते हुए भी सर्वमान्य नहीं हो पाया है। डा० दशरथ शर्मा ने इसका खंडन करते हुए लिखा है—"कन्नौज सदा से देशी भाषा को मान देता रहा है। यदि संस्कृत-संस्कृति के प्रबल समर्थक गोविन्दचन्द्र ने भी देशी भाषा को इतना मान दिया तो हम किस आधार पर कह सकते हैं कि उसके एक-दो पूर्वजों ने ही देशी भाषा से विरोध किया था और उन्होंने विरोध भी किया हो तो तीस-चालीस वर्षों में किसी भाषा का साहित्य सर्वथा नष्ट नहीं हो जाता।"—(आलोचना, अंक 7, पृष्ठ 116)। यह भी ध्यान रहे कि कन्नौज पर गाहड़वालों का अधिपत्य 1090 ई० में हुआ तथा देशी भाषा को आश्रय देने वाले गोविन्दचन्द्र सन् 1114 में गद्दी पर बैठे; अत: द्विवेदी जी का कथित उपेक्षाकाल 24 वर्ष का ही सिद्ध होता है। इस अल्पकालीन उपेक्षा के कारण परवर्ती शताब्दियों का भी साहित्य किस प्रकार नष्ट हो गया, यह बात हमारी समझ के बाहर है।

यदि थोड़ी देर के लिए यह मान भी लिया जाए कि गाहड़वालों की उपेक्षा के कारण हमारे साहित्य को आश्रय नहीं मिला, तो भी उन अज्ञात, अरचित या अरक्षित रचनाओं के आधार पर इतिहास का ढाँचा खड़ा नहीं किया जा सकता। जब हमारे पास इस युग की कोई प्रामाणिक रचना ही नहीं तो इसका नामकरण कैसा ? इसी तथ्य को ध्यान में रखते हुए प्रस्तुत पंक्तियों के लेखक ने एक लेख—"आदिकाल का अस्तित्व कहाँ है ?"—(साहित्य-सन्देश, नवम्बर, 54) प्रकाशित करवाया था, किन्तु उसका उत्तर आज तक किसी विद्वान् ने देने का कष्ट नहीं किया। वस्तुत: इस युग में हिन्दी की प्रामाणिक रचनाएँ न मिलने का कारण मुसलमानों का आक्रमण, देश की अशान्ति या किसी शासक-विशेष की अवज्ञा नहीं है, यदि ऐसा होता तो इस युग में रचित अपभ्रंश की शताधिक रचनाएँ उपलब्ध नहीं होतीं। यह युग साहित्य की दृष्टि से अपभ्रंश का युग है, किन्तु हम उसे बलात् हिन्दी का आदिकाल या वीरगाथाकाल सिद्ध करना चाहते हैं। फलस्वरूप कभी हम अपभ्रंश की रचनाओं को उधार लेते हैं, कभी अस्तित्वहीन या परवर्ती रचनाओं का आश्रय ग्रहण करते हैं और कभी साहित्य नष्ट हो जाने की कहानियाँ कहकर आँसू बहाते हैं।

वस्तुत: आदिकाल की विभिन्न समस्याओं के समाधान का एक ही मार्ग है कि हम अपने वैयक्तिक पूर्वाग्रहों एवं दुराग्रहों को त्यागकर सबसे पूर्व इस बात का निर्णय करें कि हिन्दी भाषा और उसके साहित्य का उद्भव कब हुआ, तदनन्तर इस काल की प्रामाणिक हिन्दी रचनाओं के आधार पर इसके नाम, काल-सीमा एवं प्रवृत्तियों आदि

का निर्धारण करें। अस्तु, हम आगे ऐसा ही करने का प्रयास करेंगे।

हिन्दी भाषा और साहित्य का उद्भव-काल—प्रारम्भ में विद्वानों की धारणा थी कि अपभ्रंश और हिन्दी एक ही भाषा है, अतः उन्होंने अपभ्रंश की रचनाओं के आधार पर ही हिन्दी भाषा और साहित्य का उद्भव लगभग सात सौ विक्रमी स्वीकार किया। किन्तु अब यह निर्विवाद-रूप से निर्णीत हो गया है कि अपभ्रंश और हिन्दी दो भिन्न भाषाएँ हैं, यह दूसरी बात है कि हिन्दी का विकास अपभ्रंश से ही हुआ है। हिन्दी का विकास किस समय हुआ—इस संबंध में विद्वानों के अलग-अलग मत हैं। पर जैसा कि हमने अपने 'हिन्दी साहित्य का वैज्ञानिक इतिहास' में विभिन्न भाषा-वैज्ञानिकों एवं आलोचकों के विचारों की छानबीन करते हुए सप्रमाण सिद्ध किया है, हिन्दी का उद्भव ग्यारहवीं शती के आरम्भ में हो चुका था। इस तथ्य को प्रमाणित करने के लिए पण्डित दामोदर रचित 'उक्ति व्यक्ति प्रकरण' (12वीं शती), आचार्य हेमचन्द्र के 'प्राकृत-व्याकरण' (12वीं शती), रोड़ाकृत, 'राउलवेल' (12वीं शती) के शिलालेख आदि को देखा जा सकता है, जिनमें प्रारम्भिक हिन्दी के नमूने उपलब्ध हैं।

कुछ विद्वान् हिन्दी भाषा और हिन्दी-साहित्य दोनों का आविर्भाव साथ-साथ मान लेते हैं जो ठीक नहीं। किसी भी लोक-भाषा और उसके साहित्य, दोनों का उद्भव साथ-साथ नहीं माना जा सकता। हमारे कुछ इतिहासकारों ने तो हिन्दी भाषा का उद्भव 12वीं-13वीं शती में और हिन्दी साहित्य का उद्भव सातवीं शती तक में मान लिया है, जो हास्यास्पद है। क्या हिन्दी भाषा के उद्भव से पूर्व ही हिन्दी साहित्य का आविर्भाव सम्भव है? वस्तुतः दृष्टि की अवैज्ञानिकता एवं चिन्तन की अस्पष्टता के कारण ही इस प्रकार की धारणाएँ व्यक्त की जाती हैं, अन्यथा यह स्पष्ट है कि साहित्य का आविर्भाव भाषा के उद्भव-काल के अनन्तर ही सम्भव है।

हिन्दी साहित्य के अविर्भाव-काल के निर्णय के लिए हमें यह देखना है कि हिन्दी का सबसे पहला कवि कौन है? प्रचलित इतिहास-ग्रन्थों से इस प्रश्न का कोई उत्तर नहीं मिलता। आचार्य शुक्ल एवं द्विवेदीजी जैसे इतिहासकार भी इस प्रश्न के संबंध में मौन हैं। कुछ इतिहासकारों ने सातवीं शती के पुष्प या आठवीं शती के स्वयंभू का नाम लिया है, पर इनमें से एक की तो कोई रचना ही उपलब्ध नहीं है और दूसरा अपभ्रंश का कवि है। वस्तुतः सातवीं-आठवीं शती में जबकि हिन्दी भाषा का ही अविर्भाव नहीं हुआ था, किसी हिन्दी कवि के अस्तित्व की कल्पना करना निरर्थक है। आचार्य शुक्ल ने आदिकाल के हिन्दी कवियों में सबसे पहले 'खुमान रासो' के रचयिता दलपति विजय का परिचय दिया है, क्योंकि इसका रचना-काल उनके मतानुसार दसवीं शताब्दी था, पर अब यह निर्विवाद रूप से सिद्ध हो गया है कि यह रचना अठारहवीं शती में रचित है। आचार्य शुक्ल द्वारा उल्लिखित अन्य रचनाओं में

से 'बीसलदेव रासो', पृथ्वीराज रासो, अमीर खुसरो की पहेलियाँ, 'परमार रासो', आदि में से भी किसी को हिन्दी की पहली रचना होने का गौरव नहीं दिया जा सकता, क्योंकि एक तो उनके रचनाकाल अनिश्चित हैं, दूसरे उनमें से कोई भी तेरहवीं शती से पूर्व रचित सिद्ध नहीं होती। यह भी आश्चर्य की बात है कि प्रथम रचना का निर्णय किए बिना ही आचार्य शुक्ल ने कोरे अनुमान के आधार पर हिन्दी साहित्य का आविर्भाव-काल 1050 विक्रमी घोषित कर दिया है।

यदि पूर्ववर्ती इतिहासकारों द्वारा उल्लिखित कवियों में से ही किसी को हिन्दी का पहला कवि स्वीकार करना है तो कबीर ही पहले कवि सिद्ध होते हैं, क्योंकि अन्य पूर्ववर्ती कवियों का जीवन-काल एवं रचना-काल या तो अनिश्चित है या फिर वह कबीर के बाद पड़ता है। ऐसी स्थिति में हिन्दी साहित्य का आरम्भ भक्तिकाल से मानना पड़ेगा तथा पूरे आदिकाल को अस्तित्वहीन मानते हुए हिन्दो साहित्य के इतिहास में से निकाल देना पड़ेगा। आचार्य हजारी प्रसाद द्विवेदी ने अपने इतिहास (हिन्दी साहित्य उद्भव और विकास) में भक्तिकाल के साथ 'वास्तविक हिन्दी साहित्य का आरम्भ' विशेषण लगाकर अप्रत्यक्ष में यह स्वीकार कर लिया है कि वास्तव में भक्तिकाल से हिन्दी-साहित्य का आरम्भ होता है। पर इधर गुजरात के जैन-भण्डारों से कुछ ऐसे रास संज्ञक ग्रन्थ उपलब्ध हुए हैं, जो कि निश्चित रूप में 12वीं-13वीं शती में रचित हैं तथा जिनकी भाषा प्रारम्भिक हिन्दी है। अतः इसके आधार पर हिन्दी साहित्य के आदिकाल के अस्तित्व को बचाया जा सकता है। इन रचनाओं में सबसे प्राचीन शालिभद्र सूरि रचित 'भरतेश्वर बाहुबलि रास' है, जिसका रचना-काल स्वयं कवि के निर्देशानुसार सवत् 1241 वि० (1184 ई०) है। अतः हम इसी रचना को हिन्दी की प्राचीनतम उपलब्ध प्रामणिक साहित्यिक रचना मानते हुए मुनि शालिभद्र सूरि को हिन्दी का प्रथम कवि तथा 1184 ई० को हिन्दी साहित्य का आविर्भाव-काल मान सकते हैं।[1] कुछ विद्वानों ने भ्रांतिवश "भरतेश्वर बाहुबलि रास" को अपभ्रंश की रचना माना है, किन्तु जैसा कि डा० हरीश तथा अन्य विद्वानों ने इसकी भाषा का वैज्ञानिक अनुशीलन करने के अनन्तर सिद्ध किया है, इसकी भाषा ग्राम्य अपभ्रंश का विकसित रूप है, जिसे प्रारम्भिक हिन्दी कहा जा सकता है। परिनिष्ठित अपभ्रंश से यह भिन्न है। यहाँ नमूने के रूप में कुछ पंक्तियां प्रस्तुत हैं—

हा ! कुल मंडल हा कुल बीर !
हा ! समरंगणि साहस धीर
× × ×
कहि कुण ऊपरि कीजइ रोसु
एहु जि दीजइ दैवह दोसु !

वस्तुतः यह स्पष्ट ही बारहवीं शती की राजस्थानी या हिन्दी की रचना है।

1. हिन्दी के प्रथम कवि के सम्बन्ध में विस्तृत विचार आगे अलग लेख में प्रस्तुत है।

अतः हमें परम्परागत भ्रांतियों का परित्याग करते हुए हिन्दी साहित्य का आविर्भाव काल या आदिकाल (प्रारम्भिक काल) की आरम्भिक सीमा के रूप में सन् 1184ई० को निःसंकोच स्वीकार कर लेना चाहिए।

आदिकाल की प्रामाणिक रचनाएँ—इस काल की प्रामाणिक रचनाओं का निर्णय करना भी एक समस्या है, क्योंकि अब तक विभिन्न इतिहासकारों ने इस काल के अन्तर्गत जिन रचनाओं को स्थान दिया है वे विभिन्न कारणों से अप्रामाणिक सिद्ध होती जा रही हैं। मिश्रबन्धुओं ने अपने ग्रंथ में भगवद्‌गीता, वर्त्तमाल, समंतसार आदि ऐसी रचनाओं का विवरण दिया है, जो आचार्य शुक्ल के मतानुसार "नोटिस मात्र" हैं या जिनका अस्तित्व ही नहीं है। राहुल सांकृत्यायन ने भी "हिन्दी-काव्य-धारा" के अन्तर्गत अपभ्रंश के कवियों को स्थान दिया है जो उचित नहीं। स्वयं आचार्य रामचन्द्र शुक्ल ने इस काल के अन्तर्गत ये बारह रचनाएँ स्वीकृत की हैं—(1) विजयपाल रासो (2) हम्मीर रासो (3) कीर्तिलता (4) कीर्तिपताका (5) खुमान रासो (6) बीसलदेव रासो (7) पृथ्वीराज रासो (8) जयचंद्र प्रकाश (9) जय-मयंक-जस-चद्रिका (10) परमाल रासो (11) खुसरो की पहेलियाँ (12) विद्यापति की पदावली। इनमें से प्रथम चार तो अपभ्रंश की रचनाएँ हैं, अतः उन्हें हिन्दी-साहित्य के अन्तर्गत स्थान नहीं दिया जा सकता। पाँचवीं—"खुमान रासो" का रचनाकाल संवत् 1760 के बाद सिद्ध हो चुका है, अतः उसे आदिकाल की रचना नहीं कहा जा सकता। "बीसलदेव रासो" और "पृथ्वीराज रासो" का भी रचनाकाल विवादास्पद है तथा उन्हें पूर्णतः प्रामाणिक भी नहीं माना जाता। "जयचंद्र प्रकाश" एवं "जय-मयंक-जस-चंद्रिका" का अस्तित्व ही नहीं, उनका नाममात्र कदाचित् आचार्य शुक्ल ने कहीं पढ़ा था, ऐसी स्थिति में उन्हें भी आदिकाल की हिन्दी-रचना कैसे कहा जा सकता है ! आचार्य शुक्ल ने मिश्र बन्धुओं द्वारा परिगणित अस्तित्वहीन रचनाओं का उपहास उन्हें "नोटिसमात्र" कह कर किया है, पर यह विशेषण इन दोनों रचनाओं पर भी लागू होता है। "परमाल रासो" एवं "खुसरो की पहेलियाँ" भी भाषा एवं रचना-काल की दृष्टि से अप्रामाणिक एवं परवर्ती सिद्ध होती हैं। अंत में एक ही रचना ऐसी बच जाती है जो निश्चित ही प्रामाणिक है—वह है विद्यापति की "पदावली"। पर इसे आदिकाल में स्थान देते समय आचार्य शुक्ल भूल गये कि इसका रचना काल स्वयं उन्होंने संवत् 1460 वि० माना है, जबकि उनके मतानुसार आदिकाल संवत् 1375 में ही समाप्त हो जाता है। ऐसी स्थिति में यह रचना आदि-काल की न होकर भक्तिकाल की सिद्ध होती है। विषय-वस्तु, भावात्मक प्रवृत्तियों एवं शैली की दृष्टि से भी विद्यापति की "पदावली" जिसमें कि राधा-कृष्ण के प्रेम का निरूपण गीति शैली में किया गया है—वीरगाथाकाल की नहीं, भक्तिकाल की ही रचना सिद्ध होती है। इस प्रकार आचार्य शुक्ल द्वारा परिगणित रचनाओं में से एक भी ऐसी प्रामाणिक हिन्दी रचना नहीं बचती जिसे "आदिकाल" या "वीरगाथा काल में स्थान दिया जा सके। कदाचित् इसी स्थिति को ध्यान में रखते हुए आचार्य हजारी

प्रसाद द्विवेदी ने यह स्वीकार किया कि इस काल में जितनी भी प्रामाणिक रचनाएँ उपलब्ध हैं, वे अपभ्रंश की हैं, लोक-भाषा या हिन्दी की रचनाएँ संदिग्ध एवं अप्रामाणिक हैं। उनके मतानुसार "मूल मध्यदेश में जहाँ आगे चलकर ब्रजभाषा और अवधी का साहित्य उद्भूत और विकसित हुआ है, वहाँ किसी प्रामाणिक साहित्यिक रचना का प्रमाण ईस्वी सन् की 14वीं शताब्दी से पहले का नहीं मिलता।"

ऐसी स्थिति में हमें हिन्दी साहित्य का आरम्भ 14वीं शती से ही मानना चाहिए, पर इधर गुजरात के जैन-भाण्डारों से हिन्दी की जो रचनाएँ उपलब्ध हुई हैं उन्होंने स्थिति को बदल दिया है। इन रचनाओं में से प्राचीनतम हिन्दी रचना "भरतेश्वर बाहुबलि रास" का उल्लेख पीछे किया जा चुका है। इसके अतिरिक्त और भी रचनाएँ हैं, जिनमें से प्रमुख ये हैं—'चंदन बाला रास' एवं 'जीव दया-रास' (दोनों के रचयिता कवि आसगु थे एवं रचना-काल लगभग 1200 ई०), 'स्थूलिभद्र रास' (जिन धर्म सूरि, 1209 ई०), 'रेवंतगिरि रास' (विजय सेन सूरि, 1231 ई०), 'आबू रास' (पल्हण, 1232 ई०), 'नेमिनाथ रास' (सुमति गुणि, 1238 ई०), 'कच्छुली रास' (प्रज्ञातिलक, 1306 ई०), 'गयसुकुमाल रास' (देल्हण, 14वीं शती)। 'जिन पद्मसूरि पट्टाभिषेक रास' (सारमूर्ति, 1333 ई०), 'पंच-पांडव-चरित रास' (शालिभद्र सूरि द्वितीय, 1353 ई०), 'गौतम स्वामी रास' (उदयवन्त, 1355 ई०), आदि। यहाँ इन रचनाओं का विस्तृत परिचय देना संभव नहीं, किन्तु 'हिन्दी साहित्य का वैज्ञानिक इतिहास' में प्रस्तुत परिचय के आधार पर संक्षेप में इतना ही कहना पर्याप्त होगा कि ये सभी आदिकाल के प्रामाणिक हिन्दी काव्य हैं।[1] यद्यपि इनके रचयिता जैन कवियों का मूल लक्ष्य काव्य के माध्यम से अपने तीर्थंकरों, महापुरुषों, तपस्वियों एवं तीर्थस्थलों का गुण-गान करते हुए सामाजिकों की धार्मिक भावनाओं को उद्वेलित करना था तथा अप्रत्यक्ष में अपने सिद्धान्तों का प्रचार करना भी रहा, पर इससे इनके काव्यत्व में कोई अन्तर नहीं पड़ता। यदि धार्मिक प्रेरणा को ही काव्यत्व के लिए निषिद्ध माना जाय तो फिर उस स्थिति में हमें सभी संत एवं वैष्णव कवियों को—जिनमें कबीर, सूर, तुलसी, मीरा जैसे दिग्गज भी आते हैं—काव्य के क्षेत्र से बहिष्कृत करना पड़ेगा। वस्तुतः इनका काव्य केवल सिद्धान्तों की व्याख्या नहीं है, अपितु उसमें नारी-सौन्दर्य, यौवन, प्रणय, विरह जैसे विषयों एवं प्रकृति के नाना दृश्यों का भी निरूपण आकर्षक ढंग से अलंकारपूर्ण शैली में हुआ है। अतः वे काव्यत्व की कसौटी पर खरे सिद्ध होते हैं। इनकी विषय-वस्तु पौराणिक है; पात्र प्रायः साधक हैं तथा इनमें शांतरस की प्रधानता है। जनता में प्रचलित रास-शैली को अपनाकर उन्होंने उसे साहित्यिक रूप प्रदान किया। वस्तुतः रास या रासो परम्परा को साहित्य में प्रचलित करने का श्रेय इन्हीं कवियों को है। यह दूसरी बात है कि आगे चलकर जब

1. इन रचनाओं का विस्तृत परिचय लेखक की पुस्तक 'आदिकाल की प्रामाणिक रचनाएँ' और 'हिन्दी साहित्य का वैज्ञानिक इतिहास' में उपलब्ध है।

यह परम्परा जैन-मन्दिरों से निकलकर राज-दरबारों में पहुँची, तो इसकी विषय-वस्तु एवं शैली में गहरा अन्तर आ गया। वहाँ पौराणिक गाथाओं के स्थान पर ऐतिहासिक चरित्र एवं शांतरस के स्थान पर वीर रस वर्ण्य हो गया। शैली में भी विस्तार एवं चमत्कार-प्रदर्शन की प्रवृत्ति आ गयी। अस्तु, हमारे विचार में परवर्ती युग के रासो काव्य इसी परम्परा के विकसित रूप के सूचक हैं।

इस प्रकार आदिकाल की नवोपलब्ध सामग्री को ध्यान में रखकर विचार करने से अनेक परम्परागत धारणाओं का खंडन हो जाता है। जहाँ इसका आरम्भ सम्वत् 1050 के स्थान पर 1241 वि० (1184 ई०) सिद्ध होता है, वहाँ प्रवृत्तियों की दृष्टि से यह काल 'वीरगाथा काल' न होकर 'जैन काल', 'धार्मिक काल' या 'शांतरसात्मक काल' सिद्ध होता है; पर वैज्ञानिक दृष्टि से तो हम किसी एक प्रवृत्ति को आधार न मानकर सामान्य रूप में इसे "प्रारम्भिक काल" ही कहना उचित समझते हैं। इसकी उत्तरवर्ती सीमा भी अनेक कारणों से सन् 1350 निश्चित की गयी है। वस्तुतः नवीनतम अनुसंधान की दृष्टि से इस काल की सीमाएं, प्रवृत्तियाँ एवं संज्ञा आदि सभी कुछ परिवर्तित हो जाती हैं तथा इसकी सभी प्रमुख समस्याएँ भी सुलझ जाती हैं, पर फिर भी जिन्हें इतिहासकारों की परम्परागत धारणाओं से ही प्यार है, भले ही कितनी ही भ्रामक एवं निराधार सिद्ध हो गई हों, उन्हें कौन समझा सकता है! उनके लिए आज भी "खुमान रासो" हिन्दी की पहली रचना एवं आदिकाल 'वीरगाथा काल' ही रहे तो क्या आश्चर्य है!

—o—

3

हिन्दी का प्रथम कवि कौन ?
विवाद एवं समाधान

यद्यपि हिन्दी साहित्य के इतिहास एवं अनुसंधान के क्षेत्र में विगत सौ-सवा सौ वर्षों से इस प्रश्न पर बराबर विचार होता रहा है कि हिन्दी साहित्य का आविर्भाव या आरम्भ कब से माना जाए, किन्तु इसका कोई सर्वसम्मत उत्तर अभी तक प्राप्त नहीं हुआ। जहाँ कुछ इतिहासकार हिन्दी साहित्य का आविर्भाव सातवीं-आठवीं शती से मानते हैं तो वहाँ कुछ ग्यारहवीं-बारहवीं शती से। वस्तुतः इस प्रश्न का उत्तर इस निर्णय पर निर्भर है कि हिन्दी का प्रथम कवि किसे माना जाए। हिन्दी के प्रथम इतिहास-लेखक गार्सा द तासी ने तो इस प्रश्न पर विचार ही नहीं किया था। किन्तु उनके अनन्तर जार्ज ग्रियर्सन, मिश्र-बन्धु, आचार्य रामचन्द्र शुक्ल, राहुल सांकृत्यायन, आचार्य हजारी प्रसाद द्विवेदी, डॉ० रामकुमार वर्मा प्रभृति इतिहासकारों व शोधकर्त्ताओं ने पुष्य, दलपति विजय, सरहपा, अब्दुर्रहमान आदि विभिन्न कवियों को हिन्दी का प्रथम कवि होने का गौरव प्रत्यक्ष या अप्रत्यक्ष रूप में प्रदान किया, किन्तु इन सभी मतों पर पुनर्विचार करते हुए हमने 'हिन्दी साहित्य का वैज्ञानिक इतिहास' (प्रकाशन काल—1965 ई०) में 'भरतेश्वर बाहुबली रास' (रचनाकाल सन् 1184 ई०) के रचयिता मुनि शालिभद्र सूरि के पक्ष में अपना निर्णय दिया था। हमारे इस निर्णय के मूल आधार संक्षेप रूप में ये थे —1 विभिन्न इतिहासकारों द्वारा हिन्दी के प्रथम कवि के रूप में उल्लिखित अनेक कवि—जिनमें 'पुष्य' का नाम विशेष रूप से उल्लेखनीय है—अस्तित्वशून्य हैं क्योंकि न तो उनके जीवनकाल के बारे में कुछ पता चलता है और न ही उनकी कोई रचना उपलब्ध है। जब इनकी रचना ही उपलब्ध नहीं है तो यह कैसे कहा जा सकता है कि ये हिन्दी के कवि थे या किसी और भाषा के ? पूर्ववर्ती इतिहासकारों द्वारा उल्लिखित अनेक कवियों का जीवन-काल एवं रचनाकाल संदिग्ध या बहुत बाद का है, जैसे कि 'खुमान रासो' के रचयिता दलपति विजय का है। आचार्य शुक्ल ने 'खुमान रासो' को लगभग नवीं-दसवीं शती में रचित मानते हुए उसे आदिकाल की हिन्दी रचनाओं में सर्वप्रथम स्थान दिया है, किन्तु अब यह असंदिग्ध रूप में प्रमाणित

हो गया है कि इसका रचनाकाल अठारहवीं शती का उत्तरार्द्ध है। स्वयं कवि ने इसमें अपना परिचय दिया है जिससे प्रमाणित होता है कि वह मेवाड़ के उन राणा संग्राम सिंह द्वितीय का समकालीन था जो अठारहवीं शती में हुए थे। वस्तुत: इस ग्रंथ में इस काल तक की ऐतिहासिक घटनाओं का भी वर्णन उपलब्ध है। अत: अब इसमें कोई संदेह नहीं कि यह रचना अठारहवीं शती से पहले की नहीं है। इसी प्रकार बीसलदेव रासो, पृथ्वीराज रासो, परमाल रासो आदि ऐसी रचनाएँ हैं जिनका रचना-काल तेरहवीं शती से पहले का नहीं है। अत: इनमें से भी किसी रचना को पहली रचना के रूप में स्वीकार नहीं किया जा सकता। कुछ इतिहासकारों ने हिन्दी को अपभ्रंश से अभिन्न मानते हुए अपभ्रंश के विभिन्न कवियों सरहपा, स्वयंभू, अब्दुर्रहमान (संदेश-रासक के रचयिता)—में से किसी को हिन्दी के प्रथम कवि के रूप में स्थापित करने की चेष्टा की है, किन्तु अब भाषावैज्ञानिक, ऐतिहासिक एवं व्यावहारिक दृष्टि से यह निर्णीत हो गया है कि ये दोनों भाषाएँ भिन्न हैं। आज से चालीस-पचास वर्ष पूर्व, जबकि अपभ्रंश का अधिकांश साहित्य प्रकाश में नहीं आया था, हिन्दी और अपभ्रंश को एक मानने की भ्रान्ति प्रचलित थी। इसीलिए जहाँ पं० चन्द्रधर शर्मा गुलेरी एवं महापण्डित राहुल सांकृत्यायन ने 'अपभ्रंश' को 'पुरानी हिन्दी' के नाम से विहित किया वहाँ आचार्य रामचन्द्र शुक्ल ने अपने 'हिन्दी साहित्य के इतिहास' के प्रारम्भिक अध्यायों में स्थान-स्थान पर अपभ्रंश के लिए 'प्राकृताभास हिन्दी' या 'पुरानी हिन्दी' जैसी शब्दावली का प्रयोग किया, किन्तु इस बारे में वे कोई स्पष्ट निर्णय नहीं दे पाए थे। इसलिए अन्यत्र उन्होंने अपभ्रंश की रचनाओं की सूची हिन्दी-रचनाओं से अलग रूप में भी प्रस्तुत की है। किन्तु परवर्ती अनुसंधान से यह स्पष्ट हो गया है कि अपभ्रंश हिन्दी की ही नहीं, उत्तर भारत की अन्य आधुनिक भाषाओं की भी जननी है। अत: उसे हिन्दी से अभिन्न नहीं माना जा सकता। इस तथ्य की स्पष्ट रूप से घोषणा एवं व्याख्या प्रमुख भाषा-वैज्ञानिकों—डा० सुकीति कुमार चटर्जी, डॉ० धीरेन्द्र वर्मा, डॉ० उदयनारायण तिवारी, डॉ० भोलानाथ तिवारी प्रभृति द्वारा हो चुकी है। साथ ही इसे अब हिन्दी साहित्य के प्रमुख इतिहासकार एवं आलोचक भी स्वीकार कर चुके हैं। आचार्य हजारीप्रसाद द्विवेदी ने अपभ्रंश को हिन्दी या पुरानी हिन्दी कहे जाने के विचार को अमान्य घोषित करते हुए लिखा है—"यह विचार भाषाशास्त्रीय और वैज्ञानिक नहीं है।...अभ्रंश को अब कोई भी पुरानी हिन्दी नहीं कहता।"[1] इतना ही नहीं, स्वयं पं० राहुल सांकृत्यायन ने भी, जिन्होंने कि सन् 1945 ई० में अपनी 'हिन्दी-काव्य-धारा' में अपभ्रंश के काव्य को हिन्दी में सम्मिलित करने का प्रस्ताव अत्यंत जोरदार शब्दों में किया था, अपनी परवर्ती रचना 'दोहा-कोश' (प्रकाशन काल सन् 1957 ई०) में अपभ्रंश और हिन्दी के अन्तर को स्वीकार करते हुए लिखा है—"अपभ्रंश वैसे केवल हिन्दी की अपनी चीज नहीं है। उस पर उत्तर भारतीय या भारत की हिन्दू-आर्यंस भी भाषाओं

1. हिन्दी साहित्य : उद्भव और विकास, पृष्ठ संख्या 16-17।

का, एक समान अधिकार है।"[1] ऐसी स्थिति में किसी भी अपभ्रंश-काव्य को हिन्दी का प्रथम काव्य मानने की बात स्वतः ही समाप्त हो जाती है।

अस्तु, यदि हम उपर्युक्त तीनों प्रकार के कवियों—अस्तित्वहीन, संदिग्ध या परवर्ती एवं हिन्दीतर कवियों—को छोड़कर ऐसे हिन्दी कवियों पर विचार करें जिनकी रचना प्रामाणिक हो और जिनका रचना-काल असंदिग्ध हो तो उनमें कालक्रमानुसार सबसे पहला नाम 'भरतेश्वर बाहुबली रास' (1184 ई०) के रचयिता शालिभद्र सूरि का ही आता है जिनसे हिन्दी रास-काव्यों की एक ऐसी परम्परा का सूत्रपात होता है जो आगे तीन-चार शताब्दियों तक अखण्ड रूप में चलती रही। यदि आदिकाल की तथोक्त संदिग्ध रचनाओं—बीसलदेव रासो, पृथ्वीराज रासो, अमीर खुसरो की पहेलियाँ आदि को भी प्रामाणिक मान लिया जाए तो भी भरतेश्वर बाहुबली रास का यह स्थान सुरक्षित रहता है। अतः हमने इसी रचना के आधार पर हिन्दी-साहित्य का आविर्भाव काल 1184 ई० निर्धारित किया है। इस तथ्य की पुष्टि तद्‌युगीन ऐतिहासिक, सांस्कृतिक एवं भाषा-वैज्ञानिक दृष्टियों से भी होती है—इस पर यथोचित प्रकाश 'हिन्दी साहित्य का वैज्ञानिक इतिहास' में डाला जा चुका है।[2]

हाल ही में डॉ० नगेन्द्र द्वारा संपादित 'हिन्दी साहित्य का इतिहास' (1973 ई०) प्रकाशित हुआ है जिसमें आदिकाल सम्बन्धी अध्याय डॉ० रामगोपाल शर्मा 'दिनेश' के द्वारा लिखित है। इसमें उन्होंने 'भरतेश्वर बाहुबली रास' के रचयिता शालिभद्र सूरि को हिन्दी का प्रथम कवि मानने का विरोध करते हुए सिद्ध कवि सरहपाद (769 ई०) को हिन्दी का पहला कवि घोषित किया है, क्योंकि उनके विचारानुसार सरहपाद की भाषा अपेक्षाकृत हिन्दी के अधिक निकट है।[3] सरहपाद के पक्ष में उन्होंने एक अन्य तर्क देते हुए लिखा है—"रही परम्परा की बात, तो उसके लिए ग्रंथों का उतना महत्त्व नहीं जितना चेतना, भावना और विचारणा का है, क्योंकि इन्हीं से साहित्य का अस्तित्व जाना जाता है न कि मात्र ग्रंथ-संख्या से। इस दृष्टि से सरहपाद की देन अधिक महत्त्वपूर्ण है। उनकी भावधारा सिद्धों और नाथों से होती हुई कबीर तक अपनी परम्परा बनाती है जबकि शालिभद्र सूरि की देन इस संदर्भ में नगण्य है। अतः सरहपाद को ही हिन्दी का प्रथम कवि मानना तर्कसंगत है।[4]

यदि डॉ० दिनेश के उपर्युक्त निष्कर्ष को स्वीकार कर लिया जाए तो हिन्दी-साहित्य का आविर्भाव-काल सातवीं-आठवीं शती ही सिद्ध हो जाता है जो कि हिन्दी-भाषा के भी उद्‌भव-काल से पहले पड़ता है। जैसा कि अन्यत्र संकेत किया जा चुका

---

1. दोहा-कोश, पृष्ठ संख्या 8।
2. हिन्दी साहित्य का वैज्ञानिक इतिहास, पृष्ठ 91-110।
3. हिन्दी-साहित्य का इतिहास, सं० डॉ० नगेन्द्र, पृष्ठ संख्या 32।
4. हिन्दी-साहित्य का इतिहास, सं० डॉ० नगेन्द्र, पृष्ठ संख्या 33।

है प्रायः सभी भाषा-वैज्ञानिक हिन्दी-भाषा का उद्भव लगभग 1000 ई० से स्वीकार करते हैं, यहाँ तक कि डॉ० नगेन्द्र द्वारा संपादित इस इतिहास में भी 'हिन्दी-भाषा के उद्भव एवं विकास' सम्बन्धी अध्याय में इसी मत को मान्यता दी गयी है किन्तु यह आश्चर्य की बात है कि हिन्दी-साहित्य का आरम्भ इससे भी दो-तीन शताब्दी पूर्व माना गया है। क्या इसका अर्थ यह माना जाए कि हिन्दी-साहित्य की रचना हिन्दी-भाषा के उद्भव से पूर्व भी होने लग गयी थी !

संभवतः इस असंगति के लिए डॉ० दिनेश स्वयं को दोषी न मानकर इसका उत्तरदायित्व ग्रंथ-संपादक पर डालें, क्योंकि इस स्थिति में उनका कर्त्तव्य था कि वे एक ही ग्रंथ में प्रस्तुत विभिन्न परस्पर-विरोधी धारणाओं में अपेक्षित सामंजस्य स्थापित करते किन्तु जैसा कि इसकी भूमिका में संपादक ने निवेदन किया है—"इस अनेकता में एकता स्थापित करने का प्रयत्न एक सीमा तक तो सफल हो सकता है।" इस प्रकार के सम्मिलित प्रयासों में इस प्रकार के अन्तर्विरोध का रह जाना स्वाभाविक है। फिर भी विद्वान् लेखक से इतनी आशा अवश्य की जा सकती थी कि वे इस प्रकार की क्रान्तिकारी धारणा प्रस्तुत करते समय हिन्दी-भाषा के उद्भव-काल के बारे में पूर्व स्थापित मतों एवं निष्कर्षों पर भी थोड़ा-बहुत विचार कर लेते।

डॉ० दिनेश के निष्कर्षों में दूसरी असंगति यह है कि बारहवीं शती के शालिभद्र सूरि की भाषा की अपेक्षा आठवीं शती के सरहपाद की भाषा को हिन्दी के अधिक निकट बताया गया है। अपनी बात को प्रमाणित करने के लिए उन्होंने सरहपाद की कुछ सरलतम उक्तियाँ उद्धृत की हैं। वस्तुतः उन्होंने जो उक्तियाँ उद्धृत की हैं वे दोनों ही कवियों की भाषा के सामान्य स्तर का प्रतिनिधित्व नहीं करतीं।

तीसरे, हिन्दी की जननी अपभ्रंश भाषा एवं उसके साहित्य का भी आविर्भाव एवं विकास लगभग इसी समय से माना जाता है, अतः यदि सरहपाद को हिन्दी का पहला कवि मान लिया जाए तो हिन्दी अपभ्रंश की परवर्ती सिद्ध न होकर पूर्ववर्ती या समकालीन सिद्ध होगी जोकि भाषाओं के सहज विकास-क्रम के विपरीत है। चौथे, यह भी उल्लेखनीय है कि स्वयं राहुल सांकृत्यायन ने भी, जो कि सिद्ध कवियों के सबसे बड़े समर्थक एवं उनके साहित्य के सबसे अधिक ज्ञाता एवं शोधक माने जाते हैं, सरहपाद को हिन्दी का नहीं, अपितु अपभ्रंश का पहला कवि माना है। उनके शब्दों में—"इस प्रकार अपभ्रंश की सर्वप्रथम कृति सरहपाद के दोहों के रूप में ही आज मौजूद है, इसीलिए अपभ्रंश के आदिकवि के तौर पर सरहपाद का ही नाम लिया जा सकता है।"[1] यहाँ यहाँ ज्ञातव्य है कि राहुल जी का यह मत उस समय का है जबकि वे हिन्दी और अपभ्रंश की भिन्नता स्वीकार कर चुके थे, क्योंकि इन पंक्तियों के तुरन्त

---

1. 'दोहा-कोश', सं० राहुल सांकृत्यायन, प्रथम संस्करण (1957), पृष्ठ संख्या 8।

बाद वे इसे स्पष्ट कर देते हैं कि अपभ्रंश पर केवल हिन्दी का ही नहीं, उत्तर भारत की अन्य आधुनिक भाषाओं का भी अधिकार है।

अतः हमारे सामने दो परस्पर-विरोधी स्थितियाँ हैं—एक ओर महापण्डित के अनुसार सरहपाद हिन्दी की जननी अपभ्रंश के आदिकवि हैं तो दूसरी ओर डॉ० दिनेश के मतानुसार वे हिन्दी के प्रथम कवि हैं। यदि हम दूसरी स्थिति को स्वीकार करते हैं तो उसका अर्थ होगा कि पूरे अपभ्रंश-साहित्य को भारतीय साहित्य की परम्परा में से निकाल देना या उसे हिन्दी-साहित्य में ही समेट लेना। डॉ० दिनेश ने सचमुच ही सिद्धों और नाथों के साहित्य को हिन्दी-साहित्य में सम्मिलित करके इस दूसरे विकल्प को ही स्वीकार किया है। वैसे इस प्रकार का प्रयास अनेक पूर्ववर्ती इतिहासकार भी कर चुके हैं, किन्तु उन्होंने उसे उस समय किया था जबकि अपभ्रंश को पुरानी हिन्दी मानने की भ्रान्ति प्रचलित थी। किन्तु आज जबकि प्रत्येक दृष्टि से दोनों की भिन्नता सिद्ध हो चुकी है, ऐसा करना उचित नहीं कहा जा सकता।

वस्तुतः डॉ० दिनेश का उक्त मत इस भ्रांति पर आधारित है कि सरहपाद की भाषा हिन्दी है जबकि वास्तविकता यह है कि सरहपाद तथा अन्य सिद्ध कवियों का अधिकांश काव्य अपनी मूल भाषा में उपलब्ध नहीं है, उसे विभिन्न विद्वानों ने तिब्बती भाषा से अनूदित करके प्रस्तुत किया है। ऐसी स्थिति में उनकी भाषा के आधार पर कोई भी निष्कर्ष निकालना भ्रामक सिद्ध होगा। इस तथ्य को स्वयं राहुल सांकृत्यायन ने भी 'दोहा-कोश' की भूमिका में सरहपाद के काव्य की विवेचना करते हुए स्पष्ट रूप में स्वीकार किया है। यहाँ उनकी तत्सम्बन्धी कुछ उक्तियाँ प्रस्तुत हैं—

(क) "सरहपाद की अपभ्रंश कृतियाँ 'दोहा-कोश' या 'दोहागीत' के नाम से प्रसिद्ध हैं।"[1]

(ख) "सरहपाद के समय में पहुँचते-पहुँचते संस्कृत और प्राकृत दोनों साहित्यों का मध्याह्न बीत चुका था।...... सरहपाद पहले संस्कृत के महापण्डित थे...... पर उन्होने शिष्ट साहित्य की जगह लोक-साहित्य का अनुसरण करना पसंद किया।"[2]

(ग) 'उनकी कविता में शास्त्र-सम्मत गुणों का अभाव नहीं है। उनके 'दोहा-कोश' एवं 'चर्यागीति' के तो एक-एक पद में उपमाएँ भरी पड़ी हैं। अफसोस है कि सरहपाद की इन अनमोल कृति को अभी मूल भाषा में नहीं पाया गया और उसके तिब्बती अनुवाद से ही हमें संतोष करना पड़ेगा।"[3]

---

1. दोहा-कोश, प्रथम संस्करण, पृष्ठ संख्या 18।
2. वही, पृष्ठ संख्या 22।
3. वही, पृष्ठ संख्या 22।

(घ) "सरहपाद आज की भाषा में अब्नार्मल प्रतिभा के धनी थे ।...... शायद उन्होंने स्वयं इन पदों का लेखन ही नहीं किया। यह काम साथ रहने वाले सरह के भक्तों ने किया। यही कारण है जो 'दोहा-कोश' के छन्दों में क्रम और संख्या में इतना अंतर मिलता है।"[1]

(ङ) "आठ सौ से कुछ ऊपर दोहों के मूल-रूप में आये बिना हम उनकी कविता का पूरा मूल्यांकन नहीं कर सकते।"[2]

उपर्युक्त उक्तियाँ तो सरह के आधारभूत ग्रंथ 'दोहा-कोश' के बारे में हैं, किन्तु उनकी कुछ अन्य कृतियों की भी चर्चा की जाती है, जो सबकी सब तिब्बती (भोट) भाषा से राहुल सांकृत्यायन द्वारा हिन्दी में अनूदित हैं। स्वयं सांकृत्यायन जी के शब्दों में—"युग-प्रवर्तक पुरुष की एक ही कृति को हिन्दी-भाषी पाठकों के सामने रखकर संतोष कर लेना मैंने अच्छा नहीं समझा। इसलिए उनके जो अन्य ग्रंथ तिब्बती (भोट) भाषा में अनुवाद के रूप में मौजूद हैं उनको भी हिन्दी में ला देने की मैंने कोशिश की है।"[3]

सरहपाद के नाम पर कुछ 'चर्या-गीत' भी मिलते हैं। उनके सम्बन्ध में भी सांकृत्यायन ने एक ओर तो उनमें निहित विचारों के आधार पर उन्हें अग्राह्य माना है तो दूसरी ओर उनकी भाषा को भी बहुत परवर्ती स्वीकार किया है।

(क) "सरह वज्रयानी चर्चाओं के प्रवर्त्तक थे, यह कहना मुश्किल है। उन्होंने अपने 'दोहाकोश-गीति' के आरम्भ में ही इस तरह के अनुष्ठानों और विश्वासों का खंडन किया है।.........यदि वे स्वयं चर्याओं के प्रवर्त्तक या समर्थक होते तो यह वदतोव्याघात होता है।"[4]

(ख) "चर्या-पदों के पुराने पाठ के लिए हम अधिक अच्छी स्थिति में नहीं हैं। नेपाल या भारत की जो प्रतियाँ मिली हैं वे उस समय की हैं जबकि भूतकाल का 'इल' प्रत्यय प्रचलित हो चुका था। सरहपाद से 5-6 शताब्दियों बाद उनके गीतों में भारी परिवर्तन हो जाना स्वाभाविक है।"[5]

अस्तु, सांकृत्यायन जी की मान्यता के अनुसार प्रथम तो चर्यागीत सरहपाद द्वारा रचित हैं ही नहीं और यदि है भी तो उनका वर्तमान रूप सरहपाद से 5-6 शताब्दियों के बाद का अर्थात् तेरहवीं-चौदहवीं शती का है। ऐसी स्थिति में यदि उनकी भाषा शालिभद्र सूरि की भाषा से भी अधिक विकसित सिद्ध हो जाय तो आश्चर्य नहीं।

---

1. दोहा-कोश, प्रथम संस्करण, पृष्ठ संख्या 23।
2. वही, पृष्ठ संख्या 24।
3. वही, पृष्ठ संख्या 69।
4. वही, पृष्ठ संख्या 69।
5. वही, पृष्ठ संख्या 357।

सांकृत्यायन जी को 'दोहाकोश-गीति की एक ऐसी प्रति भी मिली थी जो ताल-पत्र पर अंकित थी। इसके मिलने की कहानी भी बड़ी विचित्र है। तिब्बत में यह अंध-विश्वास प्रचलित रहा है कि यदि 'मरणोन्मुख व्यक्ति के मुँह में तालपोथी का धुला एक बूँद जल पड़ जाय तो उसके पाप धुल जाने में संदेह नहीं······अधिक चढ़ावा चढ़ाने वाले भक्त को पुजारी ताल-पोथी का टुकड़ा काटकर प्रसाद के रूप में दे दिया करता था, इसी उद्देश्य से नाना पुस्तकों के पत्रों का यह बण्डल उसके पास था।[1] कहना न होगा कि इस रूप में उपलब्ध इस ताल-पोथी का शोध एवं इतिहास की दृष्टि से विशेष महत्त्व नहीं है, क्योंकि उन पुजारियों एवं उनके भक्तों के लिए इस बात का कोई महत्त्व ही नहीं था कि उस ताल पोथी में क्या लिखा है। ऐसी स्थिति में स्वाभाविक है कि बिना विषय-वस्तु को महत्त्व दिये ऐसी तालपोथियाँ पिछली शताब्दियों में बराबर तैयार होती रही होंगी, जिनमें से कुछ सांकृत्यायन जी के हाथ लगी थी। यह भी उल्लेखनीय है कि इस तालपोथी मे प्रतिलिपि-काल के बारे में कुछ भी पता नहीं चलता। वैसे यह कुटिला-लिपि में लिखी हुई है तथा इस लिपि का प्रचार सांकृत्यायन जी के अनुसार दसवीं-ग्यारहवीं सदी में हुआ था। किन्तु कुटिला लिपि के ज्ञाता उसके बाद में भी रहे हैं, अतः यह आवश्यक नहीं कि यह तालपोथी दसवीं-ग्यारहवीं सदी की ही हो।

यहाँ यह उल्लेखनीय है कि 'दोहाकोश-गीति' की एक प्रति महापोध्याय हरप्रसाद शास्त्री को भी प्राप्त हुई थी, किन्तु उनका भी प्रतिलिपिकाल निश्चित नहीं है। इस प्रति में केवल 50 दोहे ही थे जबकि सांकृत्यायन जी वाली प्रति में यह संख्या 164 तक पहुँच गयी है। दोनों के उपलब्धि-काल में लगभग 40 वर्षों का अन्तर है, किन्तु इतने थोड़े समय में ही इस रचना का आकार-प्रकार कितना बढ़ गया था—यह इस बात का प्रमाण है कि इसमें किस तेजी से प्रक्षेप होता रहा है। वैसे सांकृत्यायन जी अपनी प्रति को इसलिए अधिक महत्त्वपूर्ण मानते थे, क्योंकि उसमें शास्त्री जी वाली अपनी प्रति से अधिक दोहे हैं, किन्तु आधुनिक पाठ-विज्ञान के अनुसार यह तथ्य इसमें प्रक्षिप्तता की अधिकता को ही प्रमाणित करता है।

वस्तुतः सरहपाद ही नहीं, अन्य सिद्धों के भी तथाकथित ग्रन्थ अपने मूल रूप में उपलब्ध नहीं हैं। उनमें से अधिकांश तिब्बती से अनूदित हैं तथा जो अनूदित नहीं भी हैं वे बहुत कुछ प्रक्षिप्त एवं परिवर्तित रूप में हैं। अतः विचारधारा की दृष्टि से भले ही वे मूल विचारधारा का प्रतिनिधित्व थोड़ी-बहुत मात्रा में करते हों, किन्तु जहाँ तक भाषा का प्रश्न है, वे मूल रूप से बहुत दूर हैं। संभव है उनकी रचनाओं में कहीं-कहीं मूल अंश भी घुले-मिले हों, किन्तु उन्हें अलग करना बहुत कठिन कार्य है। इस मिश्रित रूप के कारण ही उनकी भाषा कही शुद्ध अपभ्रंश दिखाई पड़ती है तो कहीं तेरहवीं-चौदहवीं शती की हिन्दी अथवा आधुनिक उड़िया के अनुरूप प्रतीत होती है

1. दोहा-कोश, प्रथम संस्करण, पृष्ठ संख्या 67।

जिसके कारण विद्वानों ने उनकी भाषा के सम्बन्ध में परस्पर-विरोधी मत व्ययीत किये हैं। उदाहरण के लिए एक ओर आचार्य हजारी प्रसाद द्विवेदी की मान्यता है—"वस्तुतः इन दोहों और पदों की भाषा भी अपभ्रंश ही है पर कुछ पूर्वी प्रयोग इनमें अवश्य हैं। दोहों की भाषा में तो परिनिष्ठत अपभ्रंश की मात्रा अधिक है"[1] तो दूसरी ओर उड़िया के सुप्रसिद्ध विद्वान् राय बहादुर आर्त्तबल्लभ महन्ती उसे शुद्ध आधुनिक उड़िया मानते हुए लिखते हैं—"इन गानों की भाषा के साथ आधुनिक उत्कल का जो साम्य है वैसा अन्य किसी प्रान्त की भाषा के साथ नहीं। हजारों वर्ष के बाद भी भाषा में पार्थक्य कम ही दीख पड़ता है।"[2]

अस्तु, उपर्युक्त विवेचन से स्पष्ट है कि भाषा की दृष्टि से सिद्ध-साहित्य के आधार पर कोई भी निर्णय कर लेना निरर्थक एवं भ्रामक है। वस्तुतः, उनके ग्रंथ मूल रूप में उपलब्ध ही नहीं हैं। जो उपलब्ध हैं वे प्रक्षिप्त, परिवर्तित एवं परवर्ती हैं, उनमें समय-समय पर प्रक्षेप एवं परिवर्तन होता रहा है, इसीलिए उनमें दसवीं-ग्यारहवीं शती से लेकर अठारहवीं-उन्नीसवीं शती तक की भाषा के विभिन्न नमूने उपलब्ध होते हैं। ऐसी स्थिति में उन्हें हिन्दी या आधुनिक उड़िया का कवि बताना एक नयी भ्रान्ति को जन्म देना है।

डॉ० दिनेश ने सरहपाद को हिन्दी का प्रथम कवि मानने के पक्ष में दूसरा तर्क यह दिया है कि चेतना, भावना और विचारधारा की दृष्टि से वे शालिभद्र सूरि की अपेक्षा हिन्दी कवियों के अधिक निकट हैं। उनके शब्दों में—"उनकी (सरहपाद की) भाव-धारा सिद्धों और नाथों से होती हुई कबीर तक अपनी परम्परा बनाती है जबकि शालिभद्र सूरि की देन इस संदर्भ में नगण्य है।"[3] इसके सम्बन्ध में हमारा निवेदन है कि एक तो यह कहना ही अनुचित है कि शालिभद्र सूरि की इस दृष्टि से कोई देन नहीं है। वस्तुतः शालिभद्र सूरि हिन्दी की रास-परम्परा के प्रवर्त्तक एवं संस्थापक हैं जो आगे चलकर तीन-चार शताब्दियों तक अखंड रूप में प्रवाहित होती हुई अपने युग की चेतना एवं भावधारा का प्रतिनिधित्व करती रही है। दूसरे, केवल चेतना, भावना और विचारधारा के साम्य या नैकट्य के आधार पर ही किसी अन्य भाषा के कवि को हिन्दी का कवि नहीं माना जा सकता। हिन्दी के विद्यापति का संस्कृत के जयदेव से, बिहारी का अमरु एवं गोवर्द्धन से कृष्ण-भक्त कवियों का भागवतकार से भावना एवं विचार की दृष्टि से गहरा सम्बन्ध स्थापित किया जा सकता है—इतना ही नहीं अनेक विदेशी कवियों से भी स्वदेशी कवियों का नैकट्य इस दृष्टि से माना जा सकता

1. हिन्दी साहित्य : उद्भव और विकास (1952), पृष्ठ संख्या 5।
2. चतुर्दश भाषा-निबन्धावली (प्रथम संस्करण), पृष्ठ संख्या 70।
3. हिन्दी साहित्य का इतिहास—संपादक डॉ० नगेन्द्र, प्रथम संस्करण पृष्ठ, संख्या 33।

है, जैसे सुमित्रानन्दन पंत का अंग्रेजी के वर्ड्सवर्थ या शेली से, किन्तु इसीलिए हम इन हिन्दीतर कवियों को हिन्दी-साहित्य के इतिहास में स्थान नहीं दे सकते। हिन्दी काव्य की अनेक परम्पराएँ संस्कृत, प्राकृत, अपभ्रंश आदि के काव्य से प्रभावित एवं विकसित हैं, किन्तु इसी से इनका भाषागत पार्थक्य लुप्त नहीं हो जाता। अतः भाव-धारा के साम्य के आधार पर भी अपभ्रंश के कवि सरहपाद को हिन्दी का प्रथम कवि नहीं माना जा सकता।

इसी वर्ष (1973 ई०) प्रकाशित एक अन्य कृति—'हिन्दी-साहित्य का उद्भव-काल' के लेखक डॉ० वासुदेव सिंह ने भी हमारे मत का खंडन करते हुए लिखा है—"हमारे कहने का तात्पर्य यह है कि जिस प्रकार 'भरतेश्वर बाहुबली रास' में प्रारम्भिक हिन्दी के नमूने देखकर गुप्त जी ने उसे हिन्दी की प्रथम रचना और शालिभद्र को हिन्दी का प्रथम कवि स्वीकार किया है, उसी आधार पर योगीन्द्र मुनि को हिन्दी का प्रथम कवि क्यों न माना जाय ? 'भरतेश्वर बाहुबली रास' के पूर्ववर्ती तीन महत्त्वपूर्ण रास-ग्रंथ और मिलते हैं—उपदेश रसायन रास (जिनदत्त सूरि), संदेश रासक (अब्दुल रहमान) और मुंज रासो। इनका रचनाकाल क्रमशः सं० 1200 (सन् 1143), 11वीं शताब्दी और सं० 1150 (सन् 1093) है। इन रास या रासो ग्रंथों के अतिरिक्त रोड़ाकृत 'राउरबेल' (11वीं शती), मुनि रामसिंह कृत 'पाहुड़ दोहा' (11वीं शती) तथा पं० दामोदर विरचित 'उक्ति-व्यक्ति प्रकरण' (12वीं शती) भी पूर्ववर्ती रचनाएँ हैं।"[1] इस प्रकार इन्होंने क्रमशः इन सात कवियों—योगीन्द्र मुनि, जिनदत्त सूरि, अब्दुर्रहमान, मुंज रासो के रचयिता, रोड़ा, मुनि रामसिंह और पं० दामोदर—को शालिभद्र का पूर्ववर्ती बताया है। यदि ये सचमुच शालिभद्र से पूर्ववर्ती हिन्दी कवि सिद्ध हो जाते हैं तो हमें इस मत में संशोधन करने में कोई आपत्ति नहीं है। अतः इस दृष्टि से इन सभी पर क्रमशः विचार किया जाता है।

इन कवियों में क्रमानुसार सर्वप्रथम योगीन्द्र मुनि आते हैं जिनकी दो रचनाएँ—'परमात्मप्रकाश' और 'योगसार'—उपलब्ध हैं। इनके जीवन-काल या रचना-काल के बारे में विद्वानों में परस्पर गहरा मतभेद है। जैसा कि स्वयं डॉ० वासुदेवसिंह ने इस रचना का परिचय देते हुए स्वीकार किया है कि श्री मधुसूदन मोदी इन्हें दशवी शती का कवि मानते हैं तो श्री कामताप्रसाद जैन ने बारहवीं शताब्दी का माना है।[2] आचार्य हजारी प्रसाद द्विवेदी उन्हें आठवीं-नवीं शती में स्थान देते हैं तो राहुल सांकृत्यायन 11वीं शती में। विभिन्न मतों पर विचार करते हुए डॉ० रामसिंह तोमर ने यह

1. हिन्दी-साहित्य का उद्भव-काल—डॉ० वासुदेव सिंह पृष्ठ संख्या 44-45।
2. वही, पृष्ठ संख्या 122।

निष्कर्ष प्रस्तुत किया है कि निश्चित प्रमाणों के अभाव में इन्हें हेमचंद्र के पूर्व कवि माना जा सकता है। इस प्रकार योगीन्द्र का रचना-काल अनिश्चित है। साथ ही यह भी उल्लेखनीय है कि भाषा की दृष्टि से ये अपभ्रंश के कवि सिद्ध होते हैं न कि हिन्दी के। डॉ० हरिवंश कोचड़, डॉ० रामसिंह तोमर, डॉ० नामवरसिंह प्रभृति शोधकर्त्ताओं ने इनकी रचनाओं की भाषा को अपभ्रंश ही माना है। उदाहरण के लिए इनके दो दोहे प्रस्तुत हैं[1]—

जो जाया झणग्गिए, कम्म कलंक डहेवि ;
णिच्च णिरंजण-णाणमय, ते परमप्प णवेवि ॥

देउल देउ विसत्थु गुरु तित्थु वि बेउवि कव्बु ।
बच्छु जु दीसे कुसुमिय इंधणु होसइ सब्बु ॥

निश्चय ही उपर्युक्त दोहों की भाषा हिन्दी की अपेक्षा अपभ्रंश के ही अधिक निकट हैं। इनकी तुलना में शालिभद्र सूरि की भाषा को रखकर देखा जाय तो यह स्पष्ट होगा कि दोनों में से कौन हिन्दी कवि कहलाने का अधिकारी है—

तु बाहुबलि जंपइ कहि वयण म कांचुँ
भरहेसर भय कंपइ जं जगतु सांचु।
× × ×
दूत भणई एहु भाई पुन्निहि पामीजइ ॥
पई लागीजइ भाई, अम्ह कहीउं कीजइ ॥

वस्तुतः योगीन्द्र हिन्दी के कवि न होकर अपभ्रंश के कवि हैं। अतः उन्हें हिन्दी के कवि के रूप में स्वीकार किये जाने का प्रश्न ही नही उठता। इसके अनन्तर तीन महत्त्वपूर्ण रासग्रंथ—'उपदेश-रसायन-रास'; 'सन्देशरासक और मुंज रासो'—आते हैं। इनकी चर्चा करते हुए डॉ० वासुदेव सिंह ने पाद टिप्पणी में डॉ० माताप्रसाद गुप्त के 'रासो-साहित्य-विमर्श' का संदर्भ दिया है जिससे यह भ्रान्ति उत्पन्न होती है कि वे भी (डॉ० गुप्त) इन्हें हिन्दी काव्य ही मानते हैं किन्तु वास्तविकता इसके विपरीत है। डॉ० माताप्रसाद गुप्त ने इन ग्रन्थों का परिचय देते हुए जो निष्कर्ष दिये हैं, वे इस प्रकार हैं—

(क) 'उपदेश रसायन रास'—"रचना तिथि ज्ञात नहीं हैं।······इसलिए इस रचना का समय भी सं० 1200 के आसपास या कुछ बाद में माना जा सकता है। रचना अपभ्रंश की है।"[2]

---

1. हिन्दी के विकासमें अपभ्रंश का योग, पृष्ठ संख्या 296।
2. रासो-साहित्य-विमर्श : डॉ० माताप्रसाद गुप्त, प्रथम संस्करण, पृष्ठ संख्या 8।

(ख) संदेशरासक—"रचना तिथि ज्ञात नहीं है।......इसकी भाषा अपभ्रंश है।"[1]

(ग) मुंजरासो—"इस नाम की अभी तक कोई रचना नहीं मिली। किन्तु हेमचन्द्र के "प्राकृत् व्याकरण'......आदि में मुंज विषयक किसी रचना के लगभग बीस छन्द मिलते हैं।......इसका रचयिता अज्ञात है। रचना-काल भी निश्चित नहीं है।"[2]

अस्तु, डॉ० माताप्रसाद गुप्त के अनुसार तो उपर्युक्त तीनों रचनाएँ एक तो अपभ्रंश में रचित हैं तथा दूसरे इनका रचना-काल निश्चित नहीं है। इस तथ्य की पुष्टि अन्य विद्वानों ने भी की है। 'उपदेश-रसायन' का परिचय देते हुए डॉ० दशरथ शर्मा एवं डॉ० दशरथ ओझा ने उसे अपभ्रंश की रचना माना है। 'संदेश-रासक' की भाषा को कुछ विद्वानों ने परिनिष्ठित अपभ्रंश से आगे बढ़ी हुई माना है किन्तु वह हिन्दी नहीं है। डॉ० उदयनारायण तिवारी ने इसकी भाषा का सूक्ष्म विश्लेषण करने के अनन्तर अपना निर्णय देते हुए लिखा है—"ध्वनि-विकास एवं शब्द रूपों की दृष्टि से संदेश-रासक की भाषा साहित्यिक अपभ्रंश से बहुत आगे नहीं बढ़ी है।"[3] डॉ० नामवर सिंह ने भी इसकी भाषा को साहित्यिक अपभ्रंश मानते हुए स्पष्ट शब्दों में घोषणा की है कि यह समझना भ्रान्ति है कि यह ग्राम्य अपभ्रंश में रचित है।"[4] वस्तुतः 'संदेश-रासक की भाषा में भले ही कुछ प्रवृत्तियाँ नयी हों, किन्तु सामान्यतः यह साहित्यिक अपभ्रंश की ही रचना है। यहाँ इसकी कुछ पंक्तियाँ द्रष्टव्य हैं—

पडिउट्ठिय सविलक्ख-सलज्जिर संझसिया।
तउ सय सच्छ णियसण मुद्धहिव बलसिया।
तं संवरि अणुसरिय पहिय पावयणमणा
फूड़वि णित्त कुप्पास विलग्गिय दर सिहणा।

'मुंज रासो' का तो अस्तित्व ही नहीं है। केवल मुंज संबंधी बीस छुटपुट दोहे उपलब्ध हैं, जिन्हें काव्य-ग्रन्थ की संज्ञा नहीं दी जा सकती, न ही इसके रचयिता और रचना-काल का पता चलता है। कुछ लोग इन्हें मुंज-प्रणीत मान कर इनका रचना-काल 11वीं-12वीं शती अनुमित करते हैं किन्तु स्वयं डॉ० वासुदेव सिंह के ही शब्दों में—"मुंज रासो के कितने दोहे मुंज-प्रणीत हैं और कितने परवर्ती, इसका निश्चय कर पाना कठिन हो गया है।"[5] फिर जो बीस दोहे मिलते भी हैं उनकी भाषा

1. रासो-साहित्य विमर्श : डॉ० माताप्रसाद गुप्त, प्रथम संस्करण, पृष्ठ संख्या 11-12।
2. वही, पृष्ठ संख्या 12।
3. हिन्दी भाषा का उद्गम और विकास, द्वितीय संस्करण, पृष्ठ संख्या 147।
4. हिन्दी के विकास में अपभ्रंश का योग, चतुर्थ संस्करण, पृष्ठ संख्या 239।
5. हिन्दी साहित्य का उद्भव काल, प्रथम संस्करण, पृष्ठ 206।

हिन्दी न होकर अपभ्रंश है। यहाँ उदाहरण प्रस्तुत है—

सउचितहरिसट्टी मम्मणह बत्तीस डीहियां ॥
हियझि ते नर दड्ढ सीझे जे बीससह थियाँ ॥[1]

उपर्युक्त विवेचन से स्पष्ट है कि पूर्वोक्त तीनों रासो-काव्यों में से एक का तो अस्तित्व ही नहीं है, शेष दो भी अपभ्रंश में रचित हैं। ऐसी स्थिति में उनके रचयिताओं को हिन्दी के प्रथम कवि के रूप में स्वीकार नहीं किया जा सकता किन्तु यहाँ हमें एक अन्य दृष्टि से भी विचार करना—विशेषतः 'उपदेश-रसायन-रास' के सम्बन्ध में। इस ग्रन्थ में जैन-धर्म के सिद्धान्तों का परिचय काव्यत्व शून्य शुष्क शैली में दिया गया है तथा इसकी भाषा भी अपेक्षाकृत अपभ्रंश के निकट है। इन सब कारणों से हमने इसे हिन्दी काव्य में स्थान देना उचित नहीं समझा, किन्तु इस पर डॉ० वासुदेवसिंह इतने अधिक कुपित एवं क्षुब्ध हुए हैं कि उन्होंने हमारे सारे प्रयास को ही सिद्धान्त-विरुद्ध एवं अवैज्ञानिक घोषित कर दिया है।[2] इस प्रसंग में उनका सबसे बड़ा आक्षेप यह है कि जबकि हमने जैन सम्प्रदाय सम्बन्धी अन्य रचनाओं (भरतेश्वर बाहुबली रास आदि) को ग्रहण किया तो 'उपदेश रसायन-रास' को क्यों नहीं लिया ? इसके उत्तर में हमारा निवेदन है कि 'साम्प्रदायिक रचना' और 'साम्प्रदायिक काव्य' में अन्तर है। जहाँ सिद्धांतों का शुष्क वर्णन हो वह 'रचना' मात्र है जबकि काव्यमय शैली में रचित रचना को 'काव्य' में स्थान दिया जाता है। 'उपदेश रसायन रास' के बारे में डॉ० वासुदेव सिंह स्वयं भी इसी निर्णय पर पहुंचे हैं—"इन शुष्क तथा नीरस उपदेशों में कवित्व का सर्वथा अभाव है।"[3] शायद ये पंक्तियाँ लिखते समय डॉ० सिंह भूल गए कि इसी प्रकार के निर्णय के लिए वे अपनी इसी पुस्तक में पीछे किसी अन्य लेखक की भारी भर्त्सना कर चुके हैं।

अस्तु, भर्त्सना के लिए भर्त्सना करना और बात है किन्तु वास्तविकता यह है कि 'उपदेश रसायन-रास' किसी भी दृष्टि से हिन्दी काव्य में स्थान पाने के योग्य नहीं है और जैसा पीछे कहा जा चुका है—'मुंज रासो' और 'संदेशरासक' पर भी यही बात लागू होती है। शेष रचनाओं में से रोड़ा कृत 'राउलवेल' एक शिलालेख है—जिसमें अवधी, मराठी, पश्चिमी हिन्दी-पंजाबी, बंगला, मालवी आदि भाषाओं में विभिन्न प्रदेशों की नायिकाओं को नख-शिख वर्णित किया गया है, अतः इससे तद्युगीन लोक भाषाओं की जानकारी में तो सहायता मिलती है किन्तु इसे हिन्दी की काव्य कृति के रूप में स्वीकार नहीं किया जा सकता। इसी प्रकार 'उक्ति-व्यक्तिप्रकरण' एक व्याकरण-ग्रन्थ है जिससे तद्युगीन लोक भाषा के स्वरूप पर

1. हिन्दी साहित्य का उद्भवकाल, प्रथम संस्करण, पृष्ठ संख्या 278।
2. वही, पृष्ठ संख्या 45।
3. वही, पृष्ठ संख्या 119।

प्रकाश पड़ता है किन्तु इसे काव्य-ग्रंथ कहना अनुचित होगा। मुनि रामसिंह रचित 'दोहा-पाहुड़' को डॉ० हरिवंश कोछड़, डॉ० राम सिंह तोमर, डॉ० नामवर सिंह प्रभृति विद्वानों ने अपभ्रंश-काव्य में स्थान दिया है। वस्तुतः इसकी भाषा अपभ्रंश से अग्रसरित होती हुई भी हिन्दी से दूर है, उदाहरणार्थ कुछ पंक्तियाँ द्रष्टव्य हैं—

अक्खरडेहि जि गब्बिया, कारणु ते ण मुणंति।
बंस विहत्था डीम जिम, परहत्थड़ा घुणंति॥

इसकी भाषा में कहीं-कहीं अपभ्रंश-परवर्ती दृष्टिगोचर होती हैं जिसका कारण कदाचित यह है कि इसकी कोई भी प्रति सत्रहवीं शती से पहले की नहीं मिलती, अतः सम्भव है कि प्रतिलिपिकारों के द्वारा मूल में थोड़ा-बहुत परिवर्तन हो गया हो। इसके अतिरिक्त इसका रचना-काल भी संदिग्ध है। स्वयं डॉ० वासुदेव सिंह के शब्दों में—'दोहा पाहुड़' का रचनाकाल भी अनिश्चित है। डा० हीरालाल जैन को जो दो हस्तलिखित प्रतियाँ मिली हैं उनमें से एक का लिपिकाल सं० 1784 है। मुझे जयपुर से प्राप्त प्रति का लिपि काल सं० 1711 है। अतः 'दोहा-पाहुड़' इसके पूर्व ही लिखा गया होगा।"[1] आगे चलकर डा० सिंह ने विभिन्न अनुमानों के आधार पर इसका रचना काल बारहवीं शती अनुमित किया है जबकि 'भरतेश्वर बाहुबली रास' का रचना-काल निश्चित रूप से सन् 1184 ई० है। ऐसी स्थिति में रचयिता मुनि रामसिंह को शालिभद्र सूरि से पहले स्थान कैसे दिया जा सकता है!

इस प्रकार हम देखते हैं डॉ० सिंह द्वारा उल्लिखित सातों रचनाओं में से कोई भी ऐसी नहीं है जिसे हिन्दी-काव्य-परम्परा में 'भरतेश्वर बाहुबली रास' से पहले स्थान दिया जा सके। वस्तुतः इस प्रसंग में उन्होंने जिन रचनाओं का जोरदार समर्थन किया है, आगे चलकर उन्हीं की उक्तियों से उनका खंडन हो जाता है।

अन्त में हम इसी निष्कर्ष पर पहुँचते हैं कि यदि हम अपभ्रंश या हिन्दीतर रचनाओं को या हिन्दी की असाहित्यिक (व्याकरण या नीति-उपदेश सम्बधी, रचनाओं) को अथवा अप्रामाणिक व संदिग्ध रचनाओं को छोड़कर हिन्दी भाषा के उद्भव-काल को ध्यान में रखते हुए विचार करें तो निश्चित ही 'भरतेश्वर बाहुबली रास' ही हिन्दी की प्रथम प्रामाणिक काव्य-कृति तथा उसके रचयिता 'शालिभद्र सूरि हिन्दी के प्रथम कवि सिद्ध होते हैं। रोड़ाकृत 'राउलवेल' तथा दामोदर के 'उक्ति-व्यक्ति-प्रकरण' आदि से इस तथ्य की पुष्टि भली भाँति हो जाती है कि हिन्दी भाषा का उद्भव लगभग ईसा की दसवीं शती के अन्त में हुआ है तथा किसी भाषा को साहित्य के द्वार तक पहुँचने में एक दो शताब्दियों का समय अवश्य लग जाता है, अतः इस दृष्टि से भी हिन्दी-सहित्य का आविर्भाव-काल 'भरतेश्वर बाहुबली रास' के रचना काल अर्थात् सन् 1184 ई० से मानना संगत सिद्ध होता है।

---

1. हिन्दी साहित्य का उद्भव-काल, पष्ठ सख्या 128।

हमारे उपर्युक्त निष्कर्ष की पुष्टि कतिपय अन्य साक्ष्यों से भी होती है। एक तो तद्युगीन राजनीतिक एवं सांस्कृतिक पृष्ठभूमि की दृष्टि से विचार किया जाय तो यह स्पष्ट होगा कि बारहवीं-तेरहवीं शती में समूचे उत्तर भारत में गुर्जर-प्रदेश ही एक ऐसा भूभाग था जो स्वतन्त्रता, शक्ति एवं संस्कृति का केन्द्र था। इसलिए उत्तरी भारत की अन्य आधुनिक भाषाओं में से पश्चिमी हिन्दी अर्थात् पश्चिमी राजस्थानी का, जो कि तद्युगीन गुर्जर प्रदेश की लोक भाषा थी सर्वप्रथम उदय एवं विकास हुआ। इस तथ्य को स्वीकार करते हुए डॉ० नामवर सिंह ने प्रतिपादित किया है कि हिन्दी की विभिन्न उपभाषाओं या बोलियों में मध्यप्रदेश की बोलियों (अवधी और ब्रज) की अपेक्षा राजस्थानी और मैथिली का उदय एयं विकास पहले हुआ। इसका कारण स्पष्ट करते हुए उन्होंने लिखा है—गुजरात के सोलंकी, देवगिरि के यादव और बंगाल के पाल राजाओं ने अपने-अपने भूखण्डों में स्वतन्त्र शासन स्थापित करने के साथ ही, अनेक लोकप्रिय सांस्कृतिक कार्यों द्वारा जातीय इकाइयों को संगठित होने का अवसर प्रदान किया।······इसके अतिरिक्त इन प्रदेशों के राजवंशों ने संस्कृत की अपेक्षा लोक बोलियों को अधिक प्रश्रय और प्रोत्साहन दिया। इस प्रकार जातीय संगठन ने भाषा का उत्थान किया और भाषा ने जातीय संगठन का। दोनों ही परस्पर वर्धमान हुए···[1] ऐतिहासिक दृष्टि से राजस्थानी और मैथिली बोलियों का उदय पहले हो गया, इनके बाद अवधी का उदय हुआ।···मैथिली का उदय इतना पहले इसीलिए संभव हो सका कि मिथिला शासन की स्वतन्त्र इकाई के रूप में एक ही राजवंश के अन्तर्गत कई शताब्दियों तक स्थापित रहा।······राजस्थानी की स्थिति भी बहुत-कुछ मैथिली जैसी ही है। पश्चिमी राजस्थान बहुत दिनों तक जातीय और प्रशासकीय रूप में गुजरात से सम्बद्ध रहा, दोनों जातियों और बोलियों का विकास साथ-साथ हुआ।"[2]

अस्तु, तद्युगीन पश्चिमी राजस्थानी जो कि बारहवीं-तेरहवीं शती के सम्मिलित गुजरात एवं पश्चिमी राजस्थान की लोक भाषा थी, हिन्दी की अन्य उपभाषाओं से अपेक्षाकृत पहले उदित हुई। दूसरे जिस प्रकार पालि, प्राकृत, अपभ्रंश को भी सर्वप्रथम बौद्ध एवं जैन कवियों ने ही अपने धर्म प्रचार के लिए साहित्य में स्थान दिया लगभग उसी प्रकार हिन्दी की उस उपभाषा—पश्चिमी राजस्थानी—को भी सर्वप्रथम जैन कवियों ने, जिनमें शालिभद्र सूरि अग्रणी थे, अपने साहित्य में स्थान दिया। ये तथ्य इस शंका का भी निराकरण करते हैं कि हिन्दी की सबसे पहली रचना मध्यवर्ती हिन्दी प्रदेश में न मिलकर पश्चिमी उत्तर प्रदेश में क्यों मिलती है। भाषा की दृष्टि से विचार किया जाय तो 'भरतेश्वर बाहुबली रास' की भाषा 'राउलवेल'

1. हिन्दी के विकास में अपभ्रंश का योग, चतुर्थ संस्करण, पृष्ठ संख्या 100-101।
2. वही, पृष्ठ संख्या 102।

में प्रस्तुत उस अंश से बहुत मिलती-जुलती है जिसे विद्वानों ने पश्चिमी राजस्थानी का रूप माना है। यहाँ दोनों के नमूने प्रस्तुत हैं—

एहु कानोड़उ काइ सउं झांखइ।
वेस अम्हाणउं ना जउ देखइ।
आ उंडउ जो राउलु सोहइ।
थइ नउ सो एथु कोक्कु न मोहइ।

× × ×

पहिरणु फरहरें पर सोहइ।
राउल दीसतु सउ जण मोहइ।

× × ×

जहिं घरे अइसी ओलंग पइसइ।
तं घरु राउल जइसउँ दीसइ॥ —'राउलवेल' से उद्धृत

'राउलवेल' के इस अंश की विवेचना करते हुए डॉ॰ नामवर सिंह ने लिखा है—"तृतीय उदाहरण में 'अम्हाणउँ', 'कांई करेबउ' 'थइ नउ' आदि प्रयोग ऐसे हैं जो पुरानी पश्चिमी राजस्थानी की याद दिलाते हैं। प्रसंगात् यह वही खंड है कि जिसमें 'खताजणु' अर्थात् क्षत्रिय-जन का उल्लेख हुआ है। इसलिए बहुत संभव है कि इसमें तत्कालीन राजस्थानी बोली का नमूना प्राप्त हो।" हमारे विचार से इसे असंदिग्ध रूप से उस समय की लोक प्रचलित पश्चिमी राजस्थानी के उदाहरण के रूप में स्वीकार किया जा सकता है। अब इसकी तुलना में 'भरतेश्वर बाहुबली रास' की भाषा के कुछ नमूने रखकर देखे जा सकते हैं—

मति सागर किणि काज चक्क न पुरि परबस करइ।
तइजि अम्हारह राजि, घोरीय घर घरीउ॥ 45

× × ×

कांइ मरावउ तम्हि इम जीव, पड़सिउ नरकि करँता रीव। 182

× × ×

पइसइं मालाखाडइ वीर, गिरिवंर पाहिइं सबल शरीर। 184

× × ×

कीजई ए आज पसाउ, छंडि न छंडि न छयल छलो। 195

वस्तुतः दोनों की भाषा में बहुत कम अन्तर दृष्टिगोचर होता है। 'राउलवेल' का शिलांकन-काल विद्वानों ने 11वीं शती ईस्वी सिद्ध किया है, जबकि भरतेश्वर बाहुबली रास का रचना-काल 1184 ई॰ है—इस दृष्टि से दोनों के रचना-काल में अधिक से अधिक एक शताब्दी का अन्तर संभव है। कहना न होगा कि दोनों की भाषा में भी इससे अधिक समय का अन्तर दृष्टिगोचर नहीं होता। अतः भाषा

की दृष्टि से भी यह रचना-काल की लोकभाषा का सही प्रतिनिधित्व करती है।

अन्त में यह भी उल्लेखनीय है कि डॉ० माताप्रसाद गुप्त, डॉ० दशरथ ओझा, डॉ० हरीश प्रभृति विद्वानों ने तो 'भरततेश्वर बाहुबली रास' को प्रारंभिक हिन्दी रास-काव्य के रूप में स्वीकार किया ही है, साथ ही इस तथ्य का भी कम महत्त्व नहीं है कि 'भरतेश्वर बाहुबली रास' की रचना के साथ ही जैन रास-काव्य की हिन्दी में एक अविच्छिन्न परम्परा का सूत्रपात हो जाता है; विभिन्न कवियों द्वारा रचित रास-काव्य—'जीवदया रास' (1200 ई०), 'चन्दन-वाला रास' (1200 ई०), 'जम्बूस्वामी रास' (1239 ई०), 'स्थूलिभद्र रास' (1209 ई०), 'रेवंतगिरि रास' (1231 ई०), 'आबूरास' (1232 ई०), 'नेमिनाथ रास' (1238 ई०), 'गयसुकुमाल रास' (1250 ई०), 'कच्छुली रास' (1306 ई०), 'जिन पद्मसूरि पट्टाभिषेक रास' (1333 ई०) आदि—इस परम्परा की वे सशक्त कड़ियाँ हैं, जिनके आधार पर आज भी हिन्दी साहित्य के आदिकाल का भवन टिका हुआ है अन्यथा सिद्धों, नाथों और चारणों की तथाकथित रचनाओं की अप्रामाणिकता एवं संदिग्धता के कारण इसकी आधारभूमि बहुत पहले खोखली सिद्ध हो चुकी है।

अतः हमें यह स्वीकार करने में कोई संकोच नहीं होना चाहिए कि अब तक ज्ञात एवं उपलब्ध रचनाओं में 'भरतेश्वर बाहुबली रास' ही हिन्दी का प्राचीनतम काव्य है जिसके आधार पर उसके रचयिता मुनि शालिभद्र सूरि को हिन्दी का प्रथम कवि तथा उसके रचनाकाल (सन् 1184 ई० या संवत 1241 वि०) को ही हिन्दी साहित्य का वास्तविक आविर्भाव काल माना जाना चाहिए। राजनीतिक, सांस्कृतिक एवं भाषा-वैज्ञानिक दृष्टि से भी हिन्दी साहित्य का आरम्भ लगभग इसी समय से मानना तर्कसंगत एवं समीचीन प्रतीत होता हैं।[1]

—o—

1. यह लेख सर्व प्रथम 'पुराकल्प' वाराणसी में लगभग 1942-3 में प्रकाशित हुआ था।

4

संत-काव्य पर सूफी प्रभाव का भ्रम

"भारतीय-धर्म-साधना में श्रृंगारिकता का प्रवेश" शीर्षक अध्याय[1] में विस्तार से बताया जा चुका है कि किस प्रकार वज्रयानी सिद्धों ने धार्मिकता के आवरण में लौकिक श्रृंगार का विकास किया, किन्तु आगे चलकर उन सिद्धों में ही गोरक्षपा, जालन्धरनाथ ज्ञाननाथ जैसे उपदेशक हुए जिन्होंने इस सम्प्रदाय की अतिलौकिता, अतिकामुकता एवं अति-भोग-साधना से ऊबकर एक नये सम्प्रदाय-नाथ-पन्थ का प्रवर्त्तन किया जिसमें योग एवं आध्यात्मिक प्रेम को स्थान मिला। यद्यपि सिद्धान्तों की दृष्टि से नाथ-पन्थ में वज्रयान से गहरा भेद है किन्तु उसमें वज्रयान की कई नई बातें मिलती हैं। एक तो नाथ-पन्थी गुरुओं के रूप में वज्रयानी सिद्धों (जिनकी संख्या 84 मानी जाती है) में से अनेक के नाम ग्रहीत कर लिये गये, दूसरे मुद्रा, शक्ति, सहज योग आदि अनेक पारिभाषिक शब्दों को ले लिया गया, (यद्यपि उनका अर्थ भिन्न है); तीसरे वज्रयानी सिद्धों की सभी प्रमुख साहित्यिक प्रवृत्तियाँ नाथ-पन्थी साहित्य में मिलती हैं। आगे चलकर नाथ-पन्थ की जटिल-साधना पद्धति की प्रक्रिया स्वरूप इसके कुछ अनुयायियों ने रामानन्द जैसे आचार्यों से सरल भक्ति-सम्प्रदाय की दीक्षा लीं।[2] अस्तु, नाथ-पन्थ और भक्ति-सम्प्रदाय के सम्मिश्रण के रूप में ही हिन्दी की उस सन्त-परम्परा का विकास हुआ जिसे आचार्य रामचन्द्र शुक्ल ने 'निर्गुण ज्ञानाश्रयी शाखा' का नाम दिया है। यद्यपि सिद्धान्तों की दृष्टि से वज्रयानी, नाथपंथ एवं संत-मत में परस्पर बहुत भेद है, किन्तु साहित्यिक प्रवृत्तियों की दृष्टि से इनमें गहरा साम्य है। सिद्ध-कवियों की काव्य-परम्परा ही नाथ-पंथी योगियों में

---

1. देखिए—"हिन्दी काव्य में श्रृङ्गार-परम्परा और विहारी" (शोध-प्रबन्ध)।
2. 'इस बात का तो ऐतिहासिक प्रमाण उपलब्ध है कि रामानन्द के शिष्यों में से किसी-न-किसी ने नाथ-मार्गी योगियों के प्रतिष्ठित अखाड़ों को अपने प्रभाव में लाकर उनके शिष्यों को अपना अनुयायी बनाया है।"

—हिन्दी साहित्य : लेखक हजारी प्रसाद द्विवेदी; प्र० सं०, पृ० 114

होती हुई हिन्दी के सन्त-कवियों के पास पहुँची; यही कारण है कि अपभ्रंश के सिद्ध-साहित्य की निम्नांकित प्रवृत्तियाँ हिन्दी संत-काव्य में मिलती हैं—

1. सिद्ध और संत कवि अशिक्षित एवं निम्न वर्ग से सम्बन्ध रखते हैं; दोनों वर्ग के कवियों ने पारिवारिक एवं गार्हस्थ्य-जीवन की अवहेलना की।

2. दोनों वर्ग के कवियों ने अन्य धर्मों की बाह्य-पद्धतियों एवं विधि-निषेधों का खंडन स्पष्ट शब्दों में किया।

3. दोनों वर्ग के कवियों ने परम्परागत वर्ण-व्यवस्था एवं सामाजिक आदर्शों का विरोध किया।

4. दोनों वर्ग के कवियों ने मुक्तक पद-शैली का प्रयोग करते हुए तत्कालीन लोक-भाषा में काव्य-रचना की।

5. दोनों वर्ग के काव्य में रूपक, उलट बाँसियों एवं श्लिष्ट शब्दों का प्रयोग भारी संख्या में हुआ है।

6. दोनों वर्ग के कवियों ने बाह्य-विषय के निरूपण की अपेक्षा स्वानुभूति की अभिव्यंजना को प्रधानता दी है।

7. संत-काव्य परम्परा में सिद्धों के लौकिक शृंगार का उन्नयन अलौकिक प्रेम के रूप में प्राप्त होता है।

उपर्युक्त समानताओं को देखते हुए संत-काव्य-परम्परा को सिद्ध-काव्य.परम्परा का ही विकसित रूप कहा जाय तो अनुचित न होगा।

प्रेम का स्वरूप जिस प्रकार जायसी, कुतुबन, मंझन आदि प्रेमाख्यानक कवियों पर सूफीमत के प्रभाव का भ्रम प्रचलित है, उसी प्रकार संत-कवियों का प्रेम-तत्त्व भी सूफी-मत की देन के रूप में बताया जाता है। किन्तु सिद्ध-साहित्य के तुलनात्मक अध्ययन से स्पष्ट है कि अन्य साहित्यिक प्रवृत्तियों की भाँति संत-काव्य-परम्परा का प्रेम-तत्त्व भी सिद्धों के शृंगार का ही नाथ-पंथी योगियों के द्वारा विकसित, परिवर्तित एवं परिष्कृत रूप है। नाथ-पंथी योगियों के काव्य में अलौकिक प्रेम या रहस्यवाद के वे सब तत्त्व उपलब्ध हो जाते हैं जिनका विकास हिन्दी के संत-कवियों में हुआ। उदाहरण स्वरूप कुछ पंक्तियों का अनुवाद देखिए—

1. अद्वैतवाद—

जो परमात्मा सोइ हौं, जो हौं सो परमात्म।
एह जाने विनु जोगिया, अन्य न करहु विकल्प।[1]

—योगीन्द्र, 1000 ई०—योग-सार

2. आत्मा और परमात्मा का प्रणय-सम्बन्ध—

शून्य करुणा अभिन्न काय-वाक चित्ते।
विलसै दारिक गगन तें पारिम कूले।

1. राहुल सांकृत्यायन कृत अनुवाद—हिन्दी-काव्य-धारा, पृ० 251।

अलख लखै चित्त महा सुखे।
बिलसै दारिक गगनतें पारिम-कूले।[1]

—दारिक पा (840 ई०)

साँभलि राजा बोल्या रे अवधू। सुणै अनुपम वाणी जी।
निरगुण नारी सूँ नेह करंता। झबकै रैणि बिहाणी जी।
डाल न मूल पत्र नहिं छाया। बिन जल पिंगुला सीचै जी।
बिणही मढीयाँ मंदला बाजै। यण विधि लोका रीझै जी।[2]

—गोरखनाथ (अविर्भाव-काल ?)

इसके अतिरिक्त सन्त कवियों के काव्य में कुछ ऐसे साक्ष्य भी उपलब्ध होते हैं, जिनसे सिद्ध होता है कि इन कवियों पर सूफीमत का प्रभाव नहीं है—

1. इन कवियों ने अन्य सम्प्रदायों का विरोध स्पष्ट शब्दों में किया है किन्तु तत्कालीन वैष्णव-भक्ति सम्प्रदाय के प्रति इन्होंने गहरी 'श्रद्धा' का परिचय दिया है—

मेरे संगी दोइ जणां, एक वैष्णों एक राम।
बोहै दाता मुकति का, वो सुमिरावै नाम॥

—कबीर-ग्रन्थावली, 549

वैश्नों की छपरी भली, ना साषत का बड गाँउ॥ —वही, पृ० 552

साषत बांभण मत मिलै, वैसनों मिले चंडाल।
अंक माल दे भेटिए, मानो मिले गोपाल॥

—वही, पृष्ठ 53

इसी प्रकार गुरु गोरखनाथ के प्रति भी कबीर ने श्रद्धा व्यक्त की है—"साखी गोरखनाथ ज्यूँ अमर भया कलि मांहीं" (वही, पृ० 51); किन्तु इन्होंने सूफीमत के प्रति कहीं भी कोई श्रद्धा प्रकट नहीं की। इसके विपरीत बंदगी, निवाज, हज्ज आदि (इन्हें सूफी प्रथम सीढ़ी शरीअत के रूप में स्वीकार करते हैं) तथा सूफी-साधकों—शेख, दरवेश आदि का विरोध कठोर शब्दों में किया है—

सेख सबूरी बाहिरा, क्या हज काबै जाइ।
जिनकी दिल स्याबित नहीं, तिनकौ कहां खुदाइ॥ — वही, पृष्ठ 43
यहु सब झूठी बंदगी, बंदियां पंच निवाज।
साचै मारै झूठ पढ़ि, काजी करै अकाज॥ — वही, पृष्ठ 42

× × ×

---

1. राहुल सांकृत्यायन कृत अनुवाद—हिन्दी-काव्य-धारा, पृ० 141।
2. वही—पृ० 160।

है कोई दिल दरवेश तेरा।
नासूत, मलकूत जबरूप को छोड़िके,
जाइ लाहूत पर करै डेरा॥
—कबीर का रहस्यवाद (वर्मा), पृष्ठ 156

2. इन संत-कवियों ने खण्डन के क्षेत्र में ईश्वर के पर्यायवाची के रूप में अल्लाह, खुदा आदि शब्दों का प्रयोग किया है; किन्तु प्रेम के आवेश में वे सर्वत्र राम, गोविन्द, हरि आदि शब्दों का प्रयोग करते हैं, जिनका सूफीमत से कोई सम्बन्ध नहीं।

3. इन्होंने भारतीय अद्वैतवाद और नाथ-पंथी योग-साधना के प्रमुख पारिभाषिक शब्दों—ब्रह्म, माया, आत्मा, सहज-साधना, शून्य, योग, चेतावनी, परिचय, सूक्ष्म-मार्ग-कुण्डली, षट-चक्र, इड़ा, पिंगला, सुषुम्ना आदि का प्रयोग स्थान-स्थान पर किया है किन्तु अपनी साधना-पद्धति के प्रतिपादन में सूफी शब्दावली—क्लब, सिर्र, अक्ल, शरीअत, तरीकत, मारिफत, हकीकत आदि का प्रयोग प्रायः नहीं किया है।

4. सूफी प्रेम में ब्रह्म की प्रेमिका के रूप में तथा साधक की प्रेमी के रूप में कल्पना की जाती है, जबकि कबीर, दादू आदि संत कवियों ने ईश्वर को पति तथा अपने आपको पतिव्रता-पत्नी का रूप दिया है। कबीर ग्रन्थावली 'निहकरमी पतिव्रता को अंग', 'पीव पिछापन को अंग' आदि प्रसंग प्रमाण-स्वरूप देखे जा सकते हैं।

5. हमारे विद्वान आलोचकों ने कबीर के रहस्यवाद पर सूफीमत के प्रभाव का उल्लेख तो बार-बार किया है, किन्तु उन्होंने यह बताने का कष्ट नहीं किया कि सूफी प्रेम की कौन-कौन-सी विशेषताएँ कबीर आदि संतों में मिलती हैं, जो भारतीय-साधना पद्धति से असम्बद्ध हैं। डॉ० रामकुमार वर्मा ने अपने कबीर के रहस्यवाद' शीर्षक ग्रन्थ में 'सूफीमत और कबीर' का विवेचन किया है, इसमें पहले सूफीमत का परिचय दे दिया है और आगे कबीर के काव्य से कुछ पंक्तियाँ उद्धृत कर दी गई हैं, किन्तु दोनों का परस्पर सम्बन्ध स्थापित नहीं किया गया। यही नहीं, उन्होंने विरोधी उदाहरण भी दिए हैं—जैसे निम्नांकित पद देखिए—

हम सब माँही सकल हम माँही।
हम थे और दूसर नाँही।
तीन लोक में हमारा पसारा।
आवागमन सब खेल हमारा।
खट-दरशन कहियत भेखा।
हमहीं अतीत रूप नहीं रेखा।

हमहीं आप कबीर कहावा।
हमहीं अपना आप लखावा॥[1]

डॉ० वर्मा ने इस पद्य में सूफियों की आध्यात्मिक भावना का प्रभाव बताया है, किन्तु हमें इसमें ऐसी कोई बात नहीं दिखाई देती। घट में अघट को देखने की साधना का प्रचार नाथ-पंथी एवं सिद्ध योगियों द्वारा भारत में सूफियों के आगमन से पूर्व हो चुका था। इसके अतिरिक्त इस पद में 'तीन-लोक', 'आवागमन', 'षट-दर्शन' आदि शब्द भारतीय-दर्शनों के प्रभाव के द्योतक हैं—न कि सूफी प्रभाव के। यही नहीं, कई स्थानों पर कबीर में सूफी प्रेम से भेद मिलता है इसका आभास डा० वर्मा की इन पंक्तियों में भी मिल जाता है—"रूमी ने अपनी मसनवी में लिखा है······। कबीर ने इसी विचार को बहुत परिष्कृत रूप में रखा है। वे नहीं कहते कि जब लहर समुद्र में पहुँची तो समुद्र बन गई, पर वे यह कहते हैं कि हम इस प्रकार देखेंगे जैसे तरंगिनी की तरंग जो उसी में उत्पन्न होकर उसी में मिलती है। रूमी तो कहता है कि जब तरंग समुद्र में पहुँची तब वह समुद्र बनी। पहले वह समुद्र का भाग नहीं थी। कबीर का कथन है कि तरंग तो सदैव तरंगिनी में वर्तमान है। उसी में उठती है और उसी में गिरती है—

ऐसे जलहि तरंग तरंगिनी ;
ऐसे हम दिखलावहिंगे।
कहै कबीर स्वामी सुख सागर ;
हंसहि हंस मिलावहिंगे[2]॥

यहाँ डॉ० वर्मा ने यह नहीं बताया कि कबीर और सूफी कवि रूमी में ईश्वर और जीव के सम्बन्ध में यह मतभेद क्यों मिलता है ? वस्तुतः यह भेद कबीर और रूमी का ही नहीं है—भारतीय अद्वैत-साधना एवं सूफी रहस्यवाद का भेद है, कबीर का सम्बन्ध नाथ-पंथी योगियों की रहस्य-पद्धति से था, न कि सूफी कवि रूमी से, अतः दोनों में यह भेद मिलना स्वाभाविक है।

अस्तु, उपर्युक्त प्रमाणों के आधार पर हम इस निष्कर्ष पर पहुँचते हैं कि हिन्दी के सन्त कवियों का प्रेम-तत्त्व सूफीमत से उधार लिया हुआ नहीं है, उसका विकास सिद्धों, नाथ-पंथियों एवं वैष्णव भक्ति सम्प्रदायों के प्रभाव से हुआ। फिर भी इतना स्पष्ट है कि सन्तों ने उपर्युक्त सम्प्रदायों से प्रेम को ज्यों का त्यों गृहीत नहीं किया—उसका पर्याप्त विकास एवं परिष्कार किया है। सिद्धों का प्रेम कामुकता से ओत-प्रोत था तथा वह लौकिक आलम्बन—मुद्रा (नारी) से सम्बन्धित था, नाथ-पंथी योगियों ने

1. कबीर का रहस्यवाद—डॉ० रामकुमार वर्मा, सातवां संस्करण, पृ० 98।
2. वही, पृ० 95।

इसे विशुद्ध भावना का रूप देकर अलौकिक शक्ति की ओर प्रेरित किया। नाथ-पंथियों में प्रेम की अपेक्षा योग-साधना का अधिक महत्त्व है अतः उसमें प्रणयानुभूतियों की व्यंजना नहीं मिलती। हिन्दी के संत-कवियों का प्रेम अदृष्ट की ओर उन्मुख है तथा उसमें योग-साधना की शब्दावली का भी प्रयोग मिलता है। किन्तु फिर भी उसमें प्रणय-अनुभूति की मात्रा नाथ-पंथियों से बहुत अधिक है। वैष्णव-भक्तों के प्रभाव से संत-कवियों के प्रेम में कुछ नये तत्वों का भी मिश्रण मिलता है जिनका पूर्ववर्ती सिद्धों एवं नाथ-पंथियों के साहित्य में अभाव है; जैसे —

(क) इन्होंने अपने अलौकिक ईश्वर का नामकरण वैष्णव भक्तों की शब्दावली में किया—जैसे राम, गोविन्द, हरि। यह ध्यान रहे, कबीर की आत्मा—"हम घर आए हो राजा राम"—तो कहती है; किन्तु वह अल्लाह या खुदा से मिलने की चर्चा कभी नहीं करती।

(ख) इन्होंने आत्मा और परमात्मा की एकता स्वीकार करते हुए भी आत्मा की अपेक्षा परमात्मा को अधिक महत्व प्रदान किया है जिससे इनमें आत्म-दैन्यता का भाव मिलता है, जैसे—

कबीर कूता राम का, मुतिया मेरा नाऊँ।
गले राम की जेवड़ी, जित खैंचे तित जाऊँ॥

— क० ग्र०, पृष्ठ 20

यही नहीं, इन्होंने आत्मा को प्रिय की अपेक्षा हीन, अबोध एवं मलिन भी स्वीकार किया है—

जा कारणि मैं ढूंढ़ता, सनमुख मिलिया आइ।
धण मैली पिव उजला, लागि न सकौं पाइ॥

—वही, पृष्ठ 15

अस्तुतः इनके प्रेम में कहीं-कहीं श्रद्धा का ऐसा मिश्रण मिलता है कि वह वैष्णवों की भक्ति की सीमा में पहुँच जाता है।

रहस्यवाद का विकास—अन्त में हम कह सकते हैं कि भारतीय साहित्य में रहस्यवाद का विकास सिद्धों, नाथ-पंथियों एवं वैष्णवों की दीर्घ परम्परा की देन है। इसके प्रारम्भिक अंकुर 8वीं शताब्दी से ही —भुसुकपा, लुईपा, विरूपा, दारिकपा, गोरक्षपा, योगीन्दु आदि अपभ्रंश-कवियों की रचनाओं में मिलने लगते हैं।[1] अतः यह समझना कि हिन्दी-काव्य में रहस्यवाद का उदय सूफीमत के प्रभाव से हुआ एक भ्रम मात्र है। इसके अतिरिक्त संत-कवियों की अन्य साहित्यिक प्रवृत्तियाँ भी इस बात की

1. हिन्दी काव्य-धारा—राहुल सांकृत्यायन, पृ० 136—156।

द्योतक हैं कि हिन्दी संत-काव्य का उद्गम-स्रोत अपभ्रंश का सिद्ध एवं नाथ-पंथी साहित्य है, फारसी का सूफी काव्य नहीं। हाँ, भारतीय अद्वैतवाद का अध्ययन आठवीं-नवीं शताब्दी में अरब और फारसी के विद्वानों ने भी किया था।[1] अतः सूफीमत और भारतीय-अद्वैत के प्रतिपादन में कहीं-कहीं उदाहरणों का साम्य मिलना स्वाभाविक है। हिन्दी के संत-कवियों में फारसी के सूफी कवियों से कहीं कोई साम्य मिलता भी है तो वह घुणाक्षर-न्याय से ही है, उसमें कारण और कार्य का सम्बन्ध स्थापित नहीं होता।

—०—

1. विश्व-साहित्य की रूप-रेखा—डॉ० भगवतशरण उपाध्याय, पृ० 96; 350।

5

क्या प्रेमाख्यानक कवियों का प्रेम अलौकिक है ?

जैसा कि 'भारतीय-धर्म साधना में शृंगारिकता का प्रवेश' शीर्षक में स्पष्ट किया गया है, शैवों और सिद्धों के प्रभाव से जैन कवियों के धार्मिक 'आख्यानों में लौकिक प्रेम का मिश्रण' आठवीं शताब्दी से पूर्व हो गया था। हिन्दी-प्रेमाख्यानों में भी जन कवियों की अन्य विशेषताओं के साथ-साथ इस लौकिक प्रेम का भी चित्रण मिलता है। किन्तु कुछ विद्वान जिनका विश्वास है कि भारतीय-धर्म-साधना में प्रेम का प्रवेश ही सूफियों के प्रभाव से हुआ—वे हिन्दी के इन आख्यानों में चित्रित प्रेम सूफी रहस्यवाद अर्थात् आत्मा और परमात्मा के अलौकिक प्रणय की व्यंजना के रूप में ग्रहण करते हैं। ये विद्वान अपने पक्ष के समर्थन में निम्नाङ्कित युक्तियाँ देते हैं—

1. इन कवियों ने सूफी-मत के प्रचार के लिए अपने काव्यों की रचना की।[1]

2. इन काव्यों में आत्मा और परमात्मा के प्रेम का रूपक बाँधा गया है।[2]

3. इनमें स्थान-स्थान पर आध्यात्मिक सिद्धान्तों एवं साधना-पद्धतियों का निरूपण किया गया है।[3]

4. इन काव्यों में नायिका (जो कि परमात्मा की प्रतीक है) के व्यक्तित्व एवं सौन्दर्य का इतने व्यापक रूप में चित्रण किया गया है जिससे किसी 'अनन्त सौन्दर्य-सत्ता' के स्वरूप का आभास होने लगता है।[4]

5. इनमें प्रेम और बिरह का ऐसा वर्णन किया गया है कि जिससे आध्यात्मिक

---

1. हिन्दी-साहित्य—ले० हजारीप्रसाद द्विवेदी; प्रथम संस्करण, पृ० 263।
2. "रत्नसेन का पद्मावती तक पहुँचाने वाला प्रेम-पंथ जीवात्मा को परमात्मा में ले जाकर मिलाने वाले प्रेम-पंथ का स्थूल आभास है।"
—जायसी-ग्रंथावली (शुक्ल) भूमिका, पृष्ठ 56
3. वही, पृष्ठ 135।
4. वही, पृष्ठ 55 और पृ० 91।

स्वरूप का परिचय मिलता है ।[1]

युक्तियों की परीक्षा —यद्यपि हमारे विद्वानों ने इन कवियों का काव्य-रचना का उद्देश्य सूफी-मत प्रचार बताया है किन्तु इसके विरोध में निम्नांकित प्रमाण मिलते हैं—

(क) हिन्दी के प्रेमाख्यान रचयिताओं में अनेक हिन्दू थे—ईश्वरदास (सत्यवती), पुष्कर (रस-रतन), सूरदास लखनवी (नल-दमन), मेघराज साहा (मृगावती), दुखहरण दास (पुहुपावती), हेमरत्न-सूरि (पद्मिनी), नन्ददास (रूप-मञ्जरी), काशीराम (कनक-मञ्जरी), हरसेवक मिश्र (कामरूप) आदि[2]—अतः इनके द्वारा सूफीमत के प्रचार की बात नहीं उठती । यदि मुसलमान कवियों का उद्देश्य धर्म-प्रचार का होता तो हिन्दू कवि इनका अनुकरण करना तो दूर रहा इन रचनाओं का विरोध करते ।

(ख) मुसलमान कवियों ने अपनी काव्य-रचना का उद्देश्य स्पष्ट रूप में बताया है । जायसी ने लिखा है—"मैंने यह सोचकर काव्य लिखा कि संसार में मेरा कोई स्मारक चिह्न रह जाय।······जो लोग इस कहानी को पढ़ेंगे, वे मुझे भी याद करेंगे ।"[3] उसमान ने चित्रावली की रचना अपनी काव्य-कला का अभ्यास दिखाने के लिए की थी; अतः वे अन्य कवियों को चुनौती देते हैं—"जिसमें मेरे से अधिक बुद्धि हो, वह इससे अच्छी कहानी लिखकर दिखावे ।"[4] साथ ही वे भी कहते हैं—"मेरी कहानी को बच्चे सुनेंगे तो प्रसन्न होंगे, तरुण सुनेंगे तो उनके मन में काम बढ़ेगा,······भोगी के भोग-विलास में वृद्धि होगी ।"[5] इसी प्रकार आलम (माधवानल काम-कन्दला) और नूर मोहम्मद

---

1. "क्या संयोग क्या वियोग, दोनों में कवि प्रेम के उस आध्यात्मिक स्वरूप का आभास देने लगता है······" —वही, पृ० 55
2. इनका विस्तृत परिचय देखिए—'हिन्दी प्रेमाख्यानक काव्य-परम्परा' । —ले० कुलश्रेष्ठ
3. औ मैं जानि कवित अस कीन्हा ।
   मकु यह रहै जगत महँ चीन्हा ।
   × × ×
   जो यह पढ़े कहानी, हम्ह सँवरै दुई बोल ।।
   —पद्मावत—उपसंहार 2
4. जाकी बुद्धि होई अधिकाई । आन कथा एक कहै बनाई ।।
   —हिन्दी-प्रेम काव्य-संग्रह, पृ० 9
5. बालक सुनत काम रस लावा ।
   तरुनन्ह के मन काम बढ़ावा ।।
   × × ×
   भोगी कहँ सुख भोग बढ़ावा ।। —वही, पृ० 11

ने भी अपनी रचना का उद्देश्य कामी, रसिक और प्रेमी, लोगों की तृप्ति करना बताया है ।[1] यूसुफ जुलेखा के रचयिता निसार ने काव्य-रचना का उद्देश्य पुत्र के देहान्त-शोक को भुलाना, प्रमियों के प्रेम को बढ़ाना और अपना स्मृति-चिह्न छोड़ जाना स्वीकार किया है ।[2] अत: इन काव्यों का उद्देश्य धर्म-प्रचार बताना उचित नहीं ।

दूसरी युक्ति-रूपक—इस काव्य-परम्परा की सर्व-श्रेष्ठ रचना 'पद्मावत, (जायसी कृत) में कवि ने अपने काव्य को एक रूपक घोषित किया —

"मैं एहि अरथ पंडितन बूझा कहा । कि हम किछु और न सूझा ।
चौदह भुवन जो तर उपराहीं । ते सब मानुष के घट माहीं ।
तन चितउर, मन राजा कीन्हा । हिय सिंघल, बुधि पद्मिनी चीन्हा ।
गुरु सुआ जेइ पन्थ दिखावा । बिनु गुरु जगत को निरगुन पावा ।
नागमती यह दुनियाँ धन्धा । बाँचा सोइ न एहि चित बंधा ।
राघव दूत सोई सैतानू । माया अलाउदीं सुलतानू ।
प्रेम कथा एहि भाँति विचारहु । बूझि लेउ जो बूझै पारहु ।"[3]

उपर्युक्त पंक्तियों में चौदह भुवन, घट, तन, हिय, बुद्धि, गुरु, निर्गुण, माया आदि पारिभाषिक शब्द (केवल शैतान को छोड़कर) भारतीय अद्वैत साधना से सम्बन्ध

---

1. आलम—

कहौं बात सुनौ सब लोग । कथा-कथा सिंगार-वियोग ।
सकल सिंगार विरह की रीति । माधौ-कामकन्दला प्रीति ।।
× × ×
प्रीतिवन्त ह्वै सुनै सो कोई । बाढ़ै प्रीति हिएँ सुख होई ।।
कामी पुरिष रसिक जे सुनही । ते या कथा रैनि दिन सुनहीं ।।

—वही, पृ० 226

नूर मोहम्मद—

नूर मोहम्मद यह कथा, अहै प्रेम की बात ।
जेहि मन होई प्रेम-रस, पढ़ै सोई दिन-रात ।।

—वही, पृ० 153

2. जब तें लतीफ कर मरम बिसेख्यो ।
तय सम्पत मिरथा देख्यौ ।।
× × ×
हम न रहब आखर रहजाई ।
× × ×
प्रेमी सुनै प्रेम अधिकावै ।। —वही, पृ० 223

3. जायसी-ग्रंथावली—सम्पादक रामचन्द्र शुक्ल; चतुर्थ संस्करण, पृ० 301 ।

रखते हैं, किन्तु हमारे विद्वानों ने सूफी साधना को आधार मान कर इस रूपक की व्याख्या की जो पद्मावत के कथानक से मेल नहीं खाती; परिणामस्वरूप विद्वानों ने कहना आरम्भ किया कि यह रूपक पद्मावत के पूर्वार्द्ध पर ही लागू होता है, किन्तु जब इससे भी काम नहीं चला तो यह कहा जाने लगा कि उपर्युक्त पंक्तियां प्रक्षिप्त हैं। किन्तु 'बूझि लेउ जो बूझै पारहु' (समझ लो, यदि समझ सको !) में जो गर्व व्यंजित है, वह उसके रचियता का ही हो सकता है; किसी अन्य का नहीं। अतः हमें इस रूपक का वास्तविक अर्थ ढूंढ़ने का प्रयत्न करना चाहिए।

रूपक का अर्थ—जायसी ने अपने काव्य में रत्नसेन को मन का तथा पद्मिनी को 'हृदय में निवास करने वाली बुद्धि' अर्थात् सात्त्विक ज्ञान का प्रतीक माना है; किन्तु हमारे विद्वानों ने इसके विपरीत रत्नसेन को आत्मा का तथा पद्मिनी को परमात्मा का प्रतीक मान कर रूपक का अर्थ निकालने का प्रयत्न किया[1]—इसी से रूपक में अनेक असंगतियाँ दृष्टिगोचर होती हैं। यदि हम 'पद्मावत में दिये गये संकेतों को उनके शुद्ध रूप में ग्रहण करते हुए रूपक की व्याख्या करें तो इसका एक नया अर्थ प्राप्त होता है, जिसका सूफी-साधना और अलौकिक प्रेम से कोई सम्बंध नहीं है—

पद्मावत के आरम्भ में रत्नसेन रूपी मन, चित्तौड़ रूपी शरीर का उपभोग करता हुआ सांसारिक कार्यों (नागमती) में लिप्त है। शुक रूपी गुरु के उपदेश एवं मार्गप्रदर्शन से मन (रत्नसेन), सांसारिक कार्यों (नागमती) से विरक्त होकर पद्मिनी रूपी बुद्धि अर्थात् ज्ञान को प्राप्त करता है। किन्तु इस ज्ञान-प्राप्ति के अनन्तर साधक को गर्व हो जाता है (देखि दरब राजा गरबाना। दिस्टी मांह कोई और न आना।)[2] जिसके फलस्वरूप उसका पतन हो जाता है (गौने के बाद रत्नसेन के जहाज का समुद्र में डूब जाना) और उसका सारा ज्ञान, सारी सिद्धि गर्व के समुद्र में बह जाती है। वह पुनः अपनी प्रारम्भिक अवस्था—शारीरिकता (चित्तौड़) को प्राप्त करता हुआ सांसारिकता (नागमती) की ओर उन्मुख हो जाता है। किन्तु गर्व के शमन के साथ-साथ ही उसे खोई हुई सात्विक बुद्धि (पद्मिनी) पुनः प्राप्त हो जाती है। सांसारिक कर्मों के बीच रहते हुए धीरे-धीरे ज्ञान-साधना के विकास का प्रयत्न करता है; फलस्वरूप उसकी सांसारिक (नागमती) और बौद्धिक (पद्मिनी) वृत्तियों के बीच संघर्ष (नागमती और पद्मिनी का गृह-कलह) होने लगता है। ऐसी द्वन्द्वात्मक परिस्थिति में मन (रत्नसेन) आसुरी वृत्तियों (राघव चेतन) के मायाजाल (आलाउद्दीन) में उलझ जाता है।

आसुरी वृत्तियों के बन्धन में पड़कर मन बहुत दुःखी होता है (रत्नसेन-बन्धन-

1. जायसी-ग्रन्थावली, रामचन्द्र शुक्ल—भूमिका, पृ० 56।
2. वही, रत्नसेन-विदाई खण्ड, पृ० 171।

खण्ड)। अस्तु, साधक की सात्विक बुद्धि का पुनः उदय होता है; उसकी सहायता से वह आसुरी-वृत्तियों के कृत्रिम आकर्षण—मायाजाल को काटकर 'मोक्ष' प्राप्त कर लेता है और उसकी सांसारिक एवं आध्यात्मिक वृत्तियाँ (नागमती और पद्मिनी) भी विलीन (सती) हो जाती हैं। पद्मावत का 'बन्धन-मोक्ष खण्ड' इसी आध्यात्मिक मोक्ष की ओर संकेत करता है।

पद्मावत का यह रूपक भारतीय साधना-पद्धति से कितना गहरा साम्य रखता है यह देखने के लिए 'कामायनी' के रूपक से इसकी तुलना की जा सकती है। दोनों के पात्रों के प्रतीकार्थों में गहरा साम्य है—

पद्मावत	कामायनी	प्रतीकार्थ
1. रत्नसेन	मनु	मन
2. पद्मिनी	श्रद्धा	जायसी—हृदय में निवास करने वाली बुद्धि। प्रसाद—हृदय पक्ष से सम्बन्धित चित्तवृत्ति।[1]
3. नागमती	इड़ा	जायसी—दुनिया-धंधा। प्रसाद—सांसारिकता की ओर ले जाने वाली बुद्धि।
4. राघव-चेतन और अलाउद्दीन	किरात और आकुलि	आसुरी शक्तियाँ।

घटनाओं की दृष्टि से भी दोनों में मनु श्रद्धा सात्विक बुद्धि को प्राप्त करने के अनन्तर ईर्ष्या एवं अहंकार के कारण आसुरी प्रवृत्तियों (राघव चेतन, किराताकुलि) से ग्रस्त हो जाता है और वह सांसारिक कर्मों (नागमती, इड़ा) की ओर अग्रसर होता है जिसके परिणामस्वरूप उसे कष्ट एवं संघर्षपूर्ण परिस्थिति का सामना करना पड़ता है। अन्त में सात्विक बुद्धि (पद्मिनी, श्रद्धा) की सहायता से मन को मोक्ष या आनन्द की उपलब्धि होती है।

वस्तुतः जिस प्रकार कामायनी के मूल-रूपक से श्रद्धा और मनु के प्रेम का कोई सम्बन्ध नहीं है तथा स्वरूप लौकिक ही है, ठीक उसी प्रकार रत्नसेन और पद्मावती का प्रेम, कथा के लौकिक पक्ष से सम्बन्धित है, उसके दार्शनिक या आध्यात्मिक पक्ष से इस प्रेम का कोई सम्बन्ध नहीं है। पद्मावत के अतिरिक्त अन्य प्रेमा-

1. "मनु अर्थात् मन के दोनों पक्ष हृदय और मस्तिष्क का सम्बन्ध क्रमशः श्रद्धा और इड़ा से भी सरलता से लग जाता है।" —कामायनी आमुख, पृ० 8

ख्यानों में भी प्रयुक्त रूपकों का सूफी-साधना से कोई सम्बन्ध नहीं है। उसमान ने 'चित्रावली' में नायक सुजान को शैव साधक, नायिकाओं—चित्रावली और कमलावती को क्रमशः विद्या और अविद्या (माया) के रूप में चित्रित किया है। साधक विद्या (ज्ञान) को प्राप्त करने से पूर्व चार नगरों को क्रमशः—भोगपुर से गोरखपुर तक—पार करता है। भोगपुर काम, क्रोध, भोग-विलास का तथा गोरखपुर गुरु गोरखनाथ की आदर्श भोग-साधना का प्रतीक है। इसी प्रकार 'इन्द्रावती' (रचयिता– नूर मुहम्मद) में राजकुमार 'जीवात्मा' का, इन्द्रावती 'ब्रह्म की ज्योति' और बुद्धसेन ज्ञान का प्रतीक है। नूर मुहम्मद की दूसरी रचना—'अनुराग बाँसुरी' में तो भारतीय तत्व-चिन्तन का प्रभाव और भी स्पष्ट रूप में व्यंजित है, उसके पात्रों का नामकरण ही भारतीय शब्दों के आधार पर हुआ है जैसे मूर्त्ति पूर (शरीर) नगर के राजा का नाम जीव; उसके पुत्र का 'संकल्प और विकल्प'; अन्तःकरण के तीन मित्रों का नाम बुद्धि, चित्त और अहंकार आदि। इस काव्य में भी नायक अपने संयम, बल एवं संघर्ष द्वारा अन्त में सर्वमङ्गला रूपी ईश्वरीय ज्ञान प्राप्त करता है।

वस्तुतः इन प्रेमाख्यानों के सम्बन्ध में यह 'निर्विवाद रूप' से कहा जा सकता है कि इनमें चित्रित नायक आत्मा के नहीं मन के, उनकी नायिकाएँ परमात्मा की नहीं सात्विक बुद्धि या ज्ञान की प्रतीक हैं तथा उनके दार्शनिक सिद्धान्त सूफी रहस्यवाद से नहीं भारतीय योगियों की ज्ञान-साधना से सम्बन्ध रखते हैं। सूफी साधक प्रेम द्वारा सिद्धि प्राप्त करता है जबकि इनके नायक ज्ञान द्वारा मोक्ष प्राप्त करते हैं।

तीसरी युक्ति-आध्यात्मिक सिद्धान्त—जिस प्रकार इन कवियों ने पाठक की जानकारी बढ़ाने के लिए सैकड़ों प्रकार के पकवानों और व्यंजनों की, भिन्न-भिन्न जाति के घोड़ों की, वाटिका के अनेकानेक पौधों की, युद्ध के विभिन्न शस्त्रास्त्रों की शतरंज-चौपड़ की सूक्ष्म चालों की लम्बी सूचियाँ अपने काव्य में प्रस्तुत की हैं, उसी प्रकार इन्होंने दार्शनिक तत्वों का बोध कराने के लिए स्थान-स्थान पर आध्यात्मिक, दार्शनिक एवं धार्मिक सिद्धान्तों का निरूपण किया। इसके पीछे इन कवियों को कोई धर्म-प्रचार का उद्देश्य नहीं था; यदि ऐसा होता तो वे हिन्दू-दर्शन और नाथ-पंथी योगियों की पद्धति का प्रतिपादन न करते। न ही ऐसा समझना चाहिए कि इन काव्यों के रचयिता कोई पहुँचे हुए सन्त, फकीर या धर्मोपदेशक थे। इन कवियों का व्यक्तित्व लगभग हिन्दी के प्रसिद्ध कवि केशवदास जैसा दिखाई पड़ता है, जिन्होंने अपने काव्य की वैभव-वृद्धि के लिए उन्हें 'ज्ञान-कोष' का रूप देने का प्रयत्न किया।

चौथी युक्ति - नायिका का व्यक्तित्व एवं सौन्दर्य— इन काव्यों को सूफी रहस्यवाद से सम्बन्धित मानने वालों की चौथी युक्ति यह है कि इनमें नायिका के व्यक्तित्व एवं सौन्दर्य को इतना व्यापक रूप प्रदान किया है कि उसमें किसी विराट् सत्ता के रूप का आभास होने लगता है। किन्तु यह युक्ति भी हमें उचित प्रतीत नहीं होती। जहाँ तक नायिकाओं के व्यक्तित्व का सम्बन्ध है उन्हें हम अनेक दोषों—गर्व

ईर्ष्या, द्वेष आदि से पूर्णतः समन्वित पाते हैं। यही नहीं, उनका प्रेम भी पूर्णतः कामुकता से ग्रसित है। 'जायसी की पद्मिनी' युवावस्था को प्राप्त होते ही शुक से कहती है—

सुनु हीरामनि कहौं बुझाई। दिन-दिन मदन सतावै आई।।
जोबन मोर भयउ जस गङ्गा। देह-देह हम्ह लाग अनङ्गा।।

—जन्म-खण्ड[1]

रत्नसेन के सिंहलगढ़ में पहुँचने के अनन्तर भी हम पद्मावती को एक काम-वासना एवं भोग-लिप्सा से विह्वल युवती के रूप में देखते हैं—

कंवल भँवर ओही बन पावै। को मिलाइ तन तपनि बुझावै।

× × ×

जोबन गरुअ-अपेल पहारू। सहि न जाइ जोबन कर भारू।
जोबन अस मैमन्त न कोई। नवैं हस्ति जो आँकुस होई।
जोबन भर भादौं जस गंगा। लहरैं देइ, समाइ न अंगा।[2]

यहाँ 'तन-तपनि', 'यौवन-भार' एवं कामोन्माद का जैसा वर्णन किया गया हैं उससे स्पष्ट है कि पद्मिनी का प्रेम सर्वथा लौकिक स्तर का है, उसमें आध्यात्मिकता या अलौकिकता ढूँढ़ने का प्रयत्न अनावश्यक है।

जो विद्वान इन काव्यों में नायिका के अतिशयोक्तिपूर्ण सौन्दर्य-वर्णन में विराट् सत्ता के रूप का दर्शन करते हैं वे यह न भूलें कि इन कवियों ने केवल नायिका के ही सौन्दर्य का अतिशयोक्तिपूर्ण वर्णन नहीं किया है—वे प्रसंग में भी अतिशयोक्ति-का प्रयोग करते हैं। उदाहरण के लिए पद्मावत में दिल्ली सुलतान शेरशाह, चित्तौड़ के योद्धा बादल की नववधू, सिंहल की वेश्याओं और मदमाती नवसुन्दरियों के रूप में चित्रित निर्जीव तोपों के सौंदर्य में भी कवि ने वही चमत्कार दिखाया है जो नायिका—पद्मिनी के सौन्दर्य में मिलता है। शेरशाह इतना सुन्दर था कि पृथ्वी उसी के दर्शन के लिए ठहरी हुई है,[3] बादल का नववधू की शृङ्गार-सज्जा इतनी आकर्षक थी कि उसके तिलक को देखकर भी द्रष्टा उसी स्थान पर प्राण त्याग देता था,[4]

---

1. पद्मावत—जन्म खण्ड, पृ० 21।
2. वही, पद्मावती-वियोग-खण्ड, पृ० 74।
3. रूपवन्त, मनि माथे, चन्द्र घाटि वह बाढ़ि।
मेदिनी दास लोभानी, अस्तुति बिनवै ठाढ़ि।।

—वही, स्तुति-खण्ड, पृ० 6

4. 'तिलक जो देख ठाँव जिउ तजा।'

—वही, गोरा-बादल-युद्ध-यात्रा-खण्ड, पृ० 83

सिंहल की वेश्याएं अपने कटाक्षपात मात्र से प्राण निकालने में समर्थ थीं।[1] तथा सुन्दरियों के रूप में चित्रित तोपों के 'कुच रूपी गोलों में सारे संसार को नष्ट करने की क्षमता थी[2]—अत: उनके काव्यों में आध्यात्मिकता का दर्शन करने वाले विद्वान केवल पद्मिनी में ही नहीं—शेरशाह से लेकर इन तोपों तक में विराट् सौन्दर्य का आभास पा सकते हैं।

पाँचवीं युक्ति—प्रेम और विरह का व्यापक वर्णन—जैसा कि पीछे कहा गया है, इन कवियों ने संस्कृत, प्राकृत एवं अपभ्रंश के प्रेमाख्यानों की परम्परा का निर्वाह करते हुए प्रेम और विरह का वर्णन अतिशयोक्तिपूर्ण शैली में किया है। संस्कृत कवि बाण भट्ट ने भी अपने प्रेमाख्यान कादम्बरी में विरह का इतना व्यापक चित्रण किया है कि उससे नायक की मृत्यु तक हो जाती है। अत: इस शैली से अपरिचित पाठक को इसमें अलौकिकता का भ्रम होना स्वाभाविक है।

अस्तु, उपर्युक्त युक्तियों पर विचार करने के अनन्तर हम इसी निष्कर्ष पर पहुँचते हैं कि इन काव्यों में सूफी रहस्यवाद की अभिव्यंजना मानना एक भ्रम मात्र है। यद्यपि हमारे कुछ विद्वानों तथा शोध-कर्त्ताओं ने इन रचनाओं को सूफी रहस्यवाद से सम्बद्ध करने का प्रयत्न किया है, किन्तु उन्हें इसमें सफलता नहीं मिली। यहाँ हम डॉ० विमलकुमार जैन (जो कि हिन्दी में सूफी मतवाद के इतने कट्टर समर्थक हैं कि उन्होंने अनेक आधुनिक कवियों—प्रसाद, निराला, पन्त, महादेवी को भी सूफी मतवाद से प्रभावित सिद्ध कर दिया है) के शोध-प्रबन्ध से कुछ पंक्तियाँ उद्धृत करना उचित समझते हैं—

"इसमें (जायसी के आखिर कलाम में) फरिश्तों तथा मुहम्मद साहब का जो स्थान है वह इस्लाम के अनुसार ही प्रदर्शित किया गया है, वह सूफी सिद्धान्तों से पूर्णत: मेल नहीं खाता।……"[3]

"इसकी (पद्मावत की) कथा में जो नख-शिख, प्रेमावेश तथा ऐसी ही अन्य

---

1. किए सिंगार बैठीं तहँ बेसा।
× × ×
भौंह धनुष तिन्ह नैन अहेरी।
मारहिं बान सान सौं फेरी।
अलक कपोल डोल हँसि देहीं।
लाइ कटाछ मारि जिउ लेहीं॥
—वही, सिंहलद्वीप वर्ण-खण्ड, पृष्ठ 141।

2. वही, बादशाह चढ़ाई-खण्ड, पृष्ठ 225।

3. सूफीमत और हिन्दी-साहित्य। लेखक—डॉ० विमलकुमार जैन, प्रथम संस्करण, पृ० 120।

बातों का वर्णन है उससे आध्यात्मिक पक्ष को कुछ धक्का-सा लगता प्रतीत होता है।"[1]

"इन सभी काव्यों में योगी-भावना कार्य कर रही है। ऐसा दीख पड़ता है कि इन साधकों पर योगियों का अपार प्रभाव था। सभी में नायक योगी होकर ही निकले हैं ओर योग साधना से ही उन्होंने सिद्धि प्राप्त की है तथा गोरखनाथ, गोपीनाथ और भर्तृहरि का नाम तो प्राय: देखने में आता है।"[2]

"हिन्दी-साहित्य में इन कवियों के काव्यों में हमें जो कुछ भी सूफीमत मिलता है उसके पर्यालोचन से यह परिणाम निकलता है कि वह मध्य पूर्व के प्रदेशों में सिद्धान्तीभूत सूफीमत से बहुत कुछ विभिन्नता रखता है।"[3]

आश्चर्य है कि डॉ० जैन ने अपने उपर्युक्त निष्कर्षों के बावजूद भी इन कवियों पर सूफीमत को बलात् आरोपित करने का असफल प्रयत्न किया है। यदि इसी प्रकार रहस्यवाद का आरोपण करना हो तो फिर संसार के किसी भी प्रेमाख्यान के नायक नायिका को आत्मा-परमात्मा के प्रतीक बताकर उनके मिलन को आध्यात्मिक मिलन की संज्ञा दी जा सकती है। उस स्थिति में कृष्ण को परमात्मा एवं राधा को आत्मा की प्रतीक मानकर हिन्दी के सभी शृङ्गारी कवियों को रहस्यवादी स्वीकार करना होगा। यह ध्यान रहे कि इस युग में उत्तरी भारत की समस्त भाषाओं के साहित्य में प्रेमाख्यानों की बाढ़ आई हुई थी – राजस्थानी और पंजाबी में भी अनेक प्रेमाख्यान – 'ढोला-मारू' 'हीर-राँझा', 'सदय-वत्स-सावलिंगा', 'ससी-पुन्नू' आदि लिखे गए थे, जिनका सूफीमत से कोई सम्बन्ध नहीं है।

अत: इन कवियों के काव्य-रचना के उद्देश्य—"कामी, भोगी एवं रसिकों के काम को बढ़ाना," यौवन के उन्माद एवं कामुकता के विस्तृत चित्रण; लौकिक शृङ्गार की विभिन्न अवस्थाओं – सम्भोग, मिलन आदि के वर्णन, रूपकों में निहित अर्थ, चमत्कार-प्रदर्शन की प्रवृत्ति एवं इनके आत्मोल्लेखों के आधार पर हम नि:संकोच रूप से कह सकते हैं कि भले ही इन कवियों ने अपने साहित्य के वैभव में वृद्धि करने के लिए हिन्दू-दर्शन की अनेक बातों का समावेश अपने काव्य में कर लिया हो, किन्तु इनके द्वारा चित्रित प्रेम का रूप सर्वथा लौकिक है; उसका आध्यात्मिकता से कोई सम्बन्ध नहीं है।

—०—

1. सूफीमत और हिन्दी साहित्य। लेखक—डा० विमलकुमार जैन, प्रथम संस्करण, पृ० 121।
2. वही, पृ० 138।
3. वही, पृ० 139।

6

कृष्ण-भक्ति-काव्य : कुछ समस्याएं

(क) भक्ति और शृंगार का सम्बन्ध—कृष्ण-भक्ति काव्य-परम्परा की प्रमुख विशेषता भक्ति-भावना मानी गई है, अतः इस धारा के कवियों के शृंगार-सम्बन्धी दृष्टिकोण को भली प्रकार समझने के लिए भक्ति के स्वरूप और शृंगार से उसके सम्बन्ध पर थोड़ा विचार कर लेना उपयोगी सिद्ध होगा।

भक्ति की परिभाषा—विभिन्न विद्वानों द्वारा भक्ति की ये परिभाषाएँ दी गई हैं—

1. श्रीमद्भगवद्गीता—"मय्यर्पित मनोबुद्धियों मद्भक्तः स मे प्रियः" अर्थात् जिसने अपना मन और बुद्धि मुझे अर्पित कर दी वह भक्त मुझे प्रिय है। (अ० 12। 14)

2. पाराशर—"पूजादिष्विनुराग इति पाराशर्यः" अर्थात् पूजादि में अनुराग होना भक्ति है। (ना० भ० सू० 16)

3. गर्गाचार्य—"कथादिष्वतु गर्गः" अर्थात् भगवान की कथादि में अनुराग होना। ना० भ० सू० 17)

4. शाण्डिल्य— "सा परानुरक्तिरीश्वरे" अर्थात् वह ईश्वर के प्रति परम अनुराग रूपा है। (शा० भ० सू० 2)

5. नारद—"सा त्वस्मिन् परम प्रेम-रूपा, अमृत-स्वरूपा च। तत्रापि माहात्म्य ज्ञान विस्मृत्यपवादः तद्विहीनं जाराणामिवः।" अर्थात् वह (भक्ति) ईश्वर के प्रति परम-रूपा और अमृत-स्वरूपा है। फिर भी माहात्म्य ज्ञान का विस्मरण नहीं होना चाहिए अन्यथा वह व्यभिचारियों के प्रेम-तुल्य हो जायगी। (ना० भ० सू० 2-3)।

6 वल्लभाचार्य—माहात्म्यज्ञान पूर्वस्तु सुदृढ़ः सर्वतोऽधिकः।
स्नेहो भक्तिरिति प्रोक्तस्तया, मुक्तिर्नचान्यथा ॥

अर्थात् भगवान में माहात्म्य-पूर्वक सुदृढ़ और सतत स्नेह ही भक्ति है। मुक्ति का इससे सरल उपाय नहीं है। (तत्वदीप-निबन्धः श्लोक 46)

उपर्युक्त परिभाषाओं में शाब्दिक दृष्टि से अन्तर होते हुए भी अर्थ की दृष्टि से पर्याप्त एकता है। गीता-कार ने हृदय और बुद्धि दोनों का समर्पण स्वीकार किया है, हृदय का समर्पण प्रेम से और बुद्धि का महत्ता के बोध से होता है। पाराशर, गर्गाचार्य, शाण्डिल्य आदि ने भी अनुराग के साथ-साथ पूजा या कथा का उल्लेख करके अप्रत्यक्ष रूप से नारद और वल्लभाचार्य की भाँति प्रेम के साथ माहात्म्य-ज्ञान का समर्थन किया है। इस प्रकार आधुनिक आचार्य रामचन्द्र शुक्ल की परिभाषा—"श्रद्धा और प्रेम के योग का नाम भक्ति है"—में उपर्युक्त सभी मतों का समन्वय हो जाता है।

मनोवैज्ञानिक दृष्टिकोण से विवेचन—मनोवैज्ञानिक दृष्टि से भक्ति को एक मिश्रित भावना (Complex sentiment) की श्रेणी में रखा जा सकता है। इसमें आत्म-दैन्य एवं प्रेम दो भावनाओं का सम्मिश्रण है। ईश्वर के माहात्म्य-ज्ञान से व्यक्ति के हृदय में आत्म-दैन्यता का भाव विकसित होता है तथा उसके सौन्दर्य एवं गुणों के प्रति आकर्षण से प्रेम का प्रादुर्भाव होता है। इन दोनों भावनाओं में से किसी एक के न होने पर वह शुष्क श्रद्धा या प्रणय-मात्र रह जाएगी। रहस्यवादियों की भावना को जो कि आत्मा और परमात्मा की समानता के विश्वास पर आधारित है, प्रेम का नाम दिया जा सकता है, भक्ति का नहीं।

प्रत्येक भावना के मूल में कोई न कोई मूल प्रवृत्ति (Instinct) विद्यमान रहती है। भक्ति के मूल में मैक्डूगल द्वारा गिनाई हुई तेरह प्रवृत्तियों मे से आत्म-समर्पण की प्रवृत्ति (Instinct of submission) स्थित रहती है। मनोवैज्ञानिक दृष्टि से भक्ति का क्षेत्र शृंगार से सर्वथा भिन्न है, किन्तु वैष्णव भक्ति-आन्दोलन के प्रवर्त्तकों ने अन्य सम्प्रदायों का अनुकरण करते हुए भक्ति के भेदों-प्रभेदों एवं उसके स्वरूप में कुछ ऐसा परिवर्तन किया जिससे उससे शृंगारिकता का भी पूरा समन्वय हो सके।

भक्ति के भेद— वैष्णव एवं गौड़ीय भक्ति सम्प्रदायों के प्रवर्त्तकों ने भक्ति के स्वरूप सम्बन्धी अनेक भेद किये, जिनमें मुख्यत: दो हैं —

(1) वैधी और (2) रागानुरागा। इस रागानुरागा भक्ति के भी भक्त की भावना के आधार पर पाँच भेद—शान्त, दास्य सख्य, वात्सल्य एवं मधुर—किये गए हैं। अलग-अलग भक्ति सम्प्रदायों ने इनमें से किसी एक को प्रधानता दी है और शेष को गौण माना है।

यदि गम्भीर दृष्टि से विचार करें तो ये उपर्युक्त भेदोपभेद महत्त्व-शून्य सिद्ध होते हैं। जबकि 'भक्ति' शब्द अपने आप में श्रद्धा-मिश्रित प्रेम का पर्यायवाची है तो भक्ति के पूर्व रागानुगा या प्रेमलक्षणा जैसे विशेषणों की क्या आवश्यकता रह जाती है ? और यदि इस प्रकार की भक्ति में कोरा प्रेम ही है, श्रद्धा नहीं तो ऐसी स्थिति

में उसको भक्ति का नाम देना अनुचित है। इसी प्रकार यदि किसी पद्धति में शुष्क कर्म-काण्ड या विधि-निषेधों का पालन मात्र हो तो उसे साधना, उपासना या तपस्या का नाम दिया जा सकता है, भक्ति का नहीं; अत: इस प्रकार की पद्धति को 'वैधी भक्ति कहना' भी अनुचित है। साथ ही हम यह भी देखते हैं कि रागानुरागा भक्ति का मार्ग अपनाने वाले सम्प्रदायों में भी विधि-निषेधों, पूजा के विधान एवं कर्म-काण्डादि का सर्वथा अभाव नहीं है —उदाहरण के लिए पुष्टि-सम्प्रदाय को ले सकते हैं जहाँ श्री नाथजी की पूजा के आठों प्रहर नित्याचारों एवं नैमित्तिक आचारों के विधि निषेधों से बंधे हुए हैं। अत: वैधी और रागानुरागा का भेद कोई सार्थकता नहीं रखता।

अब रागानुगा के उपभेदों को लीजिए। मनोवैज्ञानिक दृष्टि से भक्ति के अन्तर्गत सख्य, वात्सल्य एवं दाम्पत्य भाव का विकास होना स्वाभाविक नहीं है किन्तु फिर भी कुछ विद्वानों ने इसका समर्थन करते हुए पुष्टिमार्गीय भक्तों—सूरदासादि में उपर्युक्त भावों का विकास बताया है, पर इसे हम निम्नांकित तथ्यों के आधार पर अस्वीकार करते हैं—

1. भक्ति में प्रेम के साथ श्रद्धा का मिश्रण होता है जबकि वात्सल्य में कृपा-मिश्रित स्नेह का; भक्ति अपने से उच्च एवं पूज्य व्यक्ति के प्रति होती है जबकि वात्सल्य अपने से लघु एवं छोटे व्यक्ति के प्रति; अत: वात्सल्य-भाव एवं भक्ति-भावों की स्थिति एक ही आलम्बन के प्रति एक साथ नहीं रह सकती।

2. नारद-भक्ति-सूत्रादि में दास्य, वात्सल्य आदि का उल्लेख किया गया है; किन्तु वहाँ वात्सल्य से तात्पर्य अपने को ईश्वर का शिशु मानना है जो कि मनोवैज्ञानिक एवं व्यावहारिक दृष्टि से संगत है जबकि मध्यकालीन आचार्यों ने इस क्रम को उलट दिया जो कि उतना ही असंगत है जितना कि दास्य-भाव का यह अर्थ करना कि भगवान दास हैं और भक्त स्वामी।

3. वात्सल्य-भक्ति के उदाहरण स्वरूप सूर के उन पदों को उद्धृत किया जाता है जो उन्होंने नन्द-यशोदा के कृष्ण सम्बन्धी प्रसंग में लिखे। पर वह नन्द-यशोदा का कृष्ण के प्रति वात्सल्य है न कि सूरदास का कृष्ण के प्रति ! यों तो तुलसीदास ने भी दशरथ का राम के प्रति घोर वात्सल्य चित्रित किया है, पर क्या इसी आधार पर उनकी भक्ति को वात्सल्य-भाव का नाम दिया जा सकता है ?

4. आगे चलकर सूरदास ने गोपाल एवं गोपियों के प्रसंग में सख्य एव दाम्पत्य भाव का भी चित्रण किया है। क्या सूर की वात्सल्य भावना इतनी शीघ्र सख्य और दाम्पत्य भाव में परिवर्तित हो गई ?

5. सूरदास ने बाल-लीला एवं रास-क्रीड़ा आदि से सम्बन्धित पदों के अतिरिक्त एक भी पद ऐसा नहीं लिखा जहाँ उन्होंने कृष्ण को अपने शिशु या पति के रूप में

सम्बोधित किया हो। यही नहीं, बाल-लीला के पदों की अन्तिम पंक्ति में उन्हें अपना प्रभु या स्वामी ही सम्बोधित करते हैं—

सूरदास प्रभु को मुख निरखत हरखत जिय नित नेह नए री !
सूरदास स्वामी की लीला, अति प्रताप बिलसत नंद रैया !

—बाल कृ० प० पद सं० 164, 58

यह भी आश्चर्य की बात है कि सूर व अन्य कृष्ण-भक्त कवि कृष्ण और गोपियों के रमण का शत-शत बार वर्णन करते हैं, किन्तु एक बार भी वे स्वयं गोपी बनकर उनके साथ रमण करने की इच्छा प्रकट नहीं करते। कबीर जैसा अक्खड़ भी नववधू का रूप धारण करके रमैया की सेज का आनन्द लूटता है, पर ये भक्त कवि अपने आराध्य की बाल-लीलाओं, गोपक्रीड़ाओं एवं मधुर चेष्टाओं का दर्शन दूर से करते हैं, उनके पिता, सखा या प्रेयसी का रूप धारण करके उनमें सम्मिलित नहीं होते। वस्तुतः भक्ति के क्षेत्र में ऐसा होना स्वाभाविक भी नहीं था।

मेरे विचार से भक्त और उसके आराध्य के सम्बन्ध को व्यक्त करने के लिए लौकिक दृष्टि से भी भक्ति शब्द पर्याप्त है। जब हम कहते हैं कि अमुक व्यक्ति गांधी जी का भक्त है तो उसमें उसकी श्रद्धा और प्रेम दोनों की व्यंजना हो जाती है। शान्त और दास्य में भावावेग का अभाव होता है, सख्य और वात्सल्य में पूज्य बुद्धि का और दाम्पत्य में सम्बन्ध की सूक्ष्मता—मानसिकता और पवित्रता का लोप हो जाता है, अतः हम भक्ति के सभी उपभेदों—शान्त, दास्य, वात्सल्य, सख्य और दाम्पत्य को भ्रामक समझते हैं। हमारी दृष्टि में सूरदास और तुलसीदास के वर्ण्य विषयों में एवं आराध्यों के स्वरूप में अन्तर है किन्तु भक्ति-भावना दोनों की एक जैसी है। वस्तुतः भक्ति संबंधी ये भेद मुख्यतः इन प्रेरणाओं से किए गए प्रतीत होते हैं—

1. कृष्ण सम्बन्धी मूल ऐतिहासिक पात्र—नन्द, अर्जुन, उद्धव, गोपिकाओं आदि को भक्तों की श्रेणी में लाने के लिए।

2. भक्त-कवियों के वर्णन पर आध्यात्मिकता का रंग चढ़ाने के लिए।

3. साहित्य के क्षेत्र में एक नया रस उज्ज्वल-रस प्रतिष्ठित करने के लिए।

4. भक्ति में शृंगारिकता का समन्वय करने के लिए। यहाँ यह भी ध्यान रहे कि अलग-अलग व्यक्ति इनमें से अलग-अलग प्रेरणाओं से प्रेरित होते रहे हैं, यथा—भागवतकार ऐतिहासिक पात्रों को भक्तों का रूप देने के लिए सचेष्ट थे, "भक्ति रसामृत" के रचयिता रूप गोस्वामी जैसे लेखक एक नया रस उज्ज्वल-रस प्रतिष्ठित करना चाहते थे, तो दूसरी ओर श्रीनाथजी के मन्दिर के सुयोग्य अधिकारी अपने ठाकुरजी के ठाठ-बाट की पूर्ण अभिवृद्धि के लिए वेश्याओं का प्रबन्ध करके भक्ति की पिचकारी में शृंगार का रंग घोल रहे थे।

अस्तु, प्रेरणाएँ चाहे कुछ भी रही हों, भक्ति के ये नये-नये रूप उसके वास्तविक स्वरूप को तिरोहित करते जा रहे थे। धार्मिक एवं सामाजिक दृष्टि से इन नये रूपों का कुछ भी परिणाम रहा हो किन्तु इसमें कोई सन्देह नहीं साहित्यिक दृष्टि से तो ये अनुकूल ही सिद्ध हुए। इन रूपों के प्रभावस्वरूप भक्ति के निर्जन प्रदेश में वात्सल्य एवं श्रृंगार की सरिताओं का प्रवाह हुआ, जो अनुभूतियाँ किसी अलौकिक रूप के अगाध सागर में जाकर विलीन हो सकती थीं, उन्हें लौकिक सीमाओं में बाँधकर साहित्य-उपवन की क्यारियों को सिंचित किया गया।

भक्ति रस या श्रृंगार रस ? —अब हमारे सामने यह प्रश्न उपस्थित होता है कि इन भक्त कवियों ने राधा-कृष्ण की जिस मधुर-क्रीड़ा का चित्रण किया है उसे किस रस के अन्तर्गत रखें ! कुछ विद्वान् उन्हें श्रृंगार की संज्ञा से विभूषित करना भक्तों की भावनाओं का अपमान समझते हैं, अतः वे इसे भक्ति रस के अन्तर्गत लेते हैं। 'भक्ति-रसामृत सिन्धु' और 'उज्ज्वल-नील मणि' के रचयिता रूप गोस्वामी ने इस प्रकार के वर्णनों में भक्ति भावना के एक उपभेद – मधुरा रति को स्थायीभाव मानते हुए उज्ज्वल-रस की कल्पना की है। पर यदि उनके उज्ज्वल-रस के अन्य अंगों के विवेचन को पढ़ें तो यह स्पष्ट हो जाता है कि श्रृंगार रस और उज्ज्वल रस में कोई अन्तर नहीं है, दोनों के दक्षिण, शठ, धृष्ट आदि वही नायक हैं, मुग्धा, मध्या, प्रौढ़ा आदि वही नायिकाएँ हैं और अनुभाव, संचारी आदि वही हैं। आश्चर्य तो यह है कि इनके इस 'उज्ज्वल-रस' के अन्तर्गत श्रृंगार के समस्त स्थूल कार्य-व्यापारों – संभोग, आलिंगन, चुम्बन, नखक्षत, बिम्बाधरपान आदि का भी विस्तृत वर्णन हुआ।[1] अतः केवल नाम-परिवर्तन मात्र को छोड़कर 'उज्ज्वल-रस' में एक भी ऐसी बात नहीं मिलती जो श्रृंगार से असम्बन्धित हो और यह नाम भी नया नहीं है, स्वयं भरतमुनि ने नाट्य-शास्त्र में श्रृंगार की परिभाषा में उज्ज्वल शब्द का प्रयोग किया है।[2] तथा उनके अनन्तर 'श्रृंगार-प्रकाश' और 'साहित्य दर्पण' में इसका प्रयोग मिलता है। अतः 'उज्ज्वल-रस' भी श्रृंगार रस का पर्यायवाची ही समझा जाना चाहिए।

कुछ विद्वान एक दूसरे प्रकार से श्रृंगार नाम का विरोध करते हैं ! उनका कथन है —"पर यह न समझना चाहिए कि आलंकारिकों के श्रृंगार और शान्त रस वही है जो भक्तों के ! दोनों में तात्विक भेद हैं। पहले जड़ोन्मुख होते हैं, दूसरे (भक्तों के) चिन्मुख।"[3] यदि कबीर जैसे निर्गुण निराकार एवं सूक्ष्म ईश्वर के प्रेमियों के सम्बंध में उपर्युक्त बात कही जाती तो हम इस कथन को स्वीकार कर लेते क्योंकि

1. उज्ज्वल नील मणि, संभोग भेद प्रकरण, श्लोक संख्या 58-61।
2. तत्र श्रृंगारी नाम रति स्थायी प्रभव उज्ज्वल वेषात्मक।
—नाट्य शास्त्र 6। 46, पृ० 73
3. हिन्दी साहित्य की भूमिका, च० सं०, पृ० 80।

उस प्रकार प्रेम में स्थूलता एवं काम-तत्व का अभाव होता है, किन्तु कृष्ण-भक्तों के आलम्बन में चिन्मुखता का कोई लक्षण नहीं मिलता, वह रूप, कार्य व्यापार की दृष्टि से अलंकारिकों के जड़ोन्मुख श्रृंगार से साम्य रखता है; अतः दोनों में कोई भेद दृष्टिगोचर नहीं होता।

यह जानते हुए भी कि इन श्रृंगारी लीलाओं के नायक कोई साधारण व्यक्ति नहीं हैं, ब्रह्मा के अवतार हैं, उसके पाठक की अनुभूति में कोई विशेष अन्तर नहीं आता। यदि हम एक नाटक देख रहे हों और उसमें एक व्यक्ति गरीब मजदूर का अभिनय कर रहा हो, किन्तु जिसके बारे में हम यह जानते हों कि वह वास्तव में मजदूर नहीं एक धनवान सेठ है, तो क्या उससे हमारे हृदय में रंगमंच के दृश्य के अनुरूप अनुभूतियों का संचार नहीं होगा? हम अनेकानेक फिल्म-अभिनेत्रियों को रजत पट पर पत्नी, विधवा या भिखारिन के रूप में देखते हैं और यद्यपि हम उनका वास्तविक परिचय जानते हैं, फिर भी हमारी अनुभूतियों में कोई अन्तर नहीं पड़ता।

अतः रसानुभूति की दृष्टि से भी वेष बदल कर लौकिक मंच पर उपस्थित होने वाले भक्त कवियों के नायक राज के प्रेम संबंधी अभिनय (या लीला) से श्रृंगार रस का ही पोषण होगा बशर्ते कि कवि के चित्रण में पूर्ण स्वाभाविकता और प्रेषणीयता का गुण विद्यमान हो किन्तु कुछ ऐसे कवि जो कृष्ण के लौकिकता के चिह्न भी रख देते हैं, वहाँ काव्य में अस्वाभाविकता आ जाती है, सूरदास ने भी ऐसा कहीं-कहीं किया है, जिसके फलस्वरूप वहाँ काव्यत्व शिथिल हो गया है। अस्तु, साहित्यिक दृष्टि से भक्त कवियों का राधा-कृष्ण सम्बन्धी प्रणय-चित्रण विशुद्ध श्रृंगार-रस के अन्तर्गत लिया जावेगा। धर्मोपदेशक उसे जो चाहे नाम दें।

इस प्रकार हम देखते हैं कि भक्ति के इन नये भेदोपभेदों ने उसके मूल स्वरूप को ही बदल दिया। भक्ति-भावना के जिस क्षेत्र में अब तक केवल शान्त रस का ही पोषण होता था अब वह श्रृंगार की क्रीड़ास्थली बन गई।

(ख) **कृष्ण भक्ति-काव्य और आध्यात्मिकता**—कुछ विद्वानों ने जो आध्यात्मिकता को ही काव्य की सबसे बड़ी विशेषता मानते हैं, कृष्ण-भक्त कवियों के श्रृंगार वर्णन की भी ऐसी आध्यात्मिक व्याख्या की है जिसका कवि की मूल भावना के साथ कोई सम्बन्ध नहीं है। उदाहरण के लिए सूरदास के खण्डिता-वर्णन की व्याख्या देखिए—"खण्डिता-नायिका के वर्णन में नायक स्वयं मर्यादा भंग करता है। साथ ही उसकी पाग पर जावक की लाल छवि, कपोलों पर सिंदूर का रंग, अरुण अधरों पर अंजन की श्यामिकता आदि चिह्न भी मर्यादा भंग के ही द्योतक हैं।" पुष्टिमार्गीय भक्ति का निरूपण करने में सूर ने इसी शैली से काम लिया है[1]। इसी प्रकार विरह-वर्णन की यह एक सीधी-सादी उक्ति है।

1. देखिये—भारतीय साधना और सूर साहित्य, पृ० 35।

एक गाँव को बास, धीरज कैसे धरों।
लोचन मधुप अटक नहिं मानत, यद्यपि जतन करों।

इसका भी अर्थ करते हुए विद्वान लेखक ने ईश्वर और जीव सम्बन्धी एक जटिल दार्शनिक समस्या उपस्थित की है।[1] अत: हमारे सामने यह प्रश्न उपस्थित होता है कि शृंगार चित्रण को मूल अर्थ में ग्रहण करें या विद्वानों द्वारा आरोपित अर्थों में? इस सम्बन्ध में तथ्य विचारणीय हैं (1) यदि संभोग सम्बन्धी उपर्युक्त चिह्नों के आधार पर निर्णय करें तो संस्कृत के अमरुक और जयदेव से लेकर हिन्दी के बिहारी, मतिराम, पद्माकर आदि सभी कवियों का खण्डिता-वर्णन पुष्टिमार्गीय भक्ति का निरूपण सिद्ध हो सकता है। (2) उद्धव जैसे ज्ञानियों की आध्यात्मिकता का विरोध करके सूरदास, नन्ददास आदि ने स्पष्ट घोषित कर दिया था कि विद्वत्ता का यह भार और दर्शन को यह जटिलता उन्हें स्वीकार नहीं है। (3) भागवत के विभिन्न व्याख्याताओं ने भी कृष्ण-चरित्र सम्बन्धी विभिन्न घटनाओं का आध्यात्मिक अर्थ निकाला है। बालकृष्ण के मिट्टी खाने की स्वाभाविक-सी घटना के भी विभिन्न आचार्यों ने 9 अर्थ कर दिये हैं।[2] इन व्याख्याताओं ने ये अर्थ सम्भवत: इन उद्देश्यों से किये होंगे—(क) कृष्ण की लौकिक घटनाओं पर अलौकिकताओं का रङ्ग चढ़ाकर श्रद्धा उत्पन्न करने के लिए। (ख) कृष्ण की लीलाओं के अध्ययन से पाठक में शृंगार भावना का उद्रेक होता है जो भक्तों के लिए उचित नहीं, अत: इस भावानुभूति पर अंकुश लगाने के लिए। कदाचित् कुछ विद्वानों ने अपनी मौलिकता-प्रदर्शन के लिए भी ऐसा किया हो।

इसमें कोई सन्देह नहीं कि ये व्याख्याएँ दार्शनिक और धार्मिक क्षेत्र में तो अनुकूल पड़ती हैं, किन्तु साहित्यिक क्षेत्र के तो ये सर्वथा प्रतिकूल हैं क्योंकि ये काव्य के मूल भाव को ही नष्ट करके उसे दर्शन-ग्रन्थ का रूप दे देती हैं। अत: जहाँ तक

---

1. वही, पृष्ठ 362।
2. मिट्टी खाने के कारण—(1) श्रीकृष्ण ने विचार किया कि मुझ में सत्वगुण रहता है अत: थोड़ा रज का भी संग्रह कर लें। (2) पृथ्वी का नाम क्षमा है अत: ग्वाल-बालों के साथ खेल में क्षमा-भाव दिखाने के लिए। (3) पृथ्वी का नाम रसा है अत: रसा के रस का आस्वादन करने के लिए। (4) इस अवतार में पृथ्वी का हित करना था अत: उससे द्विजों (दाँतों) को कुछ दान करवाने के लिए। (5) सात्विक द्विजों (दाँतों) में रजोगुण का संचार करने के लिए। (6) पहले विष भक्षण किया था, मिट्टी खाकर उसका उपचार किया। (7) पहले गोपियों का मक्खन खाया था, मिट्टी खाकर मुंह साफ किया। (8) उदरस्थ जीवों को ब्रजभूमि की रज पहुँचाने के लिए। (9) भक्तों की चरण-रज ग्रहण करने के लिए।

देखिए—प्रेम सुधासागर, गीता प्रेस, पृ० सं० 36।

काव्य के भाव-सौन्दर्य के आस्वादन का सम्बन्ध है हमें कृष्ण-भक्त-कवियों के शृंगार-चित्रण को उसके मूल स्वाभाविक अर्थ में ही ग्रहण करना चाहिए, बलात् आरोपित आध्यात्मिक अर्थों में नहीं।

(ग) **कृष्ण-भक्ति-काव्य और रीति तत्त्व**—कृष्ण-भक्त कवियों के शृंगार-चित्रण में रीति तत्त्वों का प्रयोग भी मिलता है। सूरदास की 'साहित्य लहरी' में रस, अलंकार और नायिका-भेद का वर्णन मिलता है।[1] नन्ददास की 'रस-मंजरी' में नायिका भेद, हाव, हेला और रति का साङ्गोपाङ्ग विवेचन हुआ है। 'रस-मंजरी' के आरम्भ में कवि ने अपनी ग्रन्थ-रचना का उद्देश्य —'नायिका-भेद' को समझना स्वीकार किया है[2]। इसी प्रकार नन्ददास की अन्य रचनाओं में से 'विरह-मंजरी' में विरह के विभिन्न शास्त्रीय भेदों—प्रत्यक्ष-विरह, पलकान्तर-विरह वनान्तर-विरह आदि का नामोल्लेख सहित वर्णन हुआ है। तथा अन्त में बारहमासा वर्णन किया है[3]। उनकी 'रूप-मंजरी' में यद्यपि शास्त्रीय भेदों का उल्लेख नहीं किया गया किन्तु उसके अध्ययन से यह स्पष्ट बोध होता है कि काव्य-रचना के समय कवि ने नायिका की विभिन्न अवस्थाओं – वयः संधि, प्रथम-समागम आदि के वर्णन में शास्त्रीय लक्षणों को ध्यान में रक्खा है। अष्टछाप के अन्य कवियों ने भी नायिका-भेद के उदाहरणों की रचना की है।[4]

भक्त-कवियों के लिए इन शास्त्रीय भेदोपभेद के पचड़ों में पड़ना अस्वाभाविक हैं, इसीलिए प्रारम्भ में कुछ विद्वानों ने सूर की 'साहित्य-लहरी जैसी रचनाओं को अप्रमाणित घोषित कर दिया था। कुछ अन्य विद्वानों ने 'रस-मंजरी' के वर्णनों को आध्यात्म-परक कहकर भी भक्त-कवियों के महत्व को बनाए रखने का प्रयत्न किया, किन्तु 'साहित्य-लहरी' की प्रामाणिकता के पक्ष में पर्याप्त प्रमाण मिल चुके हैं[5] तथा 'रस-मंजरी' में इतनी अधिक स्थूलता, शारीरिकता और लौकिकता है कि उसे अध्यातमपरक बताना भ्रम मात्र है। और उसका कारण भी स्पष्ट है। गीति-शैली

---

1. सूरदास—डा० व्रजेश्वर वर्मा, द्वितीय संस्करण, पृ० 107-112।
2. एक मीत हम सो अस गुन्यो। मैं नाइका भेद नहिं सुन्यो।
   हाव भाव हेलादिक जिते। रति समेत समझावहु तिते।
   —रसमंजरी, नन्ददास ग्रं०, पृ० 144।
3. सुनि पलाकान्तर विरह की बातें। परम प्रेम पहिचानत तातें।
   × × ×
   विरह बनान्तर को सुनि लीजै। गोपिन के मन में दीजै।
   × × ×
   सुनि देसान्तर विरह विनोद। रसिक जनन मन बढ़वन मोद।
   —नन्ददास ग्रन्थावली, पृ० 163।
4. देखिए—अष्टछाप परिचय, द्वि० सं०, पृ० 340-341।
5. सूरदास और उनका कव्य—डा० हरवंशलाल शर्मा।

में कृष्ण-काव्य के सर्वप्रथम रचयिता जयदेव ने रीति-तत्त्वों का पूरा समन्वय किया था, रीति-तत्त्वों का किंचित् प्रभाव विद्यापति के काव्य में मिलता है। इनके अतिरिक्त रूपगोस्वामी ने अपने 'उज्ज्वल-नील-मणि' ग्रन्थ में नायक-नायिका भेद दूती-भेद, नायिका के हाव, अनुभावादि शृङ्गार के विभिन्न भेद आदि का सोदाहरण विवेचन किया है। रूपगोस्वामी स्वयं चैतन्य सम्प्रदाय के अनुयायी थे और उन्होंने यह सारा विवेचन भक्ति-भावना के नाम पर किया है, अत: उससे अन्य भक्त-कवियों का प्रभावित हो जाना स्वाभाविक था। फिर भी यह ध्यान देने की बात है कि कृष्ण-भक्त कवियों ने रीति-तत्त्वों का प्रयोग अपनी बहुत थोड़ी रचनाओं में अत्यन्त अल्प परिमाण में किया है। परवर्ती रीति-बद्ध श्रृङ्गारी कवियों की भाँति वे शास्त्रीय रूढ़ियों से इतने अधिक आबद्ध नहीं कि उनके बिना एक कदम भी आगे न बढ़ सकें।

(घ) **कृष्ण-भक्ति-काव्य और अश्लीलता**— कृष्ण-भक्ति-काव्य के मधुर प्रेम-प्रवाह के बीच कुछ रति, विपरीत रति आदि के ऐसे नग्न दृश्यों का चित्रण मिलता है जिन्हें देखकर किसी भी श्रद्धालु पाठक को क्षोभ हुए बिना नहीं रहता। "रूपे संग्राम रति खेत नीके"—जैसे पद सूरसागर में व अन्य कवियों की रचनाओं में मिलते हैं जिनमें शारीरिक मिलन का अत्यन्त स्थूल रूप में चित्रण किया गया है। कुछ लोग संभवत: इसे पुष्टिमार्ग की दार्शनिक आवश्यकता मानें किन्तु यह बात सही नहीं। पुष्टिमार्ग में बालकृष्ण को ही आराध्य रूप में स्वीकार किया गया था अत: उसके लिए संभोग-दृश्यों की योजना आवश्यक नहीं थी। फिर भी यदि किसी कारण से कविगण संभोग का वर्णन करना ही चाहते थे तो वे संकेतात्मक या व्यंजनात्मक शैली का आश्रय ग्रहण कर सकते थे। यह भी द्रष्टव्य है कि श्रीनाथजी के मन्दिरों में पुरुष भक्तों के साथ-साथ महिला सेविकाओं की उपस्थिति में ये पद गाए जाते थे।

वस्तुत: इन पदों के पीछे श्रीनाथजी के मन्दिर के समस्त वातावरण का प्रभाव व्यंजित है। महाप्रभु वल्लभाचार्य के तिरोधान के अनन्तर पुष्टि सम्प्रदाय और मन्दिर के वातावरण में जो परिवर्तन हुआ वह विचारणीय है। एक ओर आचार्यजी के उत्तराधिकारी विट्ठलनाथजी ने शृङ्गार-रस मण्डन लिखकर बाल-कृष्ण के स्थान पर युवा-कृष्ण की आराधना का समर्थन किया, दूसरी ओर मन्दिर के मुख्य अधिकारी श्रीकृष्णदास जी ने ठाकुरजी की वैभव-वृद्धि का पूरा प्रबन्ध किया। जहाँ श्रीनाथजी के दुग्धपान के लिए सैकड़ों गाएँ रखी गई, उनके चलने के लिए हाथी, घोड़े और पालकियाँ सजाई गई वहाँ उनके मनोरंजन के लिए आगरा की प्रसिद्ध रूपवती वेश्या को भी बुलाया गया।[1] बंगाली वैष्णवों को जो कि मन्दिर के पुजारी थे तथा इस परिवर्तन को सहन नहीं कर सकते थे, उनकी झोंपड़ियों में आग लगाकर निर्ममता-

1. देखिए अष्टछाप परिचय, पृ० 210-212।

पूर्वक भगा दिया गया।[1] मन्दिर के अधिकारी कृष्णदास का इतना दबदबा था कि कोई उनके विरुद्ध चूँ भी नहीं कर सकता था। जब स्वयं गोस्वामी विट्ठलनाथजी ने कृष्ण दास और महिला गंगाबाई के गुप्त-सम्बन्ध का विरोध किया तो उन्हें भी कई महीनों के लिए मन्दिर से बाहर निकाल दिया गया।[2] एक ओर सेवक सेविकाओं को ब्रह्म-सम्बन्ध स्थापित करने के लिए तन-मन-धन तीनों ठाकुरजी को समर्पित करने का उपदेश दिया गया, दूसरी ओर यह भी घोषणा की गई कि वल्लभ-सम्प्रदाय में गोसाइयों के (अष्टछाप के सदस्यों को भी) श्रीकृष्ण का स्वरूप समझा जाता है इसलिए आत्म-समर्पण गोसाइयों के प्रति भी किया जा सकता है[3]।

अस्तु, जैसा कि आचार्य रामचन्द्र शुक्ल[4] एवं डा० हजारी प्रसाद[5] ने संकेत किया है, मन्दिर के ऐश्वर्यपूर्ण वातावरण के प्रभाव से मन्दिर के कुछ अधिकारियों में भोग-वृद्धि का विकास हो गया हो, तथा उन्होंने ही ठाकुरजी को काम-शास्त्र और नायिका-भेद सिखाने के बहाने ऐसी संभोगप्रधान रचनाओं को लिखने की प्रेरणा दी हो तो इसमें आश्चर्य की बात नहीं। सूरदास ने तो अपनी साहित्यलहरी के सम्बन्ध में स्पष्ट रूप से ही लिख दिया है—'नन्दनन्दन दास हित कीन'—जिसका अर्थ विद्वानों ने कृष्णदास किया है। नन्ददास की 'रसमंजरी' भी एक मित्र के लिए लिखी गई थी जो सम्भवत: मन्दिर के प्रभावशाली व्यक्तियों में से कोई था। सबसे बड़ी बात तो यह है कि यदि इन अधिकारियों की इन वर्णनों में रुचि न होती तो वे कवियों को ऐसा संकेत कर सकते थे जिससे वे नग्न वर्णन में प्रवृत्त न होते।

—o—

1. देखिए अष्टछाप परिचय, पृ० 208।
2. अष्टछाप, पृ० 208।
3. महाकवि सूरदास—लेखक नन्ददुलारे वाजपेयी, पृ० 58।
4. मन्दिरों की प्रशंसा केसर की चक्कियाँ चलें—कहकर होने लगी। भोग विलास के आकर्षण का प्रभाव सेवक-सेविकाओं पर कहाँ तक अच्छा पड़ सकता था?

—हि० सा० इति०, पृ० 157।
5. कृष्णदास की मनचाही नर्तकी की दृष्टि जब उनके भोग की ओर पड़ जाती थी तो (ठाकुरजी भी) भूखे ही सो जाते थे।

—हिन्दी साहित्य, पृ० 183।

7

रीतिकाल का प्रवर्त्तक कौन?

रीति-काव्य परम्परा का आरम्भ विक्रम की सोलहवीं शती के अन्तिम चरण में ही हो जाता है। सं० 1598 वि० में कृपाराम ने 'हित तरंगिणी' का निर्माण किया जो कि इस परम्परा का प्रथम उपलब्ध ग्रंथ कहा जा सकता है, किन्तु इसके कुछ दोहों में बिहारी के दोहों से साम्य होने के कारण विद्वानों ने इसके रचना काल को संदेह की दृष्टि से देखा है। बिहारी में अपने पूर्ववर्ती कवियों के भावापहरण की प्रवृत्ति मिलती है, उनकी सतसई के शताधिक दोहे 'गाथा सप्तशती' 'आर्या सप्तशती,' 'अमरू शतक' तथा केशव, बलभद्र मिश्र आदि पूर्ववर्ती कवियों की उक्तियों के आधार पर निर्मित हैं। अतः 'हित तरंगिणी' के रचना काल पर संदेह करना अनावश्यक है। आगे चल कर सत्रहवीं शताब्दी में अनेक ऐसे ग्रंथ लिखे गए जिनमें रीति सम्बन्धी प्रवृत्तियाँ मिलती हैं। 'साहित्य-लहरी' (1607) सूरदासकृत, नन्ददासकृत 'रस मंजरी (1637 वि०), गोपाकृत 'अलंकार-चन्द्रिका' (1615 वि०) मोहन का श्रृङ्गार सागर' (1616 वि०), करणेश के 'करणाभरण', श्रुतिभूषण', 'भूपभूषण' आदि (1637 वि०) लगभग, बलभद्र मिश्र 'नख-शिख' (1640 वि०) आदि इन ग्रंथों में रीतिकाल सम्बन्धी अनेक विषयों, नख-शिख वर्णन, नायिका-भेद निरूपण अलंकार-निरूपण आदि का प्रतिपादन किया गया है किन्तु उन सब में विषय और शैली की दृष्टि से सर्वत्र कोई एक व्यवस्थित रूप नहीं मिलता। इस परम्परा को एक व्यवस्थित एवं प्रौढ़ रूप देने का श्रेय केशवदास को है जिन्होंने रसिक प्रिया (1648 वि०) और 'कवि प्रिया' (1658 वि०) में रीति काव्य सम्बन्धी प्रायः सभी विषयों का विवेचन प्रौढ़ता से किया है। अतः रीति-काव्य परम्परा के प्रवर्तन का श्रेय कृपाराम को तथा उसे व्यवस्थित प्रौढ़ रूप देने का यश केशव दास को मिलना चाहिए, किन्तु इसके विपरीत आचार्य रामचन्द्र शुक्ल ने चिन्तामणि त्रिपाठी, रचना काल सं० 1700 वि०, को रीति-परम्परा का प्रवर्तक सिद्ध करने का प्रयास किया है। उन्होंने अपने पक्ष में तीन तर्क दिए हैं - (1) रीति ग्रंथों का अविरल और अखंडित प्रवाह केशव की 'कवि प्रिया' के प्रायः पचास वर्ष पीछे चला। (2) केशव अलंकारवादी थे जब परवर्ती कवियों ने केशव से भिन्न आदर्श रस सिद्धान्त को अपनाया। (3) परवर्ती कवियों

ने अलंकारों के निरूपण में केशव की शैली को न अपना कर कुवलयानन्द की शैली (एक ही दोहे में लक्षण और उदाहरण देने की शैली) का प्रयोग किया। हमारे विचार से उपर्युक्त तीनों आक्षेप निराधार हैं। नवीनतम अनुसंधान से जो ग्रंथ प्रकाश में आये हैं उनसे यह सिद्ध हो जाता है कि रीति परम्परा केशव से चिन्तामणि तक अखंड रूप से आगे बढ़ती रही है। वे ग्रंथ ये हैं—रस चन्द्रिका, (बालकृष्ण 1657 वि०), अलक शतक व तिल शतक, (मुबारक कृत, 1670 वि०), रङ्ग भाव माधुरी, (रस नायिका भेद का ग्रंथ व्रजपति भट्टकृत, 1680 वि०), नखशिख, (लीलाधर, 1676 वि०), सुन्दर श्रृङ्गार, (सुन्दरकृत, रस नायिका भेद का ग्रंथ, 1688 वि०), रहीम (1613-83 वि०) कृत नगर शोभा, बरवै नायिका भेद और मदनाष्टक, फतेहप्रकाश (क्षेम राज 1685), सुधानिधि, (तोष 1691), भाषा भूषण, (जसवन्तसिंह, 1695), काव्य प्रकाश और श्रृङ्गार मंजरी, (चिन्तामणि 1700 वि०)। आश्चर्य की बात है कि सुन्दर श्रृङ्गार, बरवै नायिका भेद और भाषा भूषण की उपेक्षा करके रीति परम्परा का आरम्भ चिन्तामणि के ग्रंथों से माना गया है।

दूसरा तर्क कि **केशव अलंकारवादी** थे, यह तो भ्रामक है। केशव ने जहाँ 'कवि प्रिया' में अलंकारों का विवेचन किया है वहाँ 'रसिक प्रिया' में **रस सिद्धान्त के सभी अगों एवं भेदों का प्रतिपादन किया है।** कवि रूप में भले ही केशव अलंकारवादी रहे हों किन्तु जहाँ तक आचार्यत्व का सम्बद्ध है उन्होंने अलंकार और रस, दोनों को मान्यता दी है। कुछ लोग केशव को अलंकारवादी सिद्ध करने के लिए निम्नांकित छन्द उद्धृत करते हैं—

जदपि सुजाति सुलच्छनी सुबरन तरस सुवृत।
भूषण बिनु न बिराजई कविता वनिता मित्त।

ध्यान से देखने पर स्पष्ट होगा कि यहाँ कवि अलंकारों को काव्य की आत्मा व प्राण घोषित नहीं करता है, अपितु उनका महत्त्व उतना ही स्वीकार करता है जितना कि 'वनिता' के लिए आभूषणों का है। यदि अलंकारों को आभूषणों के तुल्य महत्त्व देने से ही किसी को अलंकारवादी घोषित किया जा सकता है तो फिर संस्कृत के साहित्य-दर्पणकार से लेकर हिन्दी के चिन्तामणि, देव, श्रीपति, भिखारीदास आदि प्राय: सभी रीति कवि अलंकारवादी सिद्ध होते हैं क्योंकि प्राय: इन सभी ने अलंकारों का विवेचन करते हुए उन्हें 'भूषण' या 'आभूषण' के तुल्य महत्त्व दिया है; देखिए—

शब्दार्थयोरस्थिरा ये धर्माः शोभातिशायिनः।
रसादीनुपकुर्वन्तोऽलंकारास्तेऽङ्गदादिवत् ॥ —साहित्य दर्पण

शोभा को बढ़ाने वाले, रस भाव आदि के उपकारक जो शब्द और अर्थ के अस्थिर धर्म हैं, वे अंगद, आभूषण विशेष की भाँति अलंकार कहलाते हैं।

सगुन अलंकारन सहित, दोष रहित जो होइ।
शब्द अर्थ वारा कवित, विबुध कहत सब कोइ॥ —चिन्तामणि

सब्द जीव तिहि अरथ मन, रसमय सुजस शरीर ।
चलत वहै जुग छन्द गति अलंकार गम्भीर ॥

—देव, काव्य रसायन

जदपि दोष बिनु गुन सहित, सब तन परम अनूप ।
तदपि न भूषन बिनु लसै, बनिता कविता रूप ॥

—श्रीपति, काव्यसरोज

सगुन पदारथ दोष बिनु, पिंगल मत अविरुद्ध ।
भूषण जुत कवि कर्म जो, सो कवित्त कहि बुद्ध ॥

—सोमनाथ, रस पीयूस निधि तरंग 6

दास जी अपना मत प्रकट करते हैं कि रस ही कविता का अंक है, अलंकार आभूषण है । गुण, रूप और रङ्ग तथा दोष कुरूपता के समान हैं ।

—हिन्दी काव्य शास्त्र का इतिहास, पृ० 136

वस्तुतः प्रायः सभी रीति कवियों ने केशव की भाँति अलंकारों को आभूषणों की भाँति काव्य का शोभाबर्द्धक उपकरण माना है ।

केशव के सम्बन्ध में यह भी कहा जाता है कि उन्होंने संस्कृत के प्रारम्भिक आचार्यों दण्डी आदि का अनुकरण किया, परवर्ती आचार्यों मम्मट, विश्वनाथ आदि का अनुकरण नहीं किया, जबकि हिन्दी के रीति कवि विश्वनाथ आदि के मार्ग पर चले । यह आक्षेप भी 'कवि प्रिया' के आधार पर किया गया प्रतीत होता है । 'रसिक प्रिया' की अधिकांश सामग्री रस विवेचन, नायक के चार भेद, नायिका के तीन प्रमुख तथा अवान्तर भेद आदि मम्मट के 'काव्य प्रकाश' एवं विश्वनाथ के 'साहित्य दर्पण' पर आधारित हैं ।

केशव के परवर्ती कवियों में कुछ ने अलंकार-निरूपण में 'कुवलयानन्द' की पद्धति का प्रयोग किया है जबकि कुछ ने केशव का अनुकरण करते हुए लक्षण और उदाहरण अलग-अलग छन्दों में दिए हैं । दूसरे वर्ग के कवियों में मतिराम, ललित ललाम, भूषण, शिवराज भूषण, रघुनाथ, रसिक मोहन, दूलह कविकुलकंठाभरण, ग्वाल रसिकानन्द, प्रतापसाहि, अलंकार चिन्तामणि, उल्लेखनीय हैं । वैसे तो सूक्ष्म दृष्टि से प्रत्येक आचार्य के दृष्टिकोण, विवेचन एवं शैली में थोड़ा बहुत अन्तर मिलना स्वाभाविक है किन्तु इसी से किसी को परम्परा से बाहर नहीं किया जा सकता । वस्तुतः केशव ने 'कवि प्रिया' और 'रसिक प्रिया' में जिस ढाँचे को खड़ा किया तथा जिन विषयों का जिस पद्धति में विवेचन किया है, परवर्ती कवियों ने प्रायः कुछ अपवादों को छोड़कर उसी ढाँचे, उसी पद्धति और उन्हीं विषयों को अपनाया है । अतः यह निःसंकोच कहा जा सकता है कि रीति परम्परा के जन्म का श्रेय कृपाराम को तथा उसे विकसित करके पूर्णतः प्रतिष्ठापित करने का श्रेय आचार्य केशवदास को है ।

—०—

8

रीतिबद्ध काव्य : कुछ समस्याएं

(क) **रीति शब्द की व्याख्या**—आचार्य रामचन्द्र शुक्ल ने इस काल का नामकरण—'रीतिकाल'—करते हुए यह स्पष्ट नहीं किया कि 'रीति' शब्द से उनका क्या अभिप्राय है। फलस्वरूप परवर्ती विद्वानों की इस शब्द की व्याख्या अपने ढंग से करनी पड़ी। आचार्य हजारी प्रसाद द्विवेदी इसका स्पष्टीकरण करते हुए लिखते हैं—"यहाँ साहित्य को गति देने में अलङ्कार-शास्त्र का ही जोर रहा है जिसे उस काल में 'रीति', 'कवित्त-रीति' या 'सुकवि-रीति' कहने लगे थे। सम्भवत: इन शब्दों से प्रेरणा पाकर शुक्लजी ने इस श्रेणी की रचनाओं को 'रीति-काव्य' कहा है।"[1] डा० नगेन्द्र और डा० विश्वनाथ प्रसाद मिश्र ने भी इसी से मिलती-जुलती व्याख्या प्रस्तुत करते हुए 'रीति' शब्द को 'काव्य-रीति' का संक्षिप्त-रूप बताया है[2]। आचार्य शुक्ल के द्वारा इस शब्द के प्रयोग को रखते हुए इसमें कोई सन्देह नहीं कि उन्होंने भी इसका प्रयोग 'काव्य-रीति' के अर्थ में ही किया था तथा आज भी हिन्दी साहित्य के क्षेत्र में इसका व्यवहार इसी अर्थ में होता है।

(ख) **रीति कवियों का उद्देश्य**—अस्तु, रीति शब्द की व्याख्या से स्पष्ट है कि काव्य-परम्परा का नामकरण इस धारणा पर आधारित है कि इस परम्परा के सभी कवियों का उद्देश्य काव्याङ्गों का निरूपण या विवेचन करना था, किन्तु वास्तविकता यह है कि इनमें से अधिकांश का लक्ष्य 'काव्य-रीति' नहीं 'रस-रीति' अर्थात् रसिकता की शिक्षा देना है, जिसका समर्थन इन तथ्यों के आधार पर किया जा सकता है—

---

1. हिन्दी साहित्य, पृ० 291।
2. "यहाँ काव्य-रचना सम्बन्धी नियमों के विधान को ही सपग्रत: रीति नाम दे दिया गया।" (रीति-काव्य की भूमिका—ले० डा० नगेन्द्र, पृ० 129) डा० विश्वनाथ का मत देखिए—'बिहारी' की भूमिका।

(1) विभिन्न रीति-ग्रन्थों में ऐसी उक्तियाँ मिलती हैं जिनसे उनके उद्देश्य का स्पष्ट परिचय मिलता है; यथा —

(क) **एक मित्र हमसों अस गुन्यों ।**
मैं नायिका भेद नहीं सुन्यों ।
जब लगि इनके भेद न जानें ।
तब लगि प्रेम-तत्त्व न पहिचानें ।
बिन जाने ये भेद सब, प्रेम न परचे होय ।
चरनहीन ऊँचे अचल, चढ़त न देख्यो कोय ॥[1]

(ख) **सुरबानी याते करी, नरबानी में ल्याय ।**
जाते मग रस-रीति, को सबतें समझो जाय ।[2]

(ग) **बरनत कवि सिंगार-रस छन्द बड़े विस्तारि ।**
मैं बरन्यो दोहान बिच, यातें सुघरि विचारि ॥[3]

(घ) **बाढ़ै रति मति अति पढ़े जाने सब रस-रीति ।**
स्वारथ परमाथ लहै, रसिक-प्रिया री प्रीति ॥

× × ×

रसिकन को रसिक-प्रिया कीन्ही केशबदास ।[4]

उपर्युक्त अंशों में प्रेम-तत्त्व शृङ्गार-रस और रस-रीति आदि शब्द एक ही विषय के द्योतक हैं। जिस प्रकार काम के क्षेत्र में 'काम-कला' या 'कोक कला' का प्रचलन है वैसे ही रसिकता के क्षेत्र में 'रस-रीति' या 'प्रेम-मार्ग' का है, अस्तु 'रस-रीति' का सम्बन्ध भरत द्वारा प्रतिपादित 'काव्य-रस' से नहीं, अपितु रसिकता या विलासिता से प्राप्त होने वाले रस या आनन्द से है।

(2) इन कवियों के ग्रन्थों का नामकरण भी उसके इसी उद्देश्य को सूचित करता है, यथा 'रस-प्रबोध', शृङ्गार-सागर', 'रस-रहस्य', 'बधू-विनोद', 'रस-विलास'-'भाव-विलास', 'जगत-विनोद' आदि नामों में रस, शृङ्गार, विलास या विनोद आदि शब्द रसिकता के पर्यायवाची हैं।

(3) इनकी रचनाओं में शृङ्गार-रस का ही वर्णन मिलता है, काव्य के अन्य अङ्गों की विवेचना का उनमें अभाव है।

---

1. रस मंजरी – नन्ददास ।
2. सुन्दर कवि —सुन्दर शृङ्गार ।
3. कृपाराम—हिततरङ्गिनी ।
4. केशवदास—रसिक प्रिया ।

यहाँ यह ध्यान रहे कि कुछ काव्य-ग्रन्थ विशुद्ध 'काव्य-रीति' के विवेचन के उद्देश्य से भी लिखे गए थे किन्तु उनका नामकरण दो प्रकार से किया गया है—

(1) जिनमें काव्य के सभी अङ्गों का विवेचन हुआ है, उनके नामकरण में 'कवि' या 'काव्य' शब्द का प्रयोग हुआ है; जैसे—'काव्य-निर्णय', 'काव्य-सिद्धान्त', 'काव्य-सरोज', 'काव्य-कल्पद्रुम', 'कवि-प्रिया' आदि। (2) ऐसे ग्रन्थ जिनका लक्ष्य कोरे अलङ्कारों का निरूपण करना था, उनके नामकरण में भूषण, आभरण, आभूषण आदि अलङ्कार के पर्यायवाची शब्दों का प्रयोग हुआ है; यथा—'भाषा-भूषण', 'शिवराज-भूषण', 'अलङ्कार-माला', 'कंठा-भूषण', 'कर्णाभरण' आदि।

उपर्युक्त दोनों वर्गों के ग्रन्थ विशुद्ध आचार्यत्व की दृष्टि से लिखे गए थे, जब कि 'रस-रीति' के ग्रन्थ रसिकता की शिक्षा के निमित्त। किन्तु हमारे इतिहासकारों ने इस अन्तर को ध्यान में न रखने के कारण 'रस-रीति' वाले ग्रन्थों में भी आचार्यत्व ढूँढ़ने का असफल प्रयास किया है।

(ग) **रीतिबद्ध शृङ्गार काव्य का स्वरूप**—'रस-रीति' से सम्बन्धित ग्रन्थों में शृङ्गार-निरूपण मुख्यतः निम्नाङ्कित रूपों में हुआ है—

(क) शृङ्गार-रस के विभिन्न अवयवों के रूप में।

(ख) नायिका-भेद के रूप में।

(ग) नख-शिख वर्णन के रूप में।

(घ) षट्-ऋतु वर्णन के रूप में।

उपर्युक्त चार विषयों में भी सबसे अधिक विस्तार नायिका भेद को ही दिया है, शेष विषयों का तो अधिकांश कवियों ने चलता सा वर्णन कर दिया है। श्री प्रभुदयाल मित्तल एवं श्री राजेश्वर प्रसाद चतुर्वेदी अपने ग्रन्थों[1] में नायिका-भेद का साङ्गोपाङ्ग परिचय दे चुके हैं, अतः यहाँ उसका परिचयात्मक विवरण न देकर, कुछ नवीन दृष्टिकोणों से विवेचन एवं विश्लेषणमात्र प्रस्तुत करना उचित होगा।

(घ) **नायिका-भेद : विश्लेषण**—नायिका के विभिन्न भेदों को स्थूल-रूप से इन समूहों में वर्गीकृत किया जा सकता है—

1. जाति के अनुसार चार भेद —पद्मिनी, चित्रिणी, शङ्खिनी और हस्तिनी
2. कर्मानुसार तीन भेद —स्वकीया, परकीया और सामान्या (वेश्या)।
3. दशानुसार तीन भेद —गर्विता, अन्य संभोग-दुःखिता और मानवती।
4. अवस्थानुसार दस भेद —स्वाधीनपतिका, वासकसज्जा, उत्कण्ठिता, अभिसारिका, विप्रलब्धा, खण्डिता, कलहां-

---

1. देखिये श्री मित्तल का "ब्रज-भाषा काव्य में "नायिका-भेद" और श्री चतुर्वेदी का "रीतिकालीन कविता और शृंगार रस का विवेचन"।

तरिता, प्रवत्स्यत्पतिका, प्रोषितपतिका और आगतपतिका।

5. गुणानुसार तीन भेद —उत्तमा, मध्यमा और अधमा।
6. वयक्रमानुसार अनेक भेद —मुग्धा, मध्या, प्रौढ़ा आदि।

इसके अतिरिक्त देश और जाति के अनुसार भी भेद किए गये हैं।

वर्गीकरण के आधार—उपर्युक्त समूहों में से जाति के अनुसार किये गये पहले वर्गीकरण में नायिका की शारीरिक विशेषताओं को, दूसरे में उसकी सामाजिक स्थिति को, तीसरे और चौथे वर्गीकरण में प्रेम मार्ग की विभिन्न परिस्थितियों को, पाँचवें में चारित्रिक गुणों को, छठे में यौवन के विकास को आधार बनाया गया है। इनमें नायिका के व्यक्तित्व से सम्बन्धित वर्गीकरणों पहला, पाँचवाँ और छठा ही है, शेष का सम्बन्ध बाह्य परिस्थितियों से है।

मनोवैज्ञानिक दृष्टि से विवेचना—उपर्युक्त समूहों में से जाति, कर्म, गुण, देश तथा व्यवसाय के आधार पर किये गये वर्गीकरणों का मनोवैज्ञान से विशेष सम्बन्ध नहीं है। दशानुसार एवं अवस्थानुसार वर्गीकरण में नायिका की मनोदशा पर बाह्य परिस्थितियों के प्रभाव को आधार माना गया है, जो मनोविज्ञान सम्मत् है। वयक्रमानुसार किये गये वर्गीकरण के प्रारम्भिक भेद—मुग्धा, मध्या और प्रौढ़ा तो स्वाभाविक हैं, किन्तु आगे चलकर सूक्ष्मातिसूक्ष्म उपभेद किये गये हैं (इनमें नायिका की 12 वर्ष से लेकर 24 वर्ष की अवस्था तक के प्रत्येक वर्ष के आधार पर अलग-अलग भेद किये गये हैं) जो अनावश्यक है, क्योंकि सभी युवतियाँ एक ही वय में एक जैसी मनोदशा को प्राप्त नहीं हो सकतीं।

मनोवैज्ञानिक दृष्टि से नायिका भेद में एक दोष यह है कि इसमें नारी जाति को बाह्य परिस्थितियों से सम्बद्ध रूप में ही देखा गया है जिससे उनकी व्यक्तिगत विशिष्टताओं का सर्वथा लोप हो जाता है। एक ही अवस्था या परिस्थिति में दो नायिकाओं की मानसिक स्थिति या गति व्यवहार में व्यक्तिगत दृष्टिकोण के कारण अन्तर भी हो सकता है, इसे नायिका भेद में भुला दिया गया है।

नायिका-भेद और रस के अवयव—नायिकाओं के जाति, वयक्रम, देश और पेशे के अनुसार किये गये भेदों में उनका शारीरिक सौन्दर्य एवं बाह्य चेष्टाओं का चित्रण होता है, अतः इनमें ये आलम्बन रूप में उपस्थित होती हैं जबकि दशा और अवस्था सम्बन्धी वर्गों में नायक के व्यवहार से प्रभावित मनोदशाओं का उद्घाटन होता है। अतः वे आश्रय रूप से चित्रित की जाती हैं। शेष वर्ग की नायिकाएँ आलम्बन और आश्रय दोनों रूपों में उपस्थित की जा सकती हैं। नायिकाओं को आलम्बन और आश्रय रूप में चित्रित करते समय हावों, अनुभावों और संचारी भावों की आयोजना तथा अप्रत्यक्ष रूप से नायक के व्यक्तित्व की भी अभिव्यक्ति हो जाती है। इस प्रकार नायिका भेद के क्षेत्र में शृङ्गार रस के सभी अवयवों के समावेश के लिए स्थान है।

नायिका-भेद में प्रेम का स्वरूप—नायिका भेद में तत्कालीन कवियों एवं आचार्यों के प्रेम सम्बन्धी आदर्श का भी प्रतिबिम्ब देखा जा सकता है। सामाजिक दृष्टिकोण से किये गये वर्गीकरण में प्रेमिकाओं की तीन स्थितियाँ—स्वकीया, परकीया और सामान्या संबंधी स्वीकार की गई हैं, किन्तु एक चौथी स्थिति पर जिसमें नायक और नायिका दोनों अविवाहित हों किसी का ध्यान नहीं गया। कुछ आचार्यों ने अविवाहिता नायिका को अनूढ़ा नाम दिया है। किन्तु उसे परकीया के भेदों के अन्तर्गत रखा गया है। यद्यपि संस्कृत काव्य की अनेक नायिकायें—शकुन्तला, कादम्बरी, दमयन्ती आदि अनूढ़ा स्वकीया के रूप में चित्रित मिलती हैं, फिर भी नायिका भेद के कवियों ने इस भेद को स्थान नहीं दिया। अनूढ़ा की ऐसी उपेक्षा का कारण संभवतः तत्कालीन समाज में प्रचलित बाल-विवाह प्रथा ही है। नायक-नायिकाओं को यौवनावस्था से पूर्व ही विवाह-बन्धन में बाँध दिया जाता था। अतः ऐसी स्थिति में अविवाहित नायक-नायिकाओं का स्वतन्त्र-प्रेम-व्यवहार चलना संभव नहीं था।

अब स्वकीया के उपभेदों पर भी दृष्टिपात कीजिये। उसके तीन प्रमुख भेद—मुग्धा, मध्या, प्रौढ़ा और फिर उनके भी अवान्तर-भेद—अंकुरित यौवना, उन्नत कामा, सुरति विचित्रा, उद्भट यौवना, मदनमत्ता, रति कोविदा—आदि यही सूचित करते हैं कि इन कवियों की दृष्टि में दाम्पत्य-जीवन केवल रति-क्रीड़ा मात्र तक सीमित था। प्रेम-भाव की न्यूनता या अधिकता की दृष्टि से या व्यक्तित्व की अन्य विशेषतओं के आधार पर भी पत्नियों का वर्गीकरण करने की बात इन्हें नहीं सूझती। हाँ, एक ऐसा वर्गीकरण अवश्य किया गया है, जिसके अनुसार जो अपने पति को पर-स्त्री में रत देखकर भी अप्रसन्न नहीं होती, वह उत्तमा है; जो मान करती है वह मध्यमा है और जो पूरी तरह कलह करने पर उतारू हो जाती है वह अधमा है। भला वह पत्नी ही क्या जो पति के आनन्द-भोग में बाधक सिद्ध हो!

स्वकीया के अन्य भेद—मानवती, खंडिता, अन्य संभोग-दुःखिता, कलहाँतरिता आदि भी तत्कालीन पुरुष की विलासिता और नारी की हीन-दशा के परिचायक हैं।

परकीया के उपभेद—इन कवियों ने सबसे अधिक विस्तार परकीया के भेदों का किया है। ऊढ़ा परकीया के दो मौलिक भेद असाध्य और सुख साध्या किये गये हैं। सुख-साध्य के भी दस भेद -- वृद्ध-बधू, बाल-बधू, नपुंसक-बधू आदि हैं। सुख-साध्य के शब्द का ही अर्थ है जिसे सरलतापूर्वक फुसलाया जा सके, इसका अर्थ है—ये नायिकायें स्वाभाविक प्रेम की प्रेरणा से नायक में अनुरक्त नहीं होती थीं, अपितु नायक इनकी परिस्थिति से लाभ उठाकर इन्हें अपनी काम-तृप्ति का साधन बनाता था, ऐसी स्थिति में सच्चे प्रेम की तो कल्पना भी नहीं की जा सकती।

परकीया के अन्य भेद भी नायिका की हीन स्थिति को ही व्यक्त करते हैं। नायक के संकेत पर वह अभिसारिका का रूप धारण करती है, वासक-सज्जा के रूप में

संकेत स्थल पर नायक की दीर्घ प्रतीक्षा करती है, किन्तु कुछ दिनों के रस-पान के अनन्तर रसिक भ्रमर किसी और में अनुरक्त हो जाता है और फल-स्वरूप उसे निराश विप्रलब्धा के वेष में घर लौटना पड़ता है।

इसी प्रकार निवास, स्थान और पेशे के अनुसार किये गये परकीया सम्बन्धी भेद भी पुरुष वर्ग की अति रसिकता के परिचायक हैं, अन्यथा मालिन, धोबिन, तेलिन आदि का व्यवसाय चाहे कुछ भी हो अपने-अपने घर में तो वे स्वकीयायें ही है।

वस्तुतः नायिका-भेद में हम जिस शृंगारिकता के दर्शन करते हैं वह सर्वथा कामुकता और रसिकता से ही ओत-प्रोत है, उनमें पुरुषों की काम-लोलुपता एवं वंचकता, नारी की परवशता और दीनता, दाम्पत्य जीवन की विषमता और बाह्य सामाजिक जीवन की गर्हितावस्था का दर्शन होता है। प्रेम-भावना को ध्यान में रख कर किया गया वर्गीकरण केवल एक रसलीन का—कामवती, अनुरागिनी, प्रेमासक्ता—मिलता है; किन्तु इसे अन्य कवियों ने स्वीकार नहीं किया।

नायिका-भेद का मूल उद्गम-स्रोत—नायिका-भेद की परम्परा के मूल उद्गम स्रोत पर विचार करते हुए डा० राजेश्वर प्रसाद चतुर्वेदी ने अपने प्रबन्ध में "नाट्य-शास्त्र" के रचयिता भरतमुनि को इसका आदि प्रवर्त्तक बताया है तथा अभिनय को ही नायिका भेद की उत्पत्ति का प्रेरक कारण सिद्ध करने का प्रयास किया है।[1] किन्तु उनका यह मत स्वीकार्य नहीं है। नायिका-भेद की उत्पत्ति का मूल कारण अभिनय नहीं अपितु काम-शास्त्रीय विश्लेषण है तथा इसकी परम्परा का प्रवर्त्तन काम-शास्त्रीय ग्रन्थों में नाट्य-शास्त्र की रचना से पूर्व हो चुका था। इस सम्बन्ध में निम्नलिखित तथ्य विचारणीय हैं—

(क) वात्स्यायन के काम सूत्र का रचनाकाल स्वयं डा० राजेश्वर प्रसाद ने चन्द्रगुप्त का शासनकाल कल्पाब्द 2422 (ई० पू० 324—300) स्वीकार किया है,[2] जबकि भरत नाट्य शास्त्र प्रथम शताब्दी से पूर्व का नहीं माना जाता। जो विद्वान दोनों ही ग्रन्थों को बाद की रचना मानते हैं वे भी 'काम-सूत्र' को 'नाट्य शास्त्र' से पूर्व रचित मानते हैं।

(ख) वात्स्यायन ने अपने पूर्व के आचार्यों के मतों का उल्लेख करते हुए आचार्य चारायण के द्वारा कृत नायिका के पाँच भेदों; सुवर्ण नाम के छः भेदों, घोटकमुख के सात भेदों की आलोचना की है। इससे सिद्ध होता है कि नायिका-भेद की परम्परा वात्स्यायन से भी बहुत पूर्व प्रचलित हो चुकी थी।

(ग) जहाँ वात्स्यायन ने नायिका भेद सम्बन्धी अन्य आचार्यों के मतों का

---

1. रीति कालीन कविता और श्रृङ्गार रस का विवेचन, पृ० 264।
2. वही, पृ० 110।

उल्लेख किया है वहाँ वे भरत के नायिका-भेद के सम्बन्ध में मौन हैं। यदि भरत का नाट्य-शास्त्र पहले निर्मित हो चुका होता तो वे उसका उल्लेख अवश्य करते, परन्तु इसके विपरीत 'भरत-मुनि' ने अपने ग्रन्थ में 'काम-सूत्र' का स्पष्ट उल्लेख किया है।[1]

(घ) भरतमुनि का नाट्य-शास्त्र नायिका-भेद से बहुत अधिक विकसित एवं बाद का है, यह दोनों की तुलना से सिद्ध हो जाता है। वात्स्यायन ने नायिका के कुल आठ भेद किए हैं जबकि भरत के नाट्य-शास्त्र में इनकी संख्या 72 तक पहुँच गई है। भरत-मुनि द्वारा अवस्थानुसार किये गये आठ भेदों में तो वात्स्यायन खंडिता और अभिसारिका से ही परिचित हैं, शेष भेद बाद के विकसित हैं। वात्स्यायन ने अविवाहित कन्या को नायिका भेद में सर्वोपरि स्थान दिया है, किन्तु भरत ने इसकी उपेक्षा कर दी है, इसका कारण भी परवर्ती युग में बाल-विवाह का प्रचलन हो जाना था। जहाँ पूर्व युग के स्मृतिकारों में मनु जैसे भी उपयुक्त वर के न मिलने पर कन्या को दीर्घकाल अविवाहित रखने की आज्ञा देते हैं वहाँ याज्ञवल्क्य, नारद आदि परवर्ती स्मृतिकार हर स्थिति में कन्या का विवाह ऋतु-काल से पूर्व ही कर देने का आदेश देते हैं।

उपर्युक्त तथ्यों के आधार पर निःसंकोच रूप से कहा जा सकता है कि 'काम-सूत्र' 'नाट्य-शास्त्र' से पूर्व रचित है तथा नायिका-भेद परम्परा का मूल स्रोत काम-शास्त्रीय ग्रन्थ है, जिनसे भरतमुनि ने भी लाभ उठाया।

नायिका-भेद सम्बन्धी सामग्री के मूल आधार—हिन्दी के कवियों ने नायिका-भेद के विवेचन एवं वर्णन में मुख्यतः इन ग्रन्थों से सहायता ली है—

1. संस्कृत के काव्य शास्त्रीय ग्रंथों से जिनमें नाट्य शास्त्र (भरत मुनि), दश रूपक (धनंजय), साहित्य दर्पण (विश्वनाथ), रस मंजरी (भानुदत्त) आदि मुख्य हैं।
2. काम शास्त्रीय ग्रन्थ जिनमें 'काम-सूत्र' प्रमुख है।
3. संस्कृत की काव्य रचनाएँ—गीत गोविन्द, 'अमरु शतक' आदि।

हिन्दी के रीतिबद्ध शृंगारी कवि उपर्युक्त ग्रन्थों के कितने ऋणी हैं इसकी सम्यक परीक्षा करने के लिये आधार-भूत ग्रंथों का तुलनात्मक अध्ययन करना उचित होगा।

(क) **संस्कृत के काव्य-शास्त्रीय ग्रन्थ**—हिन्दी कवियों के नायिका भेदों में से कर्मानुसार, दशानुसार, अवस्थानुसार, गुणानुसार और वय क्रमानुसार किया गया वर्गीकरण 'साहित्य-दर्पण और 'रस-मंजरी' में मिल जाता है। इन वर्गों के अवान्तर भेद भी इन ग्रन्थों में मिल जाते हैं, यथा देव ने वयक्रमानुसार जो 13 भेद किये हैं वे साहित्य दर्पण में इस प्रकार मिलते हैं—

---

1. उपचार विधि सम्यक काम सूत्र समुत्थितम्। —नाट्य शास्त्र, 24। 142।

साहित्य दर्पण	देव	नायिका की अवस्था
1. प्रथमावतीर्णा	1. वयः सन्धि	12 वर्ष
2. यौवना		
3. मदन विकारा	2. नवल-बधू	13 वर्ष
4. रति वामा	3. नवयौवना	14 वर्ष
5. मानमृदु	4. नवल अनङ्गा	15 वर्ष
6. समधिक लज्जावती	5. सलज्ज रति	16 वर्ष
7. विचित्र सुरता		
8. प्ररूढ़ स्मरा	6. रूढ़ यौवना	17 वर्ष
9. ईषत् प्रगल्भवचना	7. प्रगट मनोजा	18 वर्ष
10. मध्यम व्रीड़िता	8. प्रगल्भवचना	19 वर्ष
11. स्मरान्धा	9. विचित्र सुरता	20 वर्ष
12. गाढ़ तारुण्या	10. लब्धा-पति	21 वर्ष
13. समस्त-रत-कोविदा	11. रति-कोविदा	22 वर्ष
14. भावोन्नता	12. आक्रान्ता	23 वर्ष
15. दर-व्रीड़ा		
16. रति-क्रान्ता	13. सविभ्रमा	24 वर्ष

यद्यपि देव ने 16 की संख्या को घटा कर 13 कर दी तथा नामों में भी परिवर्तन कर दिया फिर भी 'साहित्य-दर्पण' का प्रभाव पूरी तरह छिप नहीं सका है। दोनों के कई भेदों में—यौवना और नवयौवना, समधिक-लज्जावती और सलज्ज-रति, ईषत् प्रगल्भवचना और प्रगल्भवचना, रत कोविदा और रति कोविदा, रति-आक्रान्ता और आक्रान्ता आदि में—नामकरण का इतना अधिक साम्य है कि वह देव की मौलिकता को धूमिल कर देता है। देव की एक नवीनता अवश्य है कि जहाँ 'साहित्य-दर्पणकार' ने इन दशाओं का निर्णय नायिका के स्थूल विकास के आधार पर किया है वहाँ देव ने इन्हें उसकी वय के साथ दृढ़ता से बाँध दिया जो कि स्वाभाविक नहीं ! क्या यह आवश्यक है कि प्रत्येक नायिका 18 वर्ष की अवस्था में प्रगल्भवचना या 22 वर्ष की अवस्था में रति-कोविदा हो जायेगी ? अस्तु, देव की यह मौलिकता भी नायिका-भेद को विकृत करने वाली ही सिद्ध होती है।

वस्तुतः हिन्दी कवियों ने संस्कृत आचार्यों की नायिका-भेद सम्बन्धी समस्त सामग्री ज्यों की त्यों ग्रहण कर ली है। उसमें उन्होंने या तो कोई परिवर्तन किया ही नहीं और यदि कोई किया भी तो वह महत्त्वपूर्ण नहीं है। संस्कृत आचार्यों एवं हिन्दी कवियों के प्रेम सम्बन्धी दृष्टिकोण में भी पर्याप्त साम्य है। दोनों के ही वर्गीकरण में कामुकता एवं नायिका की बाह्य परिस्थितियों का प्राधान्य है, अविवाहित नायिका एवं सामान्या की उपेक्षा भी दोनों ने सामान्य रूप से की है। यदि इसमें कोई भेद है तो यही कि संस्कृत लेखकों का मुख्य उद्देश्य अचार्यत्व होने के कारण उन्होंने दूसरे कवियों

के उदाहरण उद्धृत किये हैं जबकि हिन्दी कवियों का लक्ष्य काव्य-रचना होने के कारण उदाहरणों की रचना उन्होंने स्वयं की है।

(ख) **काम सूत्र से तुलना** —हिन्दी कवियों का जाति अनुसार, देशानुसार और व्यवसायानुसार किया गया वर्गीकरण संस्कृत आचार्यों की रचनाओं में नहीं मिलता। इन वर्गीकरणों के मूलाधार काम शास्त्रीय ग्रंथ हैं। जाति अनुसार पद्मिनी, हस्तिनी, चित्रिणी आदि वाला वर्गीकरण 'काम-सूत्र' में तो नहीं मिलता किन्तु परवर्ती काम-शास्त्रीय ग्रंथों 'रति-रहस्य' (कोक-शास्त्र) आदि में प्रचलित है। 'काम-सूत्र' के द्वितीय अधिकरण के पाँचवें अध्याय में 'देश्या-उपचारा' प्रसङ्ग के अन्तर्गत मध्य देश वाल्हीक, आवन्तिक, मालव्य, सिन्धु लाटदेश, कौशल आदि प्रदेशों की स्त्रियों की विशेषताओं का अलग-अलग वर्णन किया है, अतः हिन्दी कवियों के देशानुसार वर्गीकरण का मूलाधार यही कहा जा सकता है। व्यवसाय के आधार पर नायिकाओं का वर्गीकरण 'काम-सूत्र' में नहीं मिलता किन्तु विभिन्न वर्ण, जाति एवं व्यवसाय वाली दूतिकाओं का वर्णन उसमें है, अतः इस प्रकार के वर्गीकरण की प्रेरणा भी सम्भवतः हिन्दी कवियों को यहीं से मिली होगी। रसलीन ने ऊढ़ा, परकीया के दो भेद असाध्या एवं सुखसाध्या किये हैं जो संस्कृत काव्य ग्रंथों में नहीं मिलते। 'काम-सूत्र' के पाँचवें अधिकरण के पहले अध्याय में परकीयाओं के दो भेद दुर्लभ और अयत्न-साध्या करते हुए प्रत्येक के 25-25 उपभेद किए गए हैं जिनमें रसलीन के सारे भेद मिल जाते हैं।

यद्यपि 'काम-सूत्र' से हिन्दी कवियों ने बहुत कुछ सहायता ली है किन्तु फिर भी दोनों में पर्याप्त वैषम्य है। जहाँ काम-सूत्रकार ने अविवाहित नायिका का सूक्ष्मातिसूक्ष्म विवेचन किया है, हिन्दी कवियों ने उसकी उपेक्षा कर दी है। काम-सूत्रकार का शृङ्गार सम्बन्धी दृष्टिकोण भी हिन्दी कवियों की अपेक्षा बहुत अधिक व्यापक है। साधारणतः लोग 'काम-सूत्र का उद्देश्य स्थूल मिलन की शिक्षा देना मात्र समझते हैं, किन्तु वात्स्यायन का लक्ष्य सूक्ष्म हार्दिक मिलन का रहस्य समझाना ही है, वहाँ यदि शारीरिकता है भी तो वह मानसिकता की पूर्ति के लिए है। एक ओर उसने विवाह का आधार प्रेम को बताया है तो दूसरी ओर वेश्याओं तक का वर्गीकरण प्रेम भावना के आधार पर किया गया है, जैसे 'एक निष्ठ प्रेम' वाली, बहुतों से प्रेम करने वाली और किसी से प्रेम न रखने वाली। इसके अतिरिक्त वात्स्यायन ने प्रेम के भी सात भेद—रागवद, आहार्य राग, कृत्रिम प्रेम, व्यवहित, पोटारत, खलरत और नियंत्रित—किये हैं जिनके आधार पर हिन्दी कवि नायिका-भेद निरूपण कर सकते थे; पर ऐसा लगता है काम सूत्र से भी इन कवियों ने कामुकता को ही ग्रहण किया, उसके प्रेम सम्बन्धी पक्ष की ओर इनका ध्यान नहीं गया।

वात्स्यायन के दृष्टिकोण से हिन्दी कवियों का एक मौलिक भेद यह भी है कि जहाँ 'काम-सूत्र' में नायिका की शारीरिक एवं मानसिक तुष्टि को सर्वोपरि लक्ष्य माना गया है, वहाँ हिन्दी कवियों के लिए वह उपभोग्य मात्र रह गई है। वात्स्यायन

वेश्याओं और कुलटाओं तक के साथ शिष्ट एवं सम्मानपूर्ण व्यवहार की शिक्षा देते हैं। कभी प्रेमिकाओं को विप्रलब्धा भी बनना पड़ेगा, इसकी तो काम-सूत्रकार संभवतः कल्पना भी नहीं कर सकते थे।

वस्तुतः 'काम-सूत्र' में मौर्य युग की उस संस्कृति और सभ्यता का प्रतिबिम्ब है जिसमें भारतीय नारी का ऐसा पतन नहीं हुआ था कि वह पुरुष की भोग सामग्री मात्र रह जाए। हिन्दी कवि यदि अपने युग के प्रभाव से ऊँचे उठकर काम-सूत्र से ही प्रेम तत्व ग्रहण करना चाहते थे तो कर सकते थे, किन्तु उन्होंने ऐसा नहीं किया।

(ग) **जयदेव और हिन्दी कवि**—अब तक जिस प्रभाव की चर्चा की गई है वह हिन्दी कवियों के नायिका-भेद के सैद्धान्तिक पक्ष से ही सम्बन्धित है, उसके व्यवहारिक पक्ष या काव्यमय उदाहरणों से नहीं। इस दूसरे पक्ष पर प्रत्यक्ष या अप्रत्यक्ष रूप में जयदेव का बहुत अधिक प्रभाव है। जयदेव की ये प्रवृत्तियाँ हिन्दी नायिका-भेद में मिलती हैं—

1. धार्मिकता के वातावरण में रसिकता की तुष्टि।
2. राधा कृष्ण को नायिका और नायक के रूप में उपस्थित करना।
3. शास्त्रीय लक्षणों का उल्लेख करना।
4. काम शास्त्र और काव्य-शास्त्र के नियमों का पालन।
5. मुक्तक-शैली।

गीत गोविन्द से हिन्दी कवियों का थोड़ा वैषम्य भी है। गीत गोविन्द में नायिका-भेद का निरूपण एक ऐसे क्रम से किया गया है जिससे सारा काव्य कथावस्तु के सूक्ष्म तन्तु में आबद्ध रहता है। दूसरे जयदेव ने गीत शैली को अपनाया जबकि रीतिबद्ध कवियों ने कवित्त और सवैयों में काव्य रचना की। स्थूल शारीरिकता एवं अश्लीलता की दृष्टि से हिन्दी कवि जयदेव की अपेक्षा अधिक संयत हैं।

(घ) **अमरुक शतक और हिन्दी कवि**—नायिका भेद के उदाहरणों की रचना में हिन्दी कवियों ने अमरुक शतक से भी पर्याप्त सहायता ली है। अमरुक-शतक के एक श्लोक (46) का अर्थ है—"तन्वी के समक्ष किसी अन्य स्त्री का नाम मुंह से निकल जाने पर मैंने चकित होकर अपना मुंह नीचा कर लिया, तथा लज्जावश धरती पर कुछ लिखने लग गया। पर हाय रे दुर्भाग्य ! धरती पर भी उन रेखाओं से उसी तरुणी का चित्र बन गया जिसका मैंने नाम लिया था।" इस प्रसंग को लेकर मतिराम ने लिखा है—

दोऊ आनंद सौं आँगन माँझ बिराजे, असाढ की साँझ सुहाई।
प्यारी की पूंछत आन तिया को अचानक नाम लियो रसिकाई॥
आयो उन्हें मुंह सौं कोह तिया सुरचापसी भौंह चढ़ाई।
आँखिन ते गिरे बूंद से आँसू, हुलास गयो उड़ि हंस की नाई॥

मतिराम ने उपर्युक्त छन्द में मूल श्लोक की अन्तिम दो पंक्तियों को बदल कर उसे अधिक स्वाभाविकता एवं सरसता से समन्वित कर दिया है।

पद्‌माकर ने कई छन्दों की रचना अमरुक-शतक के आधार पर की है। उनका निम्नलिखित छन्द तो शतक के 53वें छन्द का बिल्कुल अनुवाद-सा ही है।

ए बलि कहाँ किन ? का कहत कंत ? अरी रोस तज,
रोष के कियो में का अचाहे को ?
कहै पद्‌माकर यहै तो दुःख दूरि करो,
दोस न कछु है तुम्हें नेह निरबाहे को ?
तो पै इत रोवति कहा हो ? कहो कौन आगे ?
मेरे ईजु आगे किए आसुन उभारे को ?
को हों मैं तिहारी ? तू तो मेरी प्रान प्यारी,
अजू होती जो पियारी तब रोती कहो काहे को ?

इसके अतिरिक्त भी केशव, मतिराम, पद्‌माकर, दास, बिहारी आदि कवियों की रचनाओं में अनेक ऐसे छन्द मिलते हैं जो 'अमरुक शतक' के आधार पर रचित हैं। 'अमरुक शतक' के सम्पादक श्री ऋषीश्वरनाथ भट्ट ने ऐसे बीसों छन्द 'अमरुक शतक' के श्लोकों की टीका के साथ-साथ उद्‌धृत किए हैं (देखिए बम्बई संस्करण)। अतः इसमें कोई संदेह नहीं कि इस युग के कवियों पर अमरुक शतक का पर्याप्त प्रभाव पड़ा होगा। प्रेम सम्बन्धी दृष्टिकोण में अतिरसिकता का समावेश है। दूसरे, संस्कृत साहित्य में अमरुक संभवतः पहला कवि है जिसने श्रृंगार सम्बन्धी दृश्यों की आयोजना के लिए देवी-देवताओं, राजाओं तथा विदूषकों को भूलकर सामान्य जीवन में होने वाली रात-दिन की घटनाओं से सामग्री ढूंढी। यद्यपि अमरुक अपने काव्य में एक व्यभिचारी नायक के रूप में उपस्थित होता है तथा सदैव ही अपनी पत्नी से छल-कपट करता है किन्तु फिर भी वह अपने कृत्यों को पाठक के सम्मुख निःसंकोच रूप में खोल कर रख देता है। हिन्दी कवियों के श्रृंगार का नायक अमरुक की ही कोटि का है। इसमें कोई सन्देह नहीं कि इन कवियों को गार्हस्थ्य जीवन के दृश्यों से ही काव्य सामग्री ढूंढ़ने की प्रेरणा बहुत कुछ अमरुक से ही मिली होगी। हाँ, इतना अवश्य है कि इनमें अमरुक का सा साहस न होने के कारण वे अपनी अनुभूतियों को भी किसी अन्य नायक से सम्बन्धित बता कर चित्रित करते हैं। वस्तुतः हिन्दी के रीतिबद्ध कवियों के श्रृंगार वर्णन में जयदेव और अमरुक की विशेषताओं का अद्‌भुत सम्मिश्रण मिलता है।

इस प्रकार हम देखते हैं कि रीति-बद्ध कवियों ने अपनी काव्य सामग्री जुटाने के लिए संस्कृत के 'काम-शास्त्रों', 'काव्य-शास्त्रों और 'काव्य-ग्रंथों' से बहुत कुछ ऋण लिया, किन्तु फिर भी यह न समझना चाहिए कि हिन्दी कवियों ने जो कुछ लिखा है वह संस्कृत साहित्य का ही पिष्टपेषण मात्र है। यह ठीक है कि ईंट, चूना, गारा, लकड़ी आदि

सब कुछ हिन्दी कवियों ने संस्कृत से उधार लिया है, किन्तु उसमें अपनी कलाकारिता का योग देकर जैसा काव्य-भवन इन्होंने तैयार किया वह अपूर्व है। यह तथ्य इस बात का भी द्योतक है कि रीतिबद्ध कवि काव्य रचना करने से पूर्व प्राचीन काव्य का व्यापक अध्ययन करते थे। यह बात उनके महत्त्व को बढ़ाने वाली सिद्ध होती है। संस्कृत के प्रबन्ध, नाटक, गद्य मुक्तक आदि अनेक प्रकार के काव्य रूप सुप्राप्य थे किन्तु इन कवियों ने केवल एक मुक्तक को ही चुना। संस्कृत में आचार्यत्व और काव्य रचना के क्षेत्र भिन्न-भिन्न थे, पर इन्होंने दोनों को मिला कर एक कर दिया। अमरुक की रसिकता को हिन्दी कवियों ने आत्मसात् कर लिया पर, फिर भी उन्होंने अमरुक की भाँति धार्मिकता एवं देवी-देवताओं का स्पष्ट विरोध नहीं किया, प्रत्युत राधा-कृष्ण की भक्ति के आवरण को स्वीकार किया। जयदेव की सब विशेषताओं को ग्रहण करते हुए भी उनकी मधुर गीति शैली को इन्होंने ठुकरा दिया। ये तथ्य इस बात के प्रमाण हैं कि हिन्दी कवियों ने जो कुछ भी लिखा वह संस्कृत के काव्य का अन्धानुकरण मात्र नहीं है। उसमें उनकी रुचि, प्रतिभा और अनुभूति तथा उनके युग की प्रवृत्तियों का पूरा योग है।

—०—

9

क्या बिहारी प्रसिद्ध कवि केशव के पुत्र थे?

क्या बिहारी प्रसिद्ध कवि केशवदास मिश्र (रामचन्द्रिका के रचयिता) के पुत्र थे—वह प्रश्न भी हिन्दी साहित्य के पाठकों के सामने जिज्ञासा का विषय बना हुआ है। सर्वप्रथम राधाकृष्णदास जी ने बिहारी के एक दोहे[1] के आधार पर यह अनुमान किया था कि बिहारी के पिता प्रसिद्ध कवि केशव ही थे। पर वे अपने मत की पुष्टि में कोई प्रमाण नहीं दे सके। फलत: उन्होंने स्वयं स्वीकार किया कि यह अनुमान मात्र ही है।[2] इसके अनन्तर कुछ अन्य विद्वानों ने भी इस विषय पर विचार किया किन्तु वे किसी निष्कर्ष पर नहीं पहुँच सके। बाबू जगन्नाथदास रत्नाकर ने इस सम्बन्ध में पर्याप्त परिश्रम किया, जहाँ इसके पक्ष में उन्हें कुछ नई सामग्री मिली, वहाँ विपक्ष में भी कुछ नए तथ्य प्राप्त हुए, अत: उन्होंने दोनों का पिता-पुत्र के स्थान पर गुरु-शिष्य सम्बन्ध स्थापित किया।[3] श्री विश्वनाथ प्रसाद ने यह सिद्ध किया कि बिहारी के पिता कोई अन्य केशव-केशवराय थे,[4] पर जब साहित्य प्रेमियों को इससे सन्तोष नहीं हुआ तो उन्होंने इसे औत्सुक्यमात्र बताया।[5] वस्तुत: इस विषय पर पुष्ट प्रमाणों एवं तथ्यों पर आधारित कोई ऐसा असंदिग्ध मत प्रकाशित नहीं हुआ कि जिससे बिहारी के पाठकों का औत्सुक्य शान्त हो जाता। अस्तु, इस प्रश्न पर पुनर्विचार की गहरी आवश्यकता है।

---

1. प्रगट भये द्विजराज कुल, सुबस बसे ब्रज आइ।
   मेरे हरौ कलेस सब, केसव केसवराइ॥

   —बिहारी रत्नाकर-101
2. "अस्तु मेरे अनुमान में बिहारीलाल ओरछा निवासी भाषा कवि केशवदास के पुत्र थे। (पर) यह सब अनुमान ही अनुमान पर लिखा गया है।"

   —राधाकृष्णदास, कविवर बिहारीलाल, पृ० सं० 12
3. कविबर बिहारी 'बिहारी की जीवनी' शीर्षक अध्याय।
4. बिहारी की वाग्विभूति—ले० श्री विश्वनाथ प्रसाद मिश्र।
5. "बिहारी" भूमिका—ले० श्री विश्वनाथ प्रसाद मिश्र।

पक्ष का समर्थन करने वाले प्रमाण – बिहारी को प्रसिद्ध कवि केशव का पुत्र मानने के पक्ष में निम्नलिखित प्रमाण मिलते हैं—

1. बिहारी-सतसई में एक दोहा मिलता है जो श्लेषार्थक है।[1] इसके पहले अर्थ में चन्द्रवंशी, ब्रजवासी कृष्ण से क्लेश हरने की प्रार्थना की गई है जबकि दूसरे अर्थ में द्विज जाति के ब्रजवासी केशवराय थे। सतसई के प्राचीनतम टीकाकारों ने इस दोहे का अर्थ करते हुए बताया है कि दूसरे केशवराय कवि के पिता थे।[2] प्रसिद्ध कवि केशव भी द्विज जाति के थे तथा उन्होंने अपने आपको उत्तम कोटि का विप्र माना है।[3] अपने जीवन के अंतिम दिनों में केशवदास बुन्देलखण्ड छोड़कर अपनी इच्छा से किसी तीर्थ स्थान पर आ गए थे, इसका भी प्रमाण मिलता है।[4] अतः 'सुबस बसै ब्रज आय' की बात भी केशव पर लागू होती है।

2. बिहारी के सम्बन्ध में एक दूसरा दोहा[5] और प्रसिद्ध है जिसमें उनका जन्म ग्वालियर में होने का तथा बचपन और युवाकाल क्रमशः बुन्देलखण्ड और मथुरा में बीतने का उल्लेख किया गया है। यह दोहा भी केशवदास के जीवन की परिस्थितियों के अनुकूल पड़ता है। केशवदास ने कविप्रिया के आरम्भ में अपने वंशादि का परिचय दिया है। उससे पता चलता है कि केशव के प्रपितामह के भी प्रपितामह श्री त्रिविक्रम मिश्र को ग्वालियर के तत्कालीन नरेश ने आश्रय दिया[6] था तथा तब से लेकर केशवदास के पिता काशीनाथ तक – केशव के सभी पूर्वज ग्वालियर राज्य के ही आश्रित

---

1. प्रगट भये द्विजराज कुल, सुबस बसे ब्रज आइ।
मेरे हरौ कलेस सब, केसव-केसव राइ॥
—बि० र० 101

2. प्रथम टीकाकार कृष्ण कवि ने अपनी टीका (1719 वि०) में लिखा है—
"कैसो जौ मेरौ पिता और केसवराय जौ श्री कृष्ण जू"।
अनवर चन्द्रिका में लिखा है—"केशवराइ बिहारी के बाप कौ नाम है।"
—कविवर बिहारी, पृ० सं० 315

3. कवि प्रिया में आत्म परिचय—"उत्तम विप्र विचारि"।

4. विज्ञान गीता की अन्तिम पंक्तियाँ—
"वृति दई पदवी दई, दूरि करौ दुखत्रास।
जाइ करौ सकलत्र श्री गङ्गातट बसबास"॥

5. जन्म गवालियर जानिए खण्ड बुन्देले बाल।
तरुनाई आई सुखद, मथूरा बसि ससुराल॥
—हिन्दी-नवरत्न, द्वि० सं०, पृ० 275

6. भये त्रिविक्रम मिश्र तब तिनके पण्डित राय।
गोपाचल गढ़ दुर्गपति तिनके पूजे पाँय॥ —कविप्रिया; वंशावली 9

रहे, यहाँ तक कि केशव के कुछ पूर्वजों ने तो यह प्रतिज्ञा कर रखी थी कि ग्वालियर नरेश (तोमरपति) को छोड़कर और किसी के आगे हाथ नहीं पसारेंगे।[1] ओरछा (बुन्देलखण्ड) से जहाँ कि केशव ने अपना अधिकांश जीवन बिताया, केशव का इतना पुराना सम्बन्ध नहीं था। केशवदास के पितामह एक बार गढ़ी (बुन्देलखण्ड) नरेश संग्रामशाह के दरबार में शास्त्रार्थ करने गए थे[2] तथा केशवदास के पिता कृष्णदास भी ओरछा नरेश मधुशाह को पुराण सुनाया करते थे।[3] आगे चलकर केशवदास को भी ओरछा नरेश का आश्रय प्राप्त हो गया। फिर भी केशव अपने पूर्वजों की सम्पत्ति सँभालने के लिए तथा अन्य कौटुम्बिक उत्सवों के अवसर पर ग्वालियर आते जाते रहे होंगे। ऐसी स्थिति में बिहारी का जन्म ग्वालियर में होना तथा बाल्यकाल बुन्देलखण्ड में बीतना सम्भव है।

बिहारी को अपनी तरुणावस्था ससुराल में बितानी पड़ी इसका समाधान भी केशवदास की 'विज्ञान गीता' से हो जाता है। 'विज्ञान गीता' से पता चलता है कि केशवदास ने जब तीर्थवास का निश्चय किया तो उनकी सन्तान को कोई सँभालने वाला नहीं था।[4] इसके अनन्तर जब केशवदास की मृत्यु हो गई तो बिहारी ने अपने भाइयों से न पटने के कारण या किसी अन्य कारण से मथुरा ससुराल में ही यौवनावस्था के दिन बिताये होंगे।[5]

3. केशवदास का जीवन-काल संवत् 1618 वि० से 1680 तक सिद्ध होता है।[6] जबकि बिहारी का जन्म संवत् 1652 व मृत्यु-काल संवत् 1720 वि० के लगभग माना जाता है।[7] दोनों का जीवन-काल केशव और बिहारी के पिता-पुत्र सम्बन्ध के अनुकूल पड़ता है।

---

1. तिनके पुत्र प्रसिद्ध जग कीन्हे परिहर नाथ।
   तूंवरपति (तोमरपति) तजि और सों भूलि न ओड़ेउ हाथ॥ —वही; 12
2. पुत्र भये हरिनाथ के कृष्णदत्त शुभ वेष।
   सभा शाह संग्राम की जीति गढ़ी अशेष॥ —वही०; 13
3. बालहि ते मधुशाह नृण तिनसों सुन्यो पुरान।
   तिनके सादर द्वै भये, केशवदास कल्यान॥ वही; 16
4. वृत दई पुरुषानि को, देउ बालकनि आसु।
   मोंहि आपनौ जानि कै गङ्गा तट देउ बासु॥
5. घर जँवाई की अनुभूति बिहारी के इस दोहे से भी व्यक्त होती है—
   आवत जात न जानियतु तेजहिं तजि सियरानु।
   घरह जँवाई लौं घट्यो खरौ पूस दिन मानु॥ --वि० र० 171
6. 'केशव पंचरत्न' की भूमिका ला० भगवानदीन द्वारा लिखित।
7. जगन्नाथदास रत्नाकर-कविवर बिहारी।

4. हिन्दी के प्रसिद्ध कवि कुलपति मिश्र के सम्बन्ध में परम्परानुसार यह दृढ़ धारणा पाई जाती है कि वे बिहारी के भानजे थे।[1] उन्होंने अपने ग्रन्थ "संग्राम-सार" में कविवर केशवराय को अपना मातामह बताते हुए उनकी वन्दना की है।[2] प्रसिद्ध कवि केशव और कुलपति दोनों ही अपने नाम के आगे जाति सूचक शब्द मिश्र ही लिखते हैं[3] तथा उस युग में कोई ऐसा अन्य केशवराय कवि नहीं मिलता जो कि इतना प्रभावशाली हुआ हो कि उसके दौहित्र भी उसका स्मरण करें। इसके अतिरिक्त अपने 'जुवति-तरंगिनी' ग्रन्थ में भी कुलपति ने पूर्व कवियों की वन्दना करते हुए केशवराय के तुरन्त बाद बिहारी की वन्दना की है।[4] ये तथ्य इस बात के द्योतक हैं कि कुलपति के मातामह तथा बिहारी के पिता कवि केशव एक ही थे।

5. असनी के ठाकुर कवि ने अपनी सतसई की टीका (सं० 1861 वि०) में लिखा है कि बिहारी की पत्नी सुशिक्षित थी तथा बिहारी को सतसई निर्माण में सहायता देती थी,[5] दूसरी ओर मिश्र-बन्धुविनोद में 'केशव पुत्र-वधू' नाम से एक कवयित्री का उल्लेख है जो बिहारी की समकालीन थी।[6] स्वयं केशवदास ने भी लिखा है कि मेरे घर के दास तक पढ़े-लिखे हैं।[7] अस्तु उस युग में जब स्त्री शिक्षा का बहुत कम प्रचार था, यह संभव है कि यह कवयित्री प्रसिद्ध कवि केशव की ही पुत्र-वधू तथा बिहारी की पत्नी हो।

---

1. (क) रामचन्द्र शुक्ल—'ये महाकवि बिहारी के भानजे प्रसिद्ध हैं'।
—हि० सा० इति०, पृ० 258

(ख) प्रस्तुत पंक्तियों के लेखक ने भी कुलपति के वर्तमान वंशज श्री हीरालाल चतुर्वेदी, 368 ए बनीपार्क, जयपुर से इस विषय में विचार-विमर्श किया था, उन्होंने इसका समर्थन किया है।

2. कविवर मातामह सुमिरि कैसौ कैसौराइ।
कहौं कथा भारथ की भाषा छन्द बनाई॥ —संग्राम सार

3. केशव का अपने पूर्वजों के विषय में कथन :
"तहाँ प्रकास सों निवासु मिश्र कृष्णदत्त कौ।" —विज्ञान गीता

कुलपति द्वारा आत्म-परिचय—
"माथुर वंश प्रसिद्ध मित्र-कुल, अभयराज भय।
सब विद्या परवीन वेद अध्ययन तपोमय॥"

4. जो भाषा जान्यौ चहत रसमय सरस सुभाइ।
कविता केसौराय की तौ साँची चितु लाइ॥
भाँति भाँति रचना सरस देव गिरा ज्यों व्यास।
तौ भाषा सब कविनु मैं विमल बिहारीदास॥ —जुवति-तरंगिनी

5. देखिए "बिहारी की वाग्विभूति।"

6. वही।

7. "भाषा बोलि न जानहीं जिनके कुल के दास।" —कवि-प्रिया 17

6. बिहारी के एक दोहे से पता चलता है कि वे महात्मा नरहरिदास के शिष्य थे।[1] नरहरिदास की गद्दी ओरछे के निकट गुढ़ाँ ग्राम में थी।[2] तथा प्रसिद्ध कवि केशव भी अपनी प्रौढ़ावस्था में ओरछा में रहते थे, अतः यह तथ्य भी बिहारी और केशव के सम्बन्ध का समर्थन करता है।

7. केशवदास के आश्रयदाता इन्द्रजीतसिंह के यहाँ प्रवीणराय नामक एक कला-मर्मज्ञ रहती थी।[3] केशवदास ने इसी को काव्य शिक्षा देने के लिए "कवि-प्रिया" की रचना की थी तथा इस ग्रन्थ के आरम्भ में उन्होंने प्रवीणराय के सौन्दर्य और सङ्गीत-नृत्य ज्ञान की प्रशंसा की है।[4] बिहारी ने भी अपनी सतसई में एक दोहे में प्रवीण नामक तिय के संगीत की[5] तथा दूसरे में पातुरराय नृत्य की प्रशंसा की है।[6] यद्यपि दोहे के संकुचित क्षेत्र एवं समास शैली के कारण प्रत्येक दोहे में प्रवीणराय पातुर पूरा नाम नहीं आ सका किन्तु दोनों दोहों के नामोल्लेख को मिलाने पर पूरा नाम बन जाता है। पहले दोहे में पति या प्रेमी के स्थान पर सांई (स्वामी) शब्द का प्रयोग भी उसके पातुर होने का संकेत करता है। केशव के समय में प्रवीणराय नववयस्का ही थी तथा शिक्षा प्राप्त कर रही थी। जबकि बिहारी के समय वह कला-पारंगत प्रौढ़ा बन चुकी थी। यह केशव और बिहारी के वर्णनों से भी स्पष्ट हो जाता है। प्रवीणराय कोई बाजारू वेश्या नहीं थी, उसने इन्द्रजीतसिंह को अपना एक मात्र प्रेमी मान रखा था, तथा उसके सम्बन्ध में यह भी प्रसिद्ध है कि उसने सम्राट अकबर के प्रेम को भी ठुकरा दिया था—अतः उस तक बिहारी की पहुँच उसी स्थिति में सम्भव है कि जबकि वे प्रसिद्ध कवि केशव जैसे प्रभावशाली पिता के पुत्र रहे हों।

---

1. जम करि मुंह तरहरि पर्‌यौ इहि धर हरि चित लाउ।
विषय-तृषा परिहरि अजौं नरहरि के गुन गाउ॥ —वि० र० 12
इस दोहे की टीका में रत्नाकर जी ने लिखा है—"नरहरि-कवि के दीक्षागुरु नरहरिदास।"
2. बिहारी की वाग्विभूति।
3. कविप्रिया में आश्रयदाता का परिचय।
4. राय प्रवीण प्रवीण अति नवरङ्ग राइ सुवेश।
अति विचित्र नैना निपुण लोचन नलिन सुदेश॥
सोहत सारंग राग की तानति तान तरंग।
रंगराइ रंग बलित गति रंग मूरति अंग-अंग॥
5. पूस मास सुनि सखिनु पै साई चलत सवारु।
गहि कर बीन प्रवीन तिय राग्यो रागु मलारु॥
—बि० र० दो० सं० 146
6. सब अंग करि राखी सुबर नाइक नेह सिखाइ।
रसजुत लेति अनंत गति पुतरी पातुर राइ॥ —वही दोहा सं० 184

8. बिहारी सतसई में कुछ ऐसे शब्द आये हैं जो बुन्देलखण्ड में ही प्रचलित हैं, अतः इससे भी उनका बुन्देलखण्ड से गहरा सम्बन्ध सिद्ध होता है।[1]

9. बिहारी ने दोहों[2] में मारवाड़ में जल के अभाव की निन्दा तथा यहाँ के लोगों के तरबूज-प्रेम का उपहास किया है, जिससे पता चलता है कि वे यहाँ के रहने वाले नहीं थे, अन्यथा अपने प्रदेश की निन्दा नहीं करते।

10. प्रसिद्ध कवि केशवदास मिश्र के वर्तमान वंशज श्री मथुरा प्रसाद मिश्र[3] मथुरेश से मैंने पत्र-व्यवहार किया था उनसे केशवदास का पूरा वंश-वृक्ष प्राप्त हुआ है जिससे पता चलता है कि केशव के पाँच पुत्र थे जिनमें सबसे बड़े का नाम बिहारीदास है। इस वंश-वृक्ष में बिहारीदास के भी अब तक के वंशजों का नामोल्लेख किया गया है। कुलपति मिश्र ने भी अपने ग्रन्थ 'जुवति-तरङ्गिनी' में कवियों की नामावली में प्रसिद्ध कवि बिहारी का नाम बिहारीदास ही दिया है;[4] अतः केशव पुत्र बिहारी को तथा सतसईकार बिहारीदास को एक ही व्यक्ति माना जाय तो कुछ अनुचित नहीं होगा।

विपक्षियों के तर्क—केशव-बिहारी के पिता-पुत्र सम्बन्ध में विभिन्न विद्वानों ने ये तर्क दिए हैं—

1. "हमारे मत में बिहारी के पिता का नाम केशव अवश्य था और वह ब्राह्मण भी थे, परन्तु प्रसिद्ध कवि केशवदास नहीं थे। यदि केशवदास ही होते तो यह बात जन-श्रुतियों में अवश्य प्रचलित होती।[5]

2. कुलपति मिश्र के वर्तमान वंशज माथुर चतुर्वेदी हैं, जबकि केशव सनाढ्य थे। सनाढ्यों में और माथुर चतुर्वेदियों में विवाह नहीं होता। अतः कुलपति मिश्र के मातामह तथा बिहारी के पिता कोई अन्य केशव होने चाहिए।[6]

---

1. स्यौं, सबी, घैरु, दूंका, देना, कोट, एँटघरी, चाला, गीधे आदि।
2. प्यासे दुपहर जेठ के फिरे, सबै जलु सोधि।
   मरुधर पाइ मतीर ही, मारु कहत पयोधि।।
   विषम वृषादित की तृषा जिये मतीरनु सोभि।
   अमित अपार अगाध-जलु मारौ मूड़ पयोधि।।
   —बि० र० दो० 166-167
3. श्री मथुरा प्रसाद मिश्र का पूरा पता है—जयहिन्द प्रेस बड़ा बाजार, झाँसी। फूटेरा नामक ग्राम जो कि केशवदास को जागीर में मिला था आपके अधिकार में है। इनके द्वारा प्राप्त वंश-वृक्ष परिशिष्ट (ङ) में देखिए।
4. भाँति-भाँति रचना सरस देव गिरा ज्यों व्यास।
   तो भाषा सब कविनु में विमल बिहारीदास।।
   —"जुवति-तरङ्गिनी" (कुलपति)
5. मिश्रबन्धु; हिन्दी नवरत्न, द्वि० सं०, पृ० 275
6. बा० जगन्नाथदास रत्नाकर का मत देखिए—कविवर बिहारी।

3. बा० जगन्नाथदास रत्नाकर ने बून्दी निवासी बालकृष्ण और अमरकृष्ण जी का परिचय दिया है जो अपने आपको कवि बिहारी के वंशज बताते हैं। उनके कुल, गोत्र आदि प्रसिद्ध कवि केशव से नहीं मिलते।

4. "बिहारी की वाग्विभूति" के लेखक श्री विश्वनाथ प्रसाद ने यह सिद्ध करने का प्रयत्न किया है कि बिहारी के पिता 'केशव-केशव-राय' थे जो प्रसिद्ध कवि केशवदास से भिन्न थे।

अब इनमें हम सर्वप्रथम जनश्रुति की बात को लेते हैं। पहली बात तो यह है कि किसी तथ्य का जनश्रुति पर आधारित होना ही उसकी वास्तविकता को सिद्ध नहीं करता। दूसरे, केशवदास बुन्देलखण्ड में रहे जबकि बिहारी ने अपने जीवन का अधिकांश भाग राजस्थान में बिताया, अतः जन-साधारण में दोनों के सम्बन्ध के विषय में अधिक प्रचार होने की सम्भावना नहीं थी। तीसरे, प्रसिद्धि की दृष्टि से बिहारी केशव से बहुत आगे बढ़ गये थे, अतः यह आवश्यक नहीं था कि बिहारी के परिचय के साथ केशव का भी परिचय दिया जाता। आज भी गाँव में रहने वाले बहुत से लोग ऐसे मिल जायेंगे जो जवाहरलाल नेहरू को जानते हैं किन्तु उनके पिता मोतीलाल के नाम से अपरिचित हैं, ठीक यही स्थिति उस युग में बिहारी और केशव की थी। फिर भी उस युग के विद्वानों को इस तथ्य का ज्ञान अवश्य था इसका पता सतसई की टीकाओं से चलता है। सतसई के सबसे पहले टीकाकार कृष्ण कवि[1] ने "प्रगट भए द्विजराज कुल" दोहे की टीका करते समय स्पष्ट लिखा है कि केशव बिहारी के पिता का नाम है।[2] परवर्ती टीकाकारों ने भी उनका अनुसरण किया है।[3] अब तक हिन्दी में केशव नाम के एक ही कवि हुए थे, अतः उनके नाम के पहले 'बुन्देलखण्ड वाले या और कोई विशेषण लगाने की टीकाकारों को आवश्यकता ही अनुभव नहीं हुई। उन्हें क्या पता था कि आगे की शताब्दियों में लोग बिहारी के पितृत्व को लेकर ही तर्क-वितर्क करेंगे।

अब विरोधियों के दूसरे तर्क को लीजिये। प्रस्तुत पंक्तियों का लेखक कुलपति के वर्तमान वंशज हीरालाल चतुर्वेदी[4] से मिला था। उनसे पता चला कि आजकल सनाढ्यों और चतुर्वेदियों में विवाह नहीं होता, किन्तु दो तीन शताब्दियों पूर्व ऐसी

---

1. इस टीका की समाप्ति रत्नाकर जी ने संवत् 1719 में मानी है। बिहारी का मृत्यु-काल भी लगभग यही माना जाता है।
2. "कैसो जो मेरो पिता, और केसोराय जो श्रीकृष्ण जू।"
3. अनवर चंद्रिका (टीका) में लिखा है "केशव-केशवराइ बिहारी के बाप को नाम है।"
4. आपका पूरा पता है—"368 ए' बनीपार्क, पारीक इण्टर कालेज के सामने, जयपुर (राजस्थान)।

बात नहीं थी। इस सम्बन्ध में यह भी ध्यान रखना चाहिए कि आजकल चतुर्वेदी, त्रिवेदी आदि विशेषण उपजाति सूचक माने जाते हैं, किन्तु आरम्भ में ये विशेषण शिक्षा और योग्यता के सूचक (जैसे—चतुर्वेदी अर्थात् चार वेद जानने वाला) माने जाते थे[1] तथा उनका महत्त्व इतना नहीं था कि इनसे विवाह सम्बन्धों में भी रुकवाट पड़े। स्वयं कुलपति मिश्र ने आत्म परिचय में अपने कुल और वंश के संबंध में तीन बातों का ही (1) माथुरवंश (2) मिश्रकुल (3) सब विद्या प्रवीन —उल्लेख किया है,[2] जिससे पता चलता है कि उस समय 'चतुर्वेदी' विशेषण को महत्व नहीं दिया जाता था।" दूसरी ओर, केशवदास ने भी अपने पूर्वजों को मूलतः मथुरा से संबंधित बताते हुए[3] उन्हें माथुर सिद्ध किया है तथा अपने नाम के आगे मिश्र शब्द का प्रयोग किया है, साथ ही अपने कुल के वेदाध्ययन के संबंध में यहाँ तक कहा है कि हमारे घर के दास भी संस्कृत बोलते हैं।[4] यहाँ केशव के कुल में वे तीनों विशेषताएँ मिल जाती हैं जो कुलपति ने अपने वंश-जाति के विषय में बताई हैं। अतः ऐसी कोई बात नहीं दिखलाई देती जो दोनों परिवारों के बीच विवाह सम्बन्ध में अड़चन पैदा करे। इसके अतिरिक्त मध्यकालीन युग में जबकि हिन्दू नरेश तक अपनी कन्याओं का विवाह मुस्लिम शासकों से करने लगे थे, यदि केशवदास ने अपनी सुशिक्षित कन्या के लिए योग्य वर की प्राप्ति के लिए विवाह सम्बन्धी किसी छोटे-मोटे जातीय नियम का उल्लंघन भी कर दिया तो कोई आश्चर्य की बात नहीं है।

विरोधी पक्ष का तीसरा तर्क बिहारी के वंशज कहे जाने वाले बालकृष्ण जी से सम्बन्ध रखता है। बालकृष्ण जी ने अपने पूर्वजों का एक वंश-वृक्ष[5] दिया है, जिसके

---

1. "चतुर्वेदी" पत्रिका, भाग 4 अंक 10 में श्री हरिप्रसाद मिश्र का चतुर्वेदियों के 64 अल्ल शीर्षक लेख।
2. कुलपति ने आत्म परिचय इस प्रकार दिया है—
   माथुरवंस प्रसिद्ध, मिश्रकुल अभयराज भय।
   सब विद्या परबीन, वेद अध्ययन तपोमय॥ —संग्राम सार
3. "मथुरा मण्डल में दिये तिन्हैं सातसै ग्राम।" —कवि प्रिया
4. भाषा बोलि न जानही जिनके कुल के दास।
   भाषा कवि भो भेदमति तेहि कुल केशवदास॥ —कवि प्रिया दूसरा प्रभाव
5. प्रथम बिहारी लाल प्रकट जिन सप्तशती कृत
   तनय निरंजन तासु भयौ विख्यात सुद्ध मत
   तिनके गोकुल दास तनय तिहि खेम करनि मनि
   दयाराम सुत तासु भयौ तिनके मानिक मनि।
   भे गणेश तिनके तनय बालकृष्ण तिनके भयउ
   गुन निपुन चतुरता सदन सो कविता तिय नायक कहेउ।
   —रत्नाकर, कविवर बिहारी, पृ० 330

आधार पर वे अपने आपको बिहारी का वंशज सिद्ध करना चाहते हैं, किन्तु कई ऐसे तथ्य हैं जो उनके कथन की प्रामाणिकता पर सन्देह उत्पन्न करते हैं—

1. यह वंश-वृक्ष बालकृष्ण जी को वंश-परम्परा से प्राप्त नहीं हुआ उन्होंने किसी तीर्थ-स्थान के पण्डे की बही से इसे 20वीं शताब्दी में तैयार किया है। फिर जब रत्नाकर जी ने उस पण्डे की खोज की तो पता चला कि उस पण्डे के परिवार के सभी स्वर्गवासी हो चुके हैं।[1]

2. यह वंश वृक्ष सीधा बिहारीलाल से आरम्भ होता है, उनके पिता तक का नाम नहीं दिया गया है। ऐसी स्थिति में यह कैसे माना जाए कि ये सतसईकार बिहारी ही हैं, कोई अन्य नहीं। यद्यपि बालकृष्ण जी ने उनके नाम के आगे 'जिन सप्तशती-कृत' और जोड़ दिया है, पर ऐसा वे किस आधार पर करते हैं इसका कोई प्रमाण नहीं मिलता।

3. इस वंश-वृक्ष में बिहारी और बालकृष्ण जी के बीच केवल छह व्यक्तियों का ही नाम आया है। मध्यकालीन युग में जबकि बाल-विवाह का प्रचार था, साधारणतः एक व्यक्ति 20-25 वर्ष की अवस्था में पिता बन जाता था, अतः बिहारी (जन्म लगभग 1650 वि० संवत्) और बालकृष्ण जी (जन्म लगभग 1950 वि० सं०) के बीच केवल छह पीढ़ियों का अन्तर होना विश्वास योग्य नहीं है। इस वंश-वृक्ष के आधार पर बालकृष्ण जी से सम्बन्ध रखने वाले बिहारी का आविर्भाव लगभग 18वीं शताब्दी के बीच में, सतसईकार बिहारी के 100 वर्ष बाद माना जा सकता है।

4. पहले बालकृष्ण जी ने वंश-वृक्ष के आधार पर बिहारी के पुत्र का नाम निरंजन बताया। जब कहा गया कि बिहारी के निरंजन नाम का कोई पुत्र नहीं था तो उन्होंने यह तर्क उपस्थित किया कि निरंजन बिहारी के अपने पुत्र नहीं थे, गोद लिए हुए थे। पर जब विद्वानों ने इसे भी स्वीकार करने में संकोच किया तो बालकृष्ण जी के पुत्र अमरकृष्ण जी ने निरंजन का नाम ही वंशावली में से निकाल दिया।[2] अतः हम केवल इतना मान सकते हैं कि बालकृष्ण जी के पूर्वजों में भी कोई बिहारी नाम के व्यक्ति हुए थे पर वे सतसईकार बिहारी नहीं थे।

---

1. पूरा विवरण देखिये कविवर बिहारी ले० जगन्नाथदास रत्नाकर।
2. अमरकृष्ण जी ने वंशावली का परिचय इस प्रकार दिया है—

प्रथम बिहारीलाल प्रकट जिन सप्तशती कृत।
प्रकट ज्ञान के धाम कहूँ लवलेस न दुरमत।
तिनके गोकुलदास तनय तिहिं खेमकरन गुनि।
दयाराम सुत जासु बहुरि तिनके मानक मनि।

—लोकनाथ द्विवेदी, बिहारी दर्शन पृ० 6 से उद्धृत

5. बालकृष्ण जी अपने समर्थन में सूर्यमल मिश्र रचित वंश-भास्कर का प्रमाण देते हैं जिसमें बालकृष्ण जी को सतसईकार बिहारी का वंशज बताया गया है। किन्तु स्वयं सूर्यमल मिश्र 20वीं शताब्दी के[1] बालकृष्ण जी के समसामयिक कवि थे; अतः उनके उल्लेख को प्रमाण बताना हास्यास्पद है।

6. बूंदी नरेश भावसिंह के दरबारी कवि मतिराम के वंशजों में 18वीं शताब्दी ईस्वी में बिहारीलाल नाम के कवि हुए थे जिन्होंने विक्रम सतसई की टीका लिखी थी। बालकृष्ण जी तथा उनके वंशजों को भी बूंदी नरेश का आश्रय प्राप्त है; तथा उनका जीवन-काल भी इनके वंश पत्र से मेल खाता है, अतः बहुत कुछ सम्भव है कि जिस कवि को बालकृष्ण जी अपना पूर्वज बताते हैं, वह सतसईकार बिहारीदास नहीं, विक्रम सतसई की टीका—'रस-चन्द्रिका' के रचयिता बिहारीलाल हों। इन दूसरे बिहारीलाल का परिचय शिवसिंह सरोज[2] एवं मतिराम ग्रन्थावली[3] में दिया हुआ है।

डा० विश्वनाथप्रसाद ने केशव बिहारी के सम्बन्ध का विरोध करते हुए उक्त दोहे के आधार पर यह कल्पना की है कि बिहारी के पिता का नाम 'केशव-केशवराय' था न कि 'केशवराय।'[4] इस मत के विरोध में सबसे पहली आपत्ति तो यह है कि उक्त दोहे में 'केशव-केशवराय' को एक ही व्यक्ति मान लेने पर उसका श्लिष्ट अर्थ जो कि केशव और केशवराय को अलग-अलग मानने पर व्यक्त होता है नष्ट हो जाता है। दूसरे, प्राचीन टीकाकारों ने भी उसके पिता का नाम केशव माना है, न कि केशव-केशवराय। तीसरे, बिहारी के समकालीन युग में किसी केशव-केशवराय धारी नामक कवि के अस्तित्व का कोई प्रमाण नहीं मिलता। साहित्य के इतिहास-लेखकों ने हजारों कवियों का परिचय दिया है किन्तु इस नाम के कवि का कहीं भी कोई उल्लेख नहीं मिलता। विश्वनाथप्रसाद जी ने किसी पुरानी पुस्तक में से चार ऐसे छन्द ढूंढ़े हैं जिनमें रचयिता ने अपना नाम 'केशव-केशवराय' दिया है, पर वे छन्द भी सम्भवतः प्रसिद्ध कवि केशवदास मिश्र के ही हों, क्योंकि केशवदास भी कई बार अपना नाम केशव-केशवराय लिखा करते थे, जैसे 'रामचन्द्रिका' की इस पंक्ति में देखिए—

"केशव-केशवराय मनो कमलासन के सिर ऊपरे सोहैं।"[5]

---

1. सूर्यमल मिश्र, जीवन-काल—सं० 1872—1920 वि०
—डिंगल में वीररस—ले० श्री मोतीलाल मेनारिया; तृ० सं० पृ० 88-89
2. शिवसिंह सरोज; पृ० 444।
3. मतिराम ग्रन्थावली—कृष्णबिहारी मिश्र; तृतीय संस्करण, पृ० 220—221।
4. बिहारी की वाग्विभूति—डा० विश्वनाथप्रसाद मिश्र।
5. हिन्दी साहित्य का इतिहास—रामचन्द्र शुक्ल, संस्करण पांचवां, पृ० 221 पर उद्धृत।

केशव ने अपने ग्रन्थों में अपना नाम केशवदास, केशवराय,[1] और केशव-केशवराय—तीनों प्रकार से लिखा है। अतः डा० विश्वनाथप्रसाद मिश्र का 'केशव-केशवराय' प्रसिद्ध कवि केशवदास का ही पर्यायवाची है।

इस प्रकार हम देखते हैं कि केशव और बिहारी के सम्बन्ध के विरोध में कही गई सभी युक्तियाँ निराधार, संदिग्ध एवं महत्वहीन हैं जबकि इसके पक्ष में मिलने वाले प्रमाण पर्याप्त सुदृढ़ एवं विश्वसनीय हैं। प्रसिद्ध कवि केशव का नाम, जाति, जन्मस्थान, निवास-स्थान, व्यवसाय, उनके कुल-गुरु का नाम, उनकी पुत्र-वधू का परिचय, उनकी शिष्या—पातुर राय का उल्लेख, उनके जीवन की घटनाएँ (जैसे ओरछा को छोड़ कर तीर्थवास कर लेना) उनका जीवन-काल और उनका वंश-वृक्ष आदि सभी तथ्य उन्हें बिहारी का पिता सिद्ध करते हैं। यदि इतने प्रमाणों के होते हुए भी हम शंका करें तो बिहारी और केशव का सम्बन्ध ही नहीं, प्राचीन युग के अनेक कवियों का अस्तित्व ही संदिग्ध हो जायगा, कदाचित् उनके अस्तितव के पक्ष में इतने प्रमाण न मिलें जितने इस विषय में यहाँ दिये गये हैं।

—०—

1. 'विज्ञान-गीता' में केशवदास ने अपना नाम केशवराय लिखा है—

तिनके केशवराय सुत भाषा कवि मतिमन्द।
करी ज्ञान गीता प्रकट श्री परमानन्द कन्द॥

10

बिहारी रीतिबद्ध थे या रीतिमुक्त?

सामान्यतः **रीतिकाल के कवियों को दो वर्गों** में वर्गीकृत किया जाता है—**एक** वे जिन्होंने काव्य शास्त्र के नियमों को ध्यान में रखकर काव्य-रचना की और दूसरे वे जिन्होंने सर्वथा स्वतन्त्र दृष्टिकोण से कविताएँ लिखीं। प्रथम वर्ग के कवियों को **'रीतिबद्ध'** कहा जाता है, जबकि दूसरे वर्ग के कवि **'रीतिमुक्त'** या स्वतन्त्र कहे जाते हैं। बिहारी ने स्पष्ट रूप से तो रीति के नियमों का प्रतिपादन नहीं किया किन्तु फिर भी वे रीति के नियमों से प्रभावित अवश्य दिखाई पड़ते हैं। **आचार्य शुक्ल जी का मत था कि बिहारी** ने अपने दोहों की रचना करते समय रीति के लक्षणों को ध्यान रखा था। अतः **उन्हें रीतिबद्ध** मानना उचित होगा। दूसरी ओर **डा० हजारीप्रसाद द्विवेदी इसका सशक्त विरोध करते हुए** लिखते हैं कि सतसई में नायिकाओं के उदाहरण खोज लेना यह सिद्ध करता कि बिहारी कोई रीति-ग्रन्थ लिख रहे थे।। यदि इसी प्रकार हम उदाहरण ढूंढ़ने लगें, तो सूर, तुलसी, घनानन्द, बोधा, ठाकुर आदि सभी कवि रीतिबद्ध सिद्ध नहीं हो जाएँगे। **डा० विश्वनाथप्रसाद मिश्र ने** इस विवाद को शान्त करने के लिए एक युक्ति निकाली। उन्होंने इन कवियों को तीन वर्गों में विभक्त करते हुए एक तीसरी श्रेणी **'रीतिसिद्ध'** कवियों की ओर निश्चित की है। उनका मत है कि बिहारी न रीतिबद्ध हैं और न रीतिमुक्त, अपितु वे रीतिबद्ध हैं। किन्तु मिश्र जी का यह मत विद्वानों को अभी तक स्वीकार नहीं हुआ। अतः हम यहाँ अपने स्वतन्त्र दृष्टिकोण से इस समस्या पर विचार करना उचित समझते हैं।

रीतिबद्ध कवियों ने मुख्यतः चार विषय अपनाए हैं—(1) नखशिख-वर्णन, (2) नायिका भेद-निरूपण, (3) श्रृंगार रस के विभिन्न अंगों का वर्णन, (4) षड्ऋतु-वर्णन। बिहारी की सतसई में इन सभी विषयों का प्रतिपादन तो हुआ है किन्तु हमें देखना यह है कि बिहारी ने ऐसा जानबूझ कर किया है या स्वतः ही स्वाभाविक रूप से इन विषयों का समावेश उनके काव्य में हो गया। सर्वप्रथम **नखशिख-वर्णन को ही लीजिए।** बिहारी ने प्रत्येक दोहे में अलग-अलग काव्य-शास्त्रियों द्वारा गिनाए हुए सब अंगों का वर्णन किया है। कोई भी अंग अछूता नहीं रहा। यहाँ तक कि पैर के टखने या नायिका की चिबुक तक का वर्णन किया गया है। हम नहीं

मानते कि पैर के टखने का वर्णन भी सौन्दर्य की स्वाभाविक प्ररणा से किया जा सकता है। अपितु वह अंगों की सूची को पूरा करने के लिए ही किया गया है। इस प्रकार के दोहों में अनुभूति का भी अभाव है। इसी प्रकार **नायिका भेद को भी** लीजिए। प्रेम की सच्ची प्रेरणा से काव्य लिखने वाले कवि का आलम्बन एक ही होगा। उसका रूप, उसकी अवस्था, उसका स्वभाव और उसकी चारित्रिक प्रवृत्तियाँ सर्वत्र एक-सी ही दृष्टिगोचर होंगी। किन्तु बिहारी के काव्य में तो नायिका के शत-शत रूप उपलब्ध होते हैं। कहीं वह पन्द्रह वर्ष की अज्ञात यौवना के रूप में उपस्थित हुई है तो कहीं वह पचास वर्ष की प्रौढ़ा के रूप में। कहीं वह सरल हृदया है, तो कहीं वह कुटिलता की चरमसीमा पर पहुँच जाती है। कहीं वह स्वकीया है तो कहीं परकीया। आश्चर्य है कि बिहारी के इस संग्रहालय में ये सारे रूप बिना किसी प्रयास के उपस्थित हो गए। बिहारी के काव्य में नायिका के ये रूप ढूंढ़ने नहीं पड़ते अपितु वे अनायास ही उपलब्ध हो जाते हैं। यही कारण है कि बिहारी की नायिका से एक बार परिचय प्राप्त कर लेना ही पर्याप्त नहीं है। अपितु प्रत्येक दोहे में उसका नया परिचय प्राप्त करना पड़ता है। घनानन्द, बोधा और ठाकुर के काव्य में ऐसा नहीं होता। घनानन्द की सुजान और बोधा की सुभान सर्वत्र एक ही रूप और एक ही अवस्था में दिखाई देती है। अतः यह कहना कि इन स्वतन्त्र कवियों में भी ढूंढ़ने पर नायिका-भेद के उदाहरण मिल सकते हैं, उचित नहीं।

बिहारी ने कई प्रसंगों की बार-बार आवृत्ति भी काव्यशास्त्र के लक्षणों की पूर्ति के निमित्त ही की है। इतना ही नहीं वे कई स्थानों पर पारिभाषिक शब्द का भी उल्लेख कर देते हैं। आचार्यों ने **मान** के तीन भेद किए हैं— दीर्घ मान, मध्य मान और लघु मान। बिहारी ने तीनों ढंग से मान का वर्णन किया है। कुछ पंक्तियाँ देखिए —

मोहि लजावत निलजये, हुलसो मिलत सब गात ।
भानु उदै की ओस लौं, मानु न जान्यौ जात ।।

यहाँ लघुमान का वर्णन किया गया है। अब दीर्घमान का भी एक उदाहरण उल्लेखनीय है—

विधि विधि कौन टरै टरै नहीं परै हु पानु ।
चितै कितै तैं लै धरयो इतो इतै तन मानु ।।

यदि बिहारी के सामने लक्षण पूर्ति का उद्देश्य नहीं होता तो उन्हें दो प्रकार के मान का वर्णन करने की आवश्यकता नहीं पड़ती। पहले में मानवती नायिका अल्प-वयस्का है, जो मान करने की कला में अनाड़ी है। जबकि दूसरे दोहे में किसी प्रौढ़ा के दीर्घमान का चित्रण किया गया है। इतना ही नहीं, कवि ने दोनों दोहों में 'मान' शब्द का उल्लेख भी कर दिया।

उर्युपक्त विवेचना से सिद्ध है कि बिहारी के सामने लक्षण पूर्ति का लक्ष्य

निश्चित रूप से रहा है। अतः डा० द्विवेदी जी से सहमत होना कठिन है। यहाँ एक प्रश्न और उपस्थित होता है कि ऐसी परिस्थिति में श्री मिश्र जी के 'रीति-सिद्ध' वाले मत को क्यों नहीं स्वीकार कर लिया जाए ! इसके उत्तर में हमारा निवेदन है कि 'रीतिसिद्ध' शब्द से ऐसा प्रतीत होता है मानो रीति का ज्ञान होने के कारण बिहारी के दोहों में रीति का प्रतिपादन स्वतः ही हो गया। किन्तु वास्तविकता यह नहीं है। बिहारी ने जानबूझकर रीति का प्रतिपादन किया है। अतः उन्हें रीतिबद्ध घोषित करना एक नई भ्रान्ति को जन्म देना होगा। परन्तु हम बिहारी को रीतिबद्ध कहकर भी उनके साथ न्याय नहीं कर सकेंगे। उन्होंने अपने काव्य में लक्षणों की परिभाषा नहीं दी। अतः ऐसी स्थिति में उन्हें रीतिबद्ध (देव पद्माकर आदि) कवियों की पंक्ति में बिठा देना कहाँ तक उचित होगा ? अंततः कुछ तो विशिष्टता स्वीकार करनी ही होगी। हमारे विचार से उन्हें या उनके काव्य को 'रीति-समन्वित' कहना उचित होगा। स्मरण रहे बिहारी ने सतसई के लगभग चार-पाँच सौ दोहों में ही रीति का समन्वय किया है। शेष दोहे ऐसे हैं, जिनका रीति से कोई संबंध नहीं हैं। एक तो वे दोहे, जो प्राचीन संस्कृत, प्राकृत, अपभ्रंश के कवियों की उक्तियों पर आधारित हैं तथा दूसरे, भक्ति, नीति और वैराग्य सम्बन्धी दोहे रीतिमुक्त हैं। उनकी अनेक अन्योक्तियाँ और व्यंग्योक्तियाँ भी विभिन्न परिस्थितियों से प्रेरित हैं और उनमें रीति का अभाव परिलक्षित नहीं होता। अतः कहना चाहिए, जिस प्रकार बिहारी ने अपने युग की अन्य प्रवृत्तियों जैसे भक्ति, नीति आदि का समन्वय अपने काव्य में किया है, उसी प्रकार रीति का समन्वय भी उन्होंने जानबूझ कर लोकरुचि को तुष्ट करने के लिए किया है।

—०—

11

क्या कविवर बिहारी फारसी काव्य से प्रभावित थे ?

हिन्दी का अधिकांश मध्यकालीन साहित्य राजाओं और जागीरदारों के आश्रय में लिखा गया था। उस समय के राजाओं व जागीरदारों पर मुगल सम्राटों का अत्यधिक प्रभाव था। प्रायः सभी मुगल सम्राटों ने भारतीय संस्कृति और साहित्य के स्थान पर इस्लामी संस्कृति और फारसी साहित्य को अधिक महत्त्व दिया जिसके फलस्वरूप उनसे संबंधित छोटे राजाओं का जागीरदारों तथा उनके आश्रय में रहने वाले कवियों पर भी इस्लामी संस्कृति और साहित्य का प्रभाव पड़ना स्वाभाविक था। अतः बिहारी पर भी फारसी प्रभाव की कल्पना विभिन्न विद्वानों द्वारा की गई है।

बिहारी सतसई का मुख्य विषय शृंगार है। फारसी साहित्य में भी प्रेम-वर्णन को प्रमुखता प्राप्त है। बिहारी के शृंगार-वर्णन में फारसी कवियों के प्रेम-वर्णन की निम्नांकित प्रवृत्तियाँ दिखाई देती हैं—

1. सौन्दर्य का संहारक रूप में वर्णन—भारतीय आचार्यों के अनुसार सौंदर्य का वर्णन इस ढंग से होना चाहिए कि वह आश्रय को रसानुभूति प्रदान करे। किन्तु फारसी साहित्य में सौन्दर्य की मार-काट की चर्चा अधिक की जाती है। बिहारी भी अपने अनेक दोहों में ऐसा करते हैं। कहीं नायिका की सौन्दर्य द्रष्टा को हांसी रूपी फाँसी में बाँध कर उसकी ठोढ़ी के गड्ढे में डाल देता है।

कहीं कानन चारि नयन मृग रसिक लोगों का शिकार खेलते हुए दिखाई देते हैं। सौन्दर्य के क्षेत्र में इस प्रकार की मारकाट का वर्णन बिहारी ने अनेक स्थानों पर किया है।

2. नायिका की कोमलता (नजाकत) का अतिशयोक्तिपूर्ण वर्णन—भारतीय साहित्य में नायिका के कुछ अंगों की सूक्ष्मता का वर्णन तो बहुत हुआ है किन्तु उसकी नजाकत पर बहुत कम कवियों का ध्यान गया है किन्तु बिहारी में भी फारसी साहित्य की यह प्रवृत्ति प्रचुर मात्रा में मिलती है। एक दोहे में गुलाब की पंखुड़ियों के स्पर्श से ही उनकी नायिका के शरीर पर खरोंच लगने की कल्पना की गई है। दूसरे दोहे

में फूल की कलियों से उसके शरीर में छाले पड़ जाते हैं। इस अति कोमलता के कारण वस्त्र और आभूषणों को सम्भालने की तो बात ही क्या वह अपने सौन्दर्य का बोझ भी नहीं सम्भाल पाती, जिससे चलते समय उसके पैर टेढ़े पड़ने लगते हैं—

भूषण भारु संभारि है, क्यों इहि तनु सुकुमार।
सूधे पांय न धर परैं, सोभा ही कैं भार॥

3. **विरह का ऊहात्मक रूप में वर्णन**—फारसी काव्य की भाँति बिहारी ने विरह का वर्णन भी बहुत चढ़ा बढ़ा कर किया है। कहीं विरह वेदना के कारण नायिका के हृदय में से आग की लपटें उठने लगती हैं, तो कहीं वह सूख कर इतनी दुबली हो जाती है कि मौत भी उसे ऐनक लगा कर ढूँढ़ पाती है। देखिये—

इत आवति चलि जाति उत चली छह सातक हाथ।
चढ़ी हिडोरैं सी रहै लगी उसासनु साथ॥

× × ×

सुनत पथिक मुंह माह निशि चलति लुयैं उहि गाम।
बिनु बूझें बिनु हीं कहैं जियति विचारी बाम॥

4. **मद्यपान का वर्णन**—फारसी साहित्य में प्रेम के क्षेत्र में मद्यपान का उल्लेख भी बार-बार किया जाता है। बिहारी के अनेक दोहों में भी मद्यपान की चर्चा हुई।

5. **प्रेम के क्षेत्र में लोक मर्यादा और परलोक की उपेक्षा**—फारसी का कवि स्वर्ग का आनन्द लूटने की अपेक्षा प्रेम की आग में जलना अधिक पसन्द करता है। यह बात बिहारी में भी मिलती है—

जो न जुगति पिय मिलन को धूरि मुकुति मुंह दीन।
जो लहियै संग सजन तौ धरक नरक हूँ कीन॥

इसी प्रकार वे 'नीति नेह पुर नाहि', कह कर प्रेम के क्षेत्र में लोक नीति की अवहेलना को स्वीकार कर लेते हैं।

इसमें कोई सन्देह नहीं कि बिहारी-काव्य की उपर्युक्त प्रवृत्तियाँ फारसी साहित्य के प्रभाव की भ्रान्ति उत्पन्न करती हैं। क्या ये सब प्रवृत्तियाँ फारसी साहित्य की देन हैं ? क्या प्राचीन संस्कृत और प्राकृत साहित्य में ये प्रवृत्तियाँ नहीं मिलतीं ? कदाचित् जिन विद्वानों ने संस्कृत और प्राकृत साहित्य के ज्ञान को भुला दिया है, वे इन्हें फारसी साहित्य की देन कह सकते हैं अन्यथा वास्तविकता कुछ और ही है। भवभूति के 'मालती-माधव' में नायिका की चितवन के द्वारा नायक के हृदय को चुरा लेने, पी लेने, तोड़ देने, उखाड़ देने और फिर उसे अपने साथ ले जाने का वर्णन सविस्तार हुआ है। इसी प्रकार नायिका के कटाक्षों से घायल हो जाने की बात, भवभूति, श्री हर्ष, दण्डी आदि ने बार-बार कही है। भर्तृहरि ने अपने शतक में नायिका के इस

सौंदर्य रूपी ठग द्वारा रसिक के मन के लूटे जाने का वर्णन किया है। प्रेम के समक्ष लोक मर्यादाओं और स्वर्ग को तुच्छ बनाने की तो बात ही क्या अमरूक जैसे कवियों ने प्रणय मदिरा से विह्वल होकर ब्रह्मा, विष्णु, महेश तक का तिरस्कार किया है। विरह की अतिशयोक्तिपूर्ण बात भी प्राचीन भारतीय साहित्य के पाठक के लिए कोई नई नहीं। बिहारी ने तो केवल शरीर सूख जाने का वर्णन किया है, जबकि बाण ने अपनी कादम्बरी में विरह के कारण नायक की मृत्यु तक दिखाई है। शिशुपाल व अन्य काव्यों में मद्यपान का वर्णन भी हुआ है। अतः इन प्रवृत्तियों को अभारतीय बताना उचित नहीं। हमारे पास इस बात के अनेक प्रमाण हैं जिनसे सिद्ध होता है कि बिहारी ने प्राचीन प्राकृत और संस्कृत का अनुशीलन किया था जबकि फारसी भाषा या फारसी साहित्य के उनके द्वारा अध्ययन का कोई प्रमाण नहीं मिलता। अतः अधिक सम्भव है कि बिहारी ने हमारे प्राचीन कवियों से ही प्रेरणा ग्रहण की हो। यदि सूक्ष्म दृष्टि से देखें तो फारसी साहित्य से बिहारी के शृंगार वर्णन में अनेक महत्त्वपूर्ण भेद दृष्टिगत होंगे। फारसी का कवि नायक का विरह दिखाता है जबकि बिहारी ने नायिका के विरह का चित्रण किया है। दूसरे, फारसी-साहित्य में प्रिय की प्राप्ति के लिए नायक को अनेक कष्टों का सामना करना पड़ता है, जबकि बिहारी के नायक की सहायता के लिए दूतियाँ हर समय विद्यमान रहती हैं, जिनसे उसे कोई कष्ट नहीं करना पड़ता है। तीसरे, फारसी-साहित्य में प्रेम का क्षेत्र बहुत व्यापक है। वहाँ नायक वन, समुद्रों की खाक छानता फिरता है, जबकि बिहारी के नायक महोदय कभी-कभी ही घर की चहारदिवारी से बाहर निकलते हैं। चौथे, फारसी साहित्य के वियोग वर्णन को प्रमुखता मिलती है, जबकि बिहारी के संयोग का वर्णन अधिक किया है। इन तथ्यों को देखते हुए यह कैसे कहा जा सकता है कि बिहारी फारसी साहित्य से प्रभावित थे। वस्तुतः आचार्य शुक्ल के युग में हिन्दी आलोचना के क्षेत्र में यह प्रथा थी कि हिन्दी साहित्य की हर दूषित प्रवृत्ति को फारसी या अंग्रेजी का प्रभाव कहकर टाल दिया जाता था, संभवतः यही बात बिहारी के साथ हुई है।

—o—

12

बिहारी बड़े या देव ?

बिहारी और देव की महत्ता को लेकर विद्वानों द्वारा बहुत कुछ लिखा जा चुका है तथा परम्परा विरोधी मतों का प्रतिपादन भी बार-बार हो चुका है। हमारा उद्देश्य यहाँ उक्त विवाद में न पड़ कर दोनों के श्रृंगार निरूपण की सामान्य विशेषताओं का तुलनात्मक अध्ययन करना मात्र है।

अन्य रीतिबद्ध कवियों तथा बिहारी की भाँति देव के श्रृंगार सम्बन्धी दृष्टिकोण में रसिकता का ही प्राधान्य है। उनका प्रेम एकोन्मुखी नहीं है। किसी भी सुन्दरी को देखकर, चाहे वह शहर में रहने वाली हो या देहात में निवास करने वाली, उनका मन चंचल हो उठता है—

कौन गनै पुर, बन, नगर, कामिनी एकै रीत !
देखत हरै विवेक को, चित्त हरै करि प्रीत !!

देव परनारी से प्रेम का निषेध करते हैं, इसलिए नहीं कि यह मर्यादा विरुद्ध हैं अपितु इसलिए कि इसमें थोड़ी जोखिम उठानी पड़ती है—कभी शरीर की पूजा हो सकने की सम्भावना रहती है; कभी अँधेरे-उजाले घर से निकलना पड़ता है और कभी सर्दी-गरमी वर्षा सहन करनी पड़ती है—

नारी के नख-शिख का चित्रण देव ने भी विस्तार से किया है; जैसे —

चंचल चितौन चित चुभी चित चोर-चारी,
मोर वारी बेसरि, सुकेसरि की आड वह !
गोरे गोरे गोलनि की, हँसि हँसि बोलन की
कोमल कपोलन की जी मैं गडी गाड वह !!

यहाँ शब्दालंकारों का प्रयोग प्रभूत मात्रा में मिलता है। अत: अलंकारिकता की प्रवृत्ति देव में बिहारी से कम नहीं है किन्तु फिर भी दोनों में सूक्ष्म अन्तर है। एक तो बिहारी विभिन्न अंगों का निरूपण अलग-अलग दोहों में करते हैं जिससे उनका कोई समन्वित प्रभाव उत्पन्न नहीं होता जबकि देव ने यहाँ केसर की आड, सुन्दर बेसर, चितवन की चंचलता, अधरों की स्मिति एवं कपोलों की गाड का वर्णन एक

साथ कर दिया है जो पर्याप्त प्रभावोत्पादक सिद्ध होता है । दूसरे, देव में अलंकारिकता अर्थ-ग्रहण में बाधक नहीं होती प्रत्युत् भाव के स्पष्टीकरण में वह सहायक होती है । तीसरे, बिहारी के नख-शिख वर्णन में उनकी धर्म, दर्शन, ज्योतिष, गणित एवं नीति-शास्त्र की विद्वता का शुष्क पुट होता है जबकि देव का चित्रण अनुभूति की तरलता से सराबोर है ।

नायिकाओं की विभिन्न चेष्टाओं और मुद्राओं के अंकन में बिहारी ने अपनी ज्ञान की गठरी को भूलकर अनुभूतियों की विधि का उपयोग किया है; फलतः इस क्षेत्र में वे देव से अधिक सफल सिद्ध होते हैं; देखिए—

विहँसति सकुचति सी, दिऐं कुच आँचर बिच बाँह ।
भीजें पट तट कौं चली, न्हाइ सरोवर माँहि ॥ —बिहारी

पीत अङ्ग सारी गोरे अङ्ग मिल गई 'देव'
श्रीफल उरोज आभा आभा सै अधिक सी ।
छूटी अलकनि, झलकनि जल बूंदनि की,
बिना बेंदी बदन, बदन शोभा विकसी ॥
तजि तजि कुंज पुंज ऊपर मधुप पुंज,
गुंजरत मंजुबर, बोलै बाल पिकसी ।
नीबी उकसाय, नेक नैनन हँसाय हँसि
ससि मुखी सकुचि सरोवर से निकसी ॥ — देव

यहाँ दोनों कवियों ने सद्यःस्नाता की छवि का अंकन करने का प्रयत्न किया है । बिहारी के चित्र का साइज छोटा है, रंग सादा है, किन्तु फिर भी उसमें दृश्य की एक झाँकी पाठक के नेत्रों के समक्ष प्रस्तुत हो जाती है । देव सारा चित्र एक साथ पाठक को नहीं दिखाते, पीली साड़ी, श्रीफल उरोज, अल, जलकें-बूँदें, बेंदी रहित ललाट, उसकी पिक सदृश्य वाणी, नीबी की उकसाहट, चितवन की मुस्कराहट एवं चेहरे का संकोच—इन सबको क्रमशः प्रस्तुत करते हैं । पहले वे नायिका के मध्य भाग को लेते हैं, फिर उर्ध्व को और फिर अधोभाग को—यह क्रम भी पाठक की दृष्टि की स्थिरता में बाधक सिद्ध होता है । दूसरे, चित्रकार का कार्य रूपरेखाओं का अंकन है, ध्वनि-लेखन नहीं, किन्तु देव अपने मूल उद्देश्य को भूल कर उसकी पिक सदृश्य वाणी का भी लेखन करने लगते हैं । साथ ही यह भी प्रश्न उठता है कि नायिका तो इस समय अकेली थी, मौन थी, देव ने उसकी वाणी कहाँ से सुन ली । तीसरे, बिहारी ने नायिका का चित्र उसकी अबोधावस्था में खींचा है—उसे इसका पता नहीं लगने दिया कि कोई उसका चित्र उतार रहा है; जबकि लगता है देव की नायिका को चित्र-कार की उपस्थिति का ज्ञान है अन्यथा उसे नीबी को उकसाने की, नैनों से नैंक हँसने की, संकुचित होकर सरोवर से निकलने की क्या आवश्यकता थी ? बिहारी ने संकोच

एवं मुस्कराहट का उल्लेख किया है पर उसके आगे 'सी' लगाकर उसे सामान्य चेष्टा का रूप दे दिया है।

वस्तुतः देव ने एक नौसिखए कलाकार की भाँति शक्ति, श्रम, स्याही और रंग का व्यय तो अधिक किया है किन्तु उनका चित्र ठीक नहीं बन सका। वे चित्रांकन के समय इधर-उधर देखने लग जाते हैं; उनकी लेखनी हिल जाती है; उनका आलम्बन भी स्थिर रूप में स्थित नहीं रह पाता—फलतः उनके चित्र में नायिका की केवल एक ही मुद्रा नहीं, अनेक मुद्राएँ घुल-मिल जाती हैं; जिससे वह बिगड़ जाता है। हाँ, सद्यःस्नाता की शारीरिक विशेषताओं की एक लम्बी सूची प्रस्तुत करने की दृष्टि से देव सफल हैं; चित्रकारिता के अभ्यास में वे बिहारी से बहुत पीछे हैं।

नायिका की भाव-प्रेरित चेष्टाओं—हावों के निरूपण में भी बिहारी देव से अधिक कुशल हैं—

इत तैं उत, उत तैं इतै छिनु न कहू ठहराति।
जक न परति, चकरी भई, फिरि आवति फिरि जाति॥
झटकि चढ़ति उतरति अटा, नैंक न थाकति बेह।
भई रहति नट को बटा, अटकै नागर नेह॥ —बिहारी

खरी दुपहरी हरी-भरी, फरी कुंज मंजु
गुंज अलि पुंजन को 'देव' हियो हरि जात।
सीरे नद-नीर, तरु सीतल, गहीर छाँह
सोवैं परे पथिक, पुकारैं पिकी करि जात॥
ऐसे मैं किसोरी भोरी, कोरी कुम्हिलाने मुख
पंकज रे पाँय धरा धीरज सों धरि जात॥
सोहैं घनस्याम-मग हेरति हँथेरी ओट
ऊँचे धाम बाम चढ़ि आवति उतरि जात॥ —देव

यहाँ बिहारी ने जो बात थोड़े से शब्दों में कही थी उसी का विस्तृत वर्णन देव ने किया है। बिहारी के चित्रण में लक्ष्य की एकाग्रता के कारण पाठक का सारा ध्यान एक ही बिन्दु पर केन्द्रित हो जाता है तथा उसमें स्थूल-वर्णन की अपेक्षा भावात्मकता की व्यंजना अधिक होने के कारण वह सीधा हृदय को प्रभावित करता है, किन्तु देव में दृश्य की अति विस्तृतता, वर्णन की इतिवृत्तात्मकता एवं शैली की शिथिलता के कारण उसका प्रभाव मन्द पड़ जाता है। वस्तुतः चित्रण के क्षेत्र में बिहारी तीर की भाँति लक्ष्य की ओर अग्रसर हो जाते हैं, किन्तु देव दाएँ-बाएँ देखने का लोभ संवरण नहीं कर पाते; इसी से वे इधर-उधर भटक जाते हैं।

सौन्दर्याकर्षण एवं प्रणयानुभूतियों के चित्रण में बिहारी ने व्यंजना शक्ति का प्रयोग अधिक किया है जबकि देव में अभिधा की प्रधानता है। इससे देव में शब्दों की

भरमार अधिक है; भावनाओं का प्रस्फुटन कम, जबकि बिहारी में शब्द कम और भाव-व्यंजना अधिक है। एक उदाहरण द्रष्टव्य है—

फिरि-फिरि चितु उत हीं रहतु, टुटी लाज की नाव।
अंग-अंग छबि झौंर मैं भयौ भौंर की नाव॥ —बिहारी

प्रेम पयोधि परौ गहिरे अभिमान को फेन न रह्यो गहि रे मन।
कोप-तरंगन सों बहिरे पछिताय पुकारत क्यों बहि रे मन!
'देव' जू लाज-जहाज ते कूदि रह्यो मुख मूँदि, अजौं रहि रे मन।
जोरत, तोरत, प्रीति तू ही, अब तेरी अनीति तुही सहि रे मन॥ —देव

उपर्युक्त काव्यांशों में सौन्दर्य के आकर्षण, मन की विवशता एवं लोक-लज्जा की उपेक्षा के चित्रण के लिए दोनों ही कवियों ने समुद्र और नौका का रूपक प्रस्तुत किया है किन्तु जहाँ देव ने 'प्रेम-पयोधि', 'अभिमान-फेन', 'कोप-तरंगन' और 'लाज के जहाज' का उल्लेख करके सम्पूर्ण अंगों का वर्णन किया वहाँ बिहारी ने केवल 'भयौं भौंर की नाव' से ही उनकी व्यंजना की है। देव का वाच्यार्थ सरल एवं स्पष्ट है किन्तु बिहारी के व्यंग्यार्थ की-सी प्रभावोत्पादिनी शक्ति उसमें नहीं मिलती।

शृंगार रस के विभिन्न अंगों —हाव, अनुभाव, संचारी भाव आदि के चित्रण में जहाँ शास्त्रीय लक्षणों की पूर्ति का प्रयास किया गया है, दोनों ही कवियों का काव्यत्व किसी न किसी मात्रा में शिथिल हो गया है किन्तु फिर भी इस क्षेत्र में बिहारी देव से अधिक समर्थ एवं सफल प्रतीत होते हैं। देखिए—

तजी सक सकुचित न चित बोलत बाकु कु बाकु।
दिन छिनदा छाकी रहति, छुटतु न छिनु छबि छाकु॥ —बिहारी

धुर ते मधुर, मधु-रस हु बिधुर करै
मधु-रस बेधि उर गुरु रस फूली है।
ध्रुव-प्रह्लाद उर हुव अह्लाव, जासों
प्रभुता त्रिलोक हूँ की तिल सम तुली है।
बदम से वेद-मतवारे मतवारे परे
मोहै मुनि-देव 'देव' सूली उर सुली है।
प्यालो भरि देरी मेरी सुरति-कलारी तेरी
प्रेम-मदिरा सों मोहि मेरी सुधि भूली है। —देव

यहाँ आचार्यों द्वारा निरूपित 'मद'[1] संचारी भाव का उदाहरण प्रस्तुत किया गया है। बिहारी ने रूप-आसव-पान से विह्वल प्रेमिका की अनुभूतियों की व्यंजना की है जबकि देव ने प्रेम-मदिरा-पान से सम्बन्धित विभिन्न विषयों– प्याला, मधुबाला, बेसुधि आदि का वर्णन किया है, फिर भी जो स्वाभाविकता उपर्युक्त दोहे में है वह देव

---

1. मद—संचारी भाव का विवेचन—दशरूपक—धनंजय, पृ० 196।

के छन्द में नहीं है । देव ने सुरति को मधुबाला का, प्रेम को मदिरा का रूप दे दिया है किन्तु प्याला किसका प्रतीक है—इसे उन्होंने स्पष्ट नहीं किया। दूसरे, प्रेमी जबकि प्रेम-मदिरा से पहले ही बेसुध हो रहा है—तो फिर सुरति से और प्रेम-पूरित प्याले की याचना क्यों करता है ? तीसरे, यह कहना कि 'मैं अपनी सुधि भूल गया हूँ' अपनी चैतन्यता प्रकट करता है । कोई भी बेसुध व्यक्ति अपने आपको बेसुध नहीं बताता और यदि वह नहीं बताता है तो इसका अर्थ है उसे सुधि है । अस्तु, देव ने येन-केन-प्रकारेण लक्षण-पूर्ति कर दी है किन्तु वे इसमें काव्यत्व की दृष्टि से सफल नहीं कहे जा सकते हैं ।

प्रणयानुभूतियों के क्षेत्र में जहाँ देव लक्षण-पूर्ति के उद्देश्य को भूलकर सहज स्वाभाविक रूप से काव्य-रचना में प्रवृत्त हुए हैं, वहाँ उनके वर्णन में पर्याप्त मार्मिकता आ गई है—

मूरति जो मन मोहन की,
मन मोहनी कै थिर ह्वै थिरकी-सी ।
'देव' गुपाल को नाम सुने
सियराति सुधा छतियाँ छिरकी-सी ।।
नीके झरोखा ह्वै झांकि सकै नहिं,
नैनन लाज घटा घिरकी-सी ।
पूरन प्रीति हिये हिरकी,
खिरकी खिरकीन फिरै फिरकी-सी ।। —देव

यहाँ अनुराग की प्रारम्भिक अवस्था का चित्रण अत्यन्त स्वाभाविक रूप में हुआ है। एक ओर बाला-युवती का हृदय रूपासक्ति से विह्वल हो रहा है, दूसरी ओर वह लज्जा के भार से अवनत हो रही है। नायिका की विभिन्न चेष्टाओं—झरोखे से देखना, खिड़कियों के चक्कर काटना—से उसके हृदय की भाव-विभोर दशा का प्रत्यक्षीकरण हो जाता है ।

प्रणय-दशा के क्रमिक विकास के साथ देव ने संयोगकालीन दृश्यों की भी आयोजना विस्तार से की है । कहीं वर्षा की रिम-झिम बूंदों से सुशोभित वातावरण में कुंजों के समीप नायिका की अचानक प्रिय से भेंट हो जाती है (59), कहीं प्रेमी-प्रेमिका आलिंगनबद्ध होकर झूला झूलने में तन्मय हो रहे हैं (69), कहीं वे बाग बाटिकाओं के बीच घूमते हुए प्रकृति की मनोहर छटा के अवलोकन के साथ-साथ अपने प्रेम-पूर्ण हृदय का उल्लास व्यक्त करते दिखाई पड़ते हैं (68)। ऐसे दृश्यों में कवि स्थूलि ऐन्द्रिय-तृप्ति को भूलकर भावना की सूक्ष्म प्रवृत्तियों के उद्‌घाटन में ही लीन है—

चौगुनी रङ्ग चढ़ी चित मैं,
चुनरी के चुचात, लला के निचोरत ।

वर्षा के कारण चूनरी भीग गई; अवश्य ही उसका रंग धुल गया है, फीका पड़ गया है—किन्तु प्रिय के द्वारा निचोड़े जाने के कारण उसके हृदय को आज वह 'चौगुनी रंग चढ़ी' हुई प्रतीत हो रही है।

संयोगकालीन दृश्यों का चित्रण बिहारी ने भी किया है किन्तु उनमें नायिका के चेष्टागत सौंदर्य की ही अभिव्यक्ति अधिक है; उसके हृदय की सूक्ष्म भावनाओं की व्यंजना की ओर उनका ध्यान कम है। फिर भी यह अन्तर बहुत अधिक खटकने वाला नहीं है—बिहारी के पाठक को भावजन्य माधुर्य न सही, चेष्टागत सौंदर्य तो मिल ही जाता है; किन्तु वियोगानुभूतियों के क्षेत्र में बिहारी और देव दो विरोधी दिशाओं की ओर अग्रसर हो जाते हैं। यह ठीक है कि प्रयत्नपूर्वक ढूंढ़ने पर वियोग-वर्णन में बिहारी के कुछ भावपूर्ण दोहे तथा देव के कुछ चमत्कारपूर्ण छन्द मिल सकते हैं; किन्तु साधारणत: एक में चमत्कारिता का प्राधान्य है जबकि दूसरे में भावात्मकता का। बिहारी के वियोग-वर्णन पर विस्तृत प्रकाश पहले डाला जा चुका है, यहाँ देव की कुछ पंक्तियाँ देखिए —

आई नहीं तन में तरुनाई, भई नहीं स्याम के सङ्ग संयोगिनि।
कौने सिखाइ धौं सीख कहा, सुमिरैं धरि ध्यान मनोजुग जोगिनि।
भोजन बास न हास बिलास, उसास भरै मनौ दीरघ रोगिनि।
आखिन ते अँसुआ नहि सूखत, एकहि बार ह्वै बैठि वियोगिनि।।

—देव रत्ननावली; छ० 52

वे बतियाँ छतियाँ लहकैं, दहकैं बिरहागिनि की उर आचैं।
वा बाँसुरी को पर्‌यो रसु री, इन कानन मोहन मन्त्र से माचैं।।
को लगि ध्यान धरे मुनि लौं, रहिए कहिए गुन बेद से बाचैं।
सूझत ना सखि आन कछू, निसि द्यौस वेई अँखियान मैं नाचैं।।

—वही; छ० 53

'देव' घरी पल जात घुरीं,
अँसुवान के नीर उसास समीरन।
आहन जाति अहीर अहै,
तुम्हें कान्ह कहा कहौं काहू की पीर न।।

—वही; छ० 54

नेह रच्यो, बिरहागि तच्यो, पिय पेम पच्यौ पजरै तन तूल सो!
सासिन दूखि उसासनि रूखि, गयो मुख सूखि गुलाब के फूल सो!

—देव-रत्नावली; छ० 58

साँसन ही सौं समीर गयो,
अरु आँसुन ही सब नीर गयो ढरि!

तेज गयो गुन लै अपनो,
अरु भूमि गई तनु की तनुता करि।
'देव' जियै मिलिबे ही की आस,
कि आस हु पास अकास रह्यो भरि !
जा दिन ते मुख फेरि रहे हँसि,
हेरि हियो जू लियो हरि जू हरि !
—दे० र०; छ० 83

उपर्युक्त छन्दों में हम देखते हैं कि देव ने भी केवल नायिकाओं का ही—नायकों का नहीं—विरह वर्णन किया है; उनकी वियोगिनियाँ भी आँसू बहाती हैं; विरहाग्नि से उनका हृदय जलता है; असह्य वेदना के कारण वे भी मरणासन्न अवस्था के समीप पहुँच जाती हैं—किन्तु यहाँ बिहारी सतसई की भाँति जल-प्लावन, अग्नि-काण्ड और प्रलय के दृश्य दृष्टिगोचर नहीं होते। प्रिय की मूर्ति का आँखों में नाचना, रात-दिन आँसू बहाते रहना, मुख का गुलाब के फूल की तरह सूख जाना और श्वास, अश्रु, कान्ति, पुष्टता एवं मिलनाकांक्षाओं की विदाई के साथ-साथ पंच-भौतिक तत्त्वों का क्षीण हो जाना—आदि उक्तियों में अस्वाभाविकता के लिए रंच-मात्र भी स्थान नहीं है। वेदनानुभूतियों की छटपटाहट के कारण उनका हृदय चंचल और उद्विग्न होता है किन्तु वे सरकस की लड़कियों की भाँति अपने शारीरिक क्रियाकलापों का तमाशा नहीं दिखातीं, किसी निष्ठुर की प्रतीक्षा करते-करते वे अचेत और बेसुध हो गई हैं, किन्तु वे काठ की पुतलियों की भाँति अपनी निर्जीवता का प्रदर्शन नहीं करतीं !

विरहानुभूतियों के चित्रण में देव की एक बड़ी भारी विशेषता है—आत्म-निवेदन के रूप में विरहोद्गारों की अभिव्यक्ति ! आत्माभिव्यक्ति की शैली के प्रयोग के कारण नायिका के दैन्य, रोष, उपालम्भ आदि की व्यंजना अत्यन्त मार्मिक रूप में हुई है—

आहन जात अहीर अहै, तुम्हैं कान्ह, कहा कहौं,
काहू की पोर न !—दे० र०; छ० 54

× × ×

ऐसे निरमोही सदा मोही में बसत,
अरु मोही ते निकस फेरि मोहि न मिलत हो।
—वही; छ० 155

× × ×

प्यारे पराये सौं कौन परेखो,
गरे परि कौ, लगि प्यारी कहैए ! —वही; छ० 116

× × ×

मंद मुसक्याय लै, समाय जी मैं ज्याय लै रे,
प्याइले पियूष प्यासी, अधर सुधा की हूँ ! —वही

× × ×

ए अँखियाँ सखियाँ न हमारी ए,
जाय मिली जल बूंद ज्यौं कूप मैं ! —वही; छ० 130

× × ×

कैसी भई, हौ कहो किन कैसे हू,
कान्ह कहाँ है, कहा बकती हौ ! —वही; छ० 113

× × ×

रावरे रूप लला ललचानी ये,
जानी न काहू बिकानि औ ऐसी।
... ...
न्याय निबेरौ न हौ यह नेह को,
जानत हौ तुम हूँ हम जैसी !
देखिबे ही को भरौं सिसकी,
तिनते रिसकी चरचा कहौं कैसी ! —वही; छन्द 87

× × ×

काहे को मेरो कहावत मेरो जु
पै मन मेरो न मेरो कह्यौ करै ! —वही; 82
साँवरे लाल को साँवरे रूप मैं,
नैननि को कजरा करि राख्यौ। —वही; 78

× × ×

कहा लगि लाल कछू कहिए,
इतनी सहिए सब रावरे काज। —वही; 50

× × ×

साथ में राखिए नाथ, उन्हें,
हम हाथ में चाहति चारि चुरी ये ! —वही

× × ×

सबते सब भाँति भली हरिनो,
निसिबासर पास रहै पिय कै। —वही; छ० 216

इस प्रकार सरस उक्तियाँ बिहारी में कहीं-कहीं मिलती हैं किन्तु प्रायः उन सब

में खंडिता नायिका का रोष और उपालम्भ ही मुखरित है। उनमें उपेक्षिता पत्नी के दुःख की तो व्यंजना हुई है किन्तु प्रणय की गम्भीरता का आभास उनमें नहीं मिलता। बिहारी की नायिका अपने व्यंग्यपूर्ण शब्दों से परस्त्रीगामी पति के हृदय को बेधने का प्रयत्न करती है, द्रवित करने का नहीं; उसकी वाणी में कठोरता है, दैन्यता नही; उसके स्वर में तीव्रता है, लोच नहीं। यही कारण है कि हम उसे चतुर, प्रवीण और उद्विग्नता तो कह सकते हैं किन्तु देव की नायिकाओं की-सी आर्द्र कोमलता, तरल भावुकता एवं स्निग्ध वाचालता उसमें नहीं मिलती।

अस्तु, एक ही युग, एक ही भाषा और एक ही परम्परा के इन दोनों कलाकारों की प्रतिभा का विकास दो भिन्न क्षेत्रों में हुआ। एक के पास पांडित्य है, अध्ययन है, दृष्टि की सूक्ष्मता है और शब्दों का अगाध भंडार है तो दूसरे के पास अनुभूतियों का अविरल स्रोत, छंदों की कमनीयता और भाषा की कोमलता है। जहाँ तक सौन्दर्य के सूक्ष्म चित्रण का प्रश्न है; नायिकाओं की मुँह-बोलती तस्वीर खींचने की बात है, बिहारी देव से बहुत आगे हैं, किन्तु भावों की तरल अभिव्यक्ति में देव के समक्ष बिहारी शुष्क उदास और फीके से दिखाई पड़ते हैं। देव का काव्य क्षेत्र भी व्यापक है; संयोगकालीन दृश्यों की जैसी विविधता उसमें है, उसका बिहारी सतसई में अभाव है और वियोगानुभूतियों की दृष्टि से तो देव के वैभव के सम्मुख बिहारी अकिंचन से प्रतीत होते हैं। फिर भी जो विद्वान बिहारी को बड़ा सिद्ध करना चाहते हैं; उनकी बात भी हम अस्वीकार नहीं कर सकते। अवश्य ही बिहारी वय में देव से लगभग 60-70 वर्ष बड़े थे।

—०—

13

कढिगो अबीर पै अहीर को कढे नहीं !

हमारे मध्यकालीन जीवन में होली का त्योहार युवक और युवतियों के लिए वसन्त का मादक सन्देश लेकर आता रहा है। होली के मुक्त वातावरण में युवक और युवतियाँ जिस प्रकार परस्पर रंग डालते थे, उससे उनके कपड़े तो रंग ही जाते थे, किन्तु कभी-कभी छोटे हृदय के अन्तस्तल तक भी पहुँच जाते थे। अबीर का लेप चेहरे को तो विद्रूप करता ही था, किन्तु कभी-कभी उसकी किर-किर उनकी आँखों को भी बेचैन कर देती थी। भला हमारे रीतिकालीन कवि लोग इन दृश्यों को कैसे भूल सकते थे। जहाँ भक्त कवियों ने साधना की पिचकारी में ज्ञान का रंग भरकर किसी अदृश्य को लक्ष्य बनाया, वहाँ शृंगारी कवियों ने धरती के चलते-फिरते पुतलों से ही होली खेली, वही होली जो रंग और पिचकारी से सर्वसाधारण द्वारा खेली जाती है, उसमें अलौकिकता और असाधारणता कुछ नहीं है। इन कवियों में पद्माकर का स्थान सबसे ऊँचा है। उसकी मूर्तिविधायिनी कला ने होली की प्रवीण नायिकाओं के सजीव चित्र उपस्थित करने में अपूर्व कौशल का परिचय दिया है। उनके होली सम्बन्धी कवित्त किसी भी सहृदय के हृदय को गुदगुदाने की पूरी क्षमता रखते हैं।

रीतिकालीन कवियों की ही तरह पद्माकर की नायिका भी बड़ी ढीठ है। अपनी भावनाओं को प्रकृत रूप में ही व्यक्त कर देने में वह कोई झिझक नहीं करती। अपने नैनों के नीर में अबीर घोल कर, अपने किसी चितचोर पर पिचकारी चला पाने की गहरी आकांक्षा व्यक्त करती हुई अपनी सखी से वह स्पष्ट कह देती है—

> फागुन में का गुन विचारि ना दिखाई देत,
> एती बार लाइ उन कानन में नाई आउ,
> कै पद्माकर हितू जो है हमारी तो,
> हमारे कहे वीर वाहि धाय लगि धाइ आउ
> जोरि जो धरि है बेदरद के दुआरे होरी,
> मेरी विरहागि की उलूकन लौं लाई आउ।
> एरी इन नैन के नीर में अबीर घोरि
> बोरि पिचकारी चितचोर पै चलाइ आउ।

एक दूसरी युवती ने होली खेलने में जो अद्भुत चातुर्य प्रदर्शित किया, वह भी द्रष्टव्य है वह कुछ अन्य युवतियों में मिलकर छिपती हुई अपने प्रीतम से होरी खेलने गई, किन्तु हंस बगुलों में मिलकर भी छिपता नहीं। उसकी विलक्षण टेढ़ी नजर के कारण सब युवकों का ध्यान उसकी ओर आकर्षित हो गया। अबीर की धुंध में अपने मुँह को फिरा कर वह कुछ इस ढंग से मुसकराई कि कलेजे के कतरे-कतरे हो गए। यद्यपि वह दुबली-पतली-सी थी, किन्तु वह होली के सभी शूरमाओं को घायल कर गई—

चोरिन गोरिन में मिलि कै
इति आई ही हाल गुवाल वहाँ की,
को न विलोकि रह्यो 'पद्माकर'
वा तिय की अवलोकनि बाँकी।
बीर अबीर की धूँधरी में,
कछु फेर सो कै मुख फेरि कै झाँकी,
कै गई काटि करेजन के,
कतरे कतरे पतरे करिहाँ की।

रात-भर होली खेलने के बाद नायक नायिकाओं की जैसी दशा हो गई, उसका वर्णन करने में भी पद्माकर ने अपूर्व कल्पना शक्ति का परिचय दिया है। आलस्य से भरी देह, रोली से आरक्त कपोल, नींद की खुमारी से भरी हुई आँखें, झपझपाती हुई पलकें, लालिमा से युक्त अधर और अबीर से सनी हुई अलकों का एक सौन्दर्य चित्र उपस्थित कर दिया गया है—

गोकुल में गोपिन गोविन्द संग खेलीं फाग,
राति भरि प्रात समै ऐसी छवि झलकैं।
देह भरी आलस, कपोल रस रोरी भरे,
नींद भरे नयन कछू झपै पलकैं।
लाली भरे अधर बहाली भरे मुखवर,
कवि पद्माकर विलोकै को न ललकै,
भाग भरे लाल औ सुहाग भरे सब अंग,
पीक भरी पलकें अबीर भरी अलकैं।

होली के रंग और अबीर में सराबोर हो जाने के बाद लोग कपड़े निचोड़ने और सुखाने में लग जाते हैं। मन्दभागियों की दृष्टि में उत्सव समाप्त हो जाता है। पर कवि की अन्तर्दृष्टि अब भी 'चौपर पचौवर' करके चूनरी निचोड़ती हुई सुकुमारियों के कक्ष में पहुँचकर अपने लिए रस का सागर ढूंढ़ लेती है। इसी रस की दो चार बूंदें कवि पद्माकर ने अपने पाठकों के लिए सुरक्षित रखी हैं—

घाघरे की घूमनि सु उरुन दुबीचे दाबि,
आँगीहू उतारि सुकुमारी मुख मोरै है,
दंतनि अधर दाबि दूनरि भई सी चापि,
चौवर पचौवर के चूनरि निचोरै है।

सम्भवतः पद्माकर की इस सुकुमारी को चूनरी निचोड़ने के दारुण श्रम में लीन देखकर किसी सहृदय का हृदय संवेदना से घनीभूत हो सकता है, किन्तु बात इतनी ही नहीं है। चूनरी को जैसे-तैसे निचोड़ा जा सकता है और रंग भी जैसे-तैसे धोया जा सकता है और आँखों में पड़ी हुई अबीर को भी ज्यों-त्यों निकाला जा सकता है, किन्तु होली खेलते समय किसी अहीर किशोरी के रूप में जो कण नेत्रों में पड़ गए थे, उन्हें निकालने का कोई भी यत्न सफल नहीं हो रहा है। इसी कारण नायिका की जैसी दुर्दशा हो रही है वह नायिका के मुँह से सुनिए—

धोई धोई हारी 'पद्माकर' तिहारी सौंह,
अब तो उपाय एकौ चित्त पै चढ़ै नहीं,
कैसी करौं ? कहाँ जाऊँ ? कासों कहौं ? कौन सुनै ?
कोऊ तो निकासौ जासों दरद बढ़ै नहीं।
एरी, मेरे बीर, जैसे तैसे इन आँखिन तें,
कढिगो अबीर, पै अहीर को कढै नहीं।

होली के इस आनन्दमय उत्सव के बीच कवि को उन प्रवीण प्रेमिकाओं का भी ध्यान है जिनके गात, प्रियतम के वियोग के कारण बिना होरी खेले ही पीले पड़ गए हैं। ऐसी ही नायिका की विरह दशा का एक चित्र इन पंक्तियों में देखिए—

लागत बसन्त के सु पाती लिखी प्रीतम को
प्यारी परबीन है हमारी सुधि आनबो।
कहै पद्माकर इहाँ को यो हवाल
बिरहानल की ज्वाल सो दावानल ते मानबो
ऊब को, उसासन को, पूरो परगास सो तो
निपट उसास पौन हूँ ते पहिचानबो।
नैनन को ढंग सों अनंग पिचकारिन तें
गातन को रंग पीरे पातन तें जानबो।

किन्तु नायिका की दीन दशा का वर्णन भी नायकराज के निष्ठुर हृदय को प्रभावित नहीं कर पाता। वह किसी 'कुब्जा के कलोलनि में पग' कर घर की राह भूल जाते हैं। ऋतुराज वसन्त भी इन अबलाओं को निपट अकेली समझकर क्रूरता का परिचय देने लगता है। ऋतुराज के इस निष्ठुर अत्याचार की कहानी का वर्णन कवियों द्वारा लिखित इतिहास में अनेकों स्थलों पर हुआ है। परन्तु भारतीय नारी भले ही वह रीतिकाल की क्यों न हो, सहनशीलता की साक्षात् मूर्ति होती है। अपने

समस्त कष्टों और सारी वेदनाओं को वह चाय के घूंट की तरह पी जाती है। वह अपने प्रियतम को दोष देती है और साथ ही ऋतुराज बसन्त को। देखिए —

कान्ह पगे कुबजा के कलोलनि
डोलनि छोड दई हर भाँती।
माधुरि मूरति देखे बिना,
'पद्माकर' लागे न भूमि सुहाती
का कहिए उनको सजनि
यह बात है अपने भाग समाती
दोष बसन्त को दीजे कहा जो,
उलहै न करील की डारन पाती।

इस तरह पद्माकर ने होली के विभिन्न पक्षों को लेकर अनेक मार्मिक चित्र उपस्थित किए हैं। ये सभी चित्र एक से एक बढ़ कर कहे जा सकते हैं, पर इनमें सबसे बढ़कर सुन्दर चित्र उस अल्हड़ युवती का है, जिसने 'फागु की भीर' का पूरा-पूरा लाभ उठाकर नटखट गोपाल को पकड़ लिया और फिर उसे भी लेजा कर पूरी तरह अपनी मनभाई करके ऊपर से अबीर की झोली उँडेल कर गालों में रोली मींड कर, कमर से पीताम्बर छीन कर उन्हें घर का रास्ता बता दिया और फिर बड़ी शान से मुस्करा कर कहा, 'लला, फिर आना होली खेलने' सचमुच ऐसी हठीली नारियाँ समस्त श्रृंगारी साहित्य में दिवा लेकर ढूँढ़ने पर भी कदाचित् एक-दो ही दृष्टिगोचर हों। एक झलक देखिए—

फागु की भीर अभीरिन में,
गहि गोविन्द लै गई भीतर गोरी।
भाइ करी मन की 'पद्माकर'
ऊपर नाइ अबीर की झोरी।
छीनि पिताम्बर कम्मर तें,
सु विदा दई मोड़ि कपोलन रोरी।
नैन नचाय, कही मुसुकाय,
लला, फिर आइयो खेलन होरी।

कवि पद्माकर के ऐसे सजीव चित्रों पर ही मुग्ध होकर आचार्य शुक्ल जी ने लिखा था, "इनकी मधुर कल्पना ऐसी स्वाभाविक और हाव-भाव पूर्ण मूर्ति विधान करती है कि पाठक मानो प्रत्यक्ष अनुभूति में मग्न हो जाता है।" वस्तुतः पद्माकर के काव्य में एक प्रसन्न वदना, सजीव, सौन्दर्य मूर्ति, बैठी दिखाई पड़ती है। भले ही आज हम 'प्राण सी सुकुमार' छायावादिनी एवं 'पौरुष सी कठोर' प्रगतिवादिनी के दर्शनों में लीन होकर उसे भूल जाएँ, किन्तु वह तो हमें फिर भी आमन्त्रण दे रही है—

साँझ के, सवेरे, दिन दसवें दिवारी फाग,
कबहुँ भले जू भले आइबो तो करिए।

—०—

14

भारतेन्दु राज-भक्त थे या राष्ट्र-भक्त ?

भारतेन्दु हरिश्चन्द्र का आविर्भाव प्रथम स्वातन्त्र्य युद्ध 1857 ई० से सात वर्ष पूर्व तथा उनका देहावसान कांग्रेस की स्थापना 1885 ई० से एक वर्ष पूर्व हुआ था। साधारणतः लोगों की धारणा है कि 1857 के संघर्ष की असफलता ने हमारी राष्ट्रीय चेतना को कुचल दिया था, उसका पुनर्विकास कांग्रेस की स्थापना के अनन्तर ही हुआ, ऐसी स्थिति में भारतेन्दु का जीवनकाल राष्ट्रीय चेतना की दृष्टि से शून्य था। उस युग में थोड़ी-बहुत राष्ट्रीयता मिलती भी है तो वह राज-भक्ति से इतनी मिश्रित है कि उसके स्वरूप का स्पष्टीकरण करना कठिन है। स्वयं भारतेन्दु ने कई ऐसी कविताएँ लिखी थीं, जो साधारणतः राज-भक्ति से समन्वित प्रतीत होती हैं, जैसे महारानी विक्टोरिया के पति के देहान्त पर 'अलवरत वर्णन अन्तर्लापिका', ड्यूक आफ एडिनबरा के आगमन पर 'राजकुमार सुस्वागत पत्र', वायसराय रिपन की स्तुति में 'रिपनाष्टक' आदि आदि। अस्तु, भारतेन्दु राज-भक्त थे या राष्ट्र-भक्त ? इसका समाधान हमारे प्रारम्भिक आलोचक डा० श्यामसुन्दरदास, आचार्य शुक्ल आदि तो कर ही नहीं पाए थे, आज भी यह प्रश्न अनिर्णीत है, इसका प्रमाण सन् 1952 में प्रकाशित पुस्तक के एक उद्धरण से मिलता है, 'भारतेन्दु का देश-प्रेम कितनी ही धाराओं में बहता है, पर उसी देश-प्रेम की धारा में ब्रिटिश शासन की प्रशंसा की कीचड़ भी कहीं-कहीं देखने को मिल जाती है। पता नहीं, उस युग की कौन-सी आवश्यकता थी।' यदि भारतेन्दु साहित्य की इस विरोधी प्रकृति को 'पता नहीं' कह कर टालने की अपेक्षा तत्कालीन युग की परिस्थितियों को प्रकाश में रख कर समझने का प्रयास किया जाय तो हमारा विश्वास है कि उसका रहस्य स्पष्ट रूप से उद्भासित हो सकता है।

भारतेन्दु के बाल्यकाल में ही भारत की जनता ने विदेशी शासकों द्वारा परि-चालित बिना घोड़े के चलने वाली दैत्य स्वरूपा विकट धूम्रवाहिनी को, ताम्बे के एक सिक्के के बदले में ही दूर-दूर से सन्देश लेकर आने वाले पत्रवाहक को तथा व्यापक विद्रोहाग्नि की शत्-शत् ज्वालाओं को मेघ सदृश्य शान्त कर देने वाली अमित सैन्य-शक्ति को प्रथम बार अपने-अपने चक्षुओं से देखा था और उसके अनन्तर स्नेह, प्यार

एवं क्षमा से परिपूर्ण महारानी का घोषणा-पत्र भी पहली बार उसने अपनी श्रोत्रेन्द्रिय से सुना था। अस्तु, शक्ति के साथ-साथ उदारता का समन्वय देखकर विदेशी शासक के प्रति वह गद्‌गद् हो गई। जिसे वह कल तक फिरङ्गी कहकर घृणा की दृष्टि से देखती थी, उसे आज अनन्त शक्तिधारी देव-स्वरूप समझने लग गई। ऐसी परिस्थिति में एक ग्यारह वर्षीय अबोध बालक का विक्टोरिया के प्रति सौजन्यतापूर्ण कविता लिख देना किसी विशेष स्वार्थ से प्रेरित नहीं माना जा सकता। आगे चलकर वायसराय रिपन की स्तुति में भी कवि ने जो कुछ लिखा है वह वैयक्तिक लाभ की भावना से नहीं, अपितु इसलिए कि रिपन अपनी नीति के कारण भारतीय जनता में अत्यन्त लोकप्रिय हो गए थे। अपने राष्ट्र का हित करने वाले व्यक्ति के प्रति श्रद्धा प्रकट करना राष्ट्रीयता का ही एक अंग है। आज यदि मिस्र की जनता नेहरू के प्रति सम्मान प्रकट करती है तो इससे उसकी राष्ट्र-भक्ति में कोई न्यूनता नहीं आती।

किन्तु ज्यों-ज्यों कवि की बुद्धि परिपक्व होती गई तथा नये-नये अनुभव संचित होते गए, उसे विदेशी शासन की वास्तविकता का बोध होने लगा। सन् 1864 ई० में जब देखते-देखते गायकवाड को गद्दी से उतार दिया गया तो उसे प्रतीत हुआ, मानो महारानी विक्टोरिया का घोषणा-पत्र एक छल था, केवल परिस्थिति को नियन्त्रित करने का कपट-कौशल मात्र था। अस्तु, जिस लेखनी ने कभी प्रशंसा के गीत लिखे थे, वही अब विद्रोह के शत्-शत् स्वरों में फूट पड़ी। अपने 'विषस्य विषमौषधम्' नाटक में भारतेन्दु ने लिखा – "धन्य है ईश्वर ! सन् 1599 में जो लोग सौदागरी करने आए थे, वे आज स्वतन्त्र राजाओं को यों दूध की मक्खी बना देते हैं।" इसी प्रकार 'नीलदेवी' नाटक में उन्होंने स्पष्ट रूप से घोषित किया, "दुष्ट म्लेच्छ ! मार मार मार हमारा देश, हम राजा, हम रानी, हम मंत्री, बन्दर की थैली में चूने की कमान।"

भारतेन्दु का यह विद्रोह-भाव दिन-प्रति-दिन अधिक प्रबल होता गया। 'भारत दुर्दशा' में उन्होंने अंग्रेज शासक को 'भारत दुर्दैव' के रूप में चित्रित करते हुए उसके मुँह से कहलवाया है—

उपजा ईश्वर कोप से, औ आया भारत बीच।
छार खार सब हिन्द करूँ, मैं तो उत्तम नहीं नीच ॥
काफिर काला नीच पुकारूँ, तोड़ूँ पैर औ हाथ।
दूं इनको सन्तोष खुशामद, कायरता भी साथ ॥
सब के ऊपर टैक्स लगाऊँ, धन है मुझ को धन्न ॥
मुझे तुम सहज न जानो जी !
मुझे इक राक्षस मानो जी !

तत्कालीन शासकों की नीति की आलोचना करते हुए वे सब इस पात्र के मुंह से कहलवाते हैं—"हा ! हा ! कुछ पढ़े-लिखे मिलकर देश सुधारना चाहते हैं। हहा !

एक चने से भाड़ फोड़ेंगे । ऐसे लोगों का दमन करने को मैं जिले के हाकिमों को हुक्म दूंगा कि इनको डिसलायल्टी में पकड़ो और ऐसे लोगों को हर तरह से खारिज करके जितना बड़ा जो मेरा मित्र हो, उसको उतना बड़ा मेडल और खिताब दो ।" विदेशी सरकार की कटु आलोचना के साथ-साथ उन्होंने इस नाटक में भारतवासियों की अकर्मण्यता पर भी स्थान-स्थान पर व्यंग्य किया है । सबसे अधिक दुःख उन्हें इस बात का था कि तत्कालीन नरेश इतने आसक्त हो गए थे कि वे मिलकर भी गुलामी की जंजीरों को तोड़ने में असमर्थ थे—

"वही उदैपुर, जैपुर, रीवाँ, पन्ना आदिक राज ।
परबस भए न सोच सकहिं कछु, करि निज बल बेकाज ।"

दूसरी ओर जनता में चाटुकारिता की मनोवृत्ति पनप रही थी । कुछ नेता मिलकर भारत दुर्दैव अंग्रेज को भगाने की योजना बनाते हैं किन्तु बीच में ही एक महाशय पूछते हैं, "क्यों भाई साहब, इसे कमेटी में आने से कमिश्नर हमारा नाम तो दरबार से खारिज न कर देंगे ?" वस्तुत: भारतेन्दु अंग्रेजों के विरुद्ध कोई ठोस कदम उठाना चाहते थे, इसी उद्देश्य से वे चित्तौड़ के राणा से मिलने के लिए भी गए थे किन्तु उन्हें साथ देने वाला कोई भी नहीं मिला । भारतेन्दु की इन प्रवृत्तियों पर शासकों की भी नजर पड़ गई थी, फलत: उनकी पत्रिका 'कवि वचन सुधा' पर पाबन्दी लगा दी गई ।

भारतेन्दु के क्रान्तिकारी रूप का पूर्ण विकास 'विजय वैजयन्ती' कविता में मिलता है, जो उन्होंने अपनी मृत्यु से दो वर्ष पूर्व अंग्रेजों की अफगान विजय के अवसर पर लिखी थी । उस समय सारा देश दीपावली मनाने में व्यस्त था । अंग्रेजों की विजय पर भारतवासी खुशी क्यों मनाएँ—यह कवि की समझ में नहीं आ रहा था, अतः इन्होंने इस कविता में भारतीयों को सम्बोधित करके लिखा—"आर्य लोगों को क्या मिला, जो प्रसन्न हो रहे हैं ? सब लोग आज जय-जय क्यों कह रहे हैं, कुछ समझ में नहीं आता ? क्या तुम्हारी भूमि का कर या टैक्स माफ हो गया है ? क्या जन साधारण के लिए सिविल सर्विस की राह खुल गई ?" इसी कविता में आगे चल करके स्पष्ट करते हैं कि अफगान विजय से अंग्रेजों को ही लाभ है —"इसका श्रेय अंग्रेजों को मिलेगा, रूस की रोक होगी, ब्रिटेन का व्यापार बढ़ेगा, किन्तु भारतीयों के पल्ले तो केवल शोक ही पड़ेगा ।·······बेचारे भारतीय तो केवल युद्ध में मरने के लिए ही हैं, द्रव्य से सहायता करने के लिए हैं ।"

सुजस मिलै अंग्रेज को, होय रूस की रोक ।
बढ़ै ब्रिटिश वाणिज्य पै हमको केवल सोक ॥

× × ×

ये तो केवल मरन हित द्रव्य देन हित बीन ।

अन्त में वे अंग्रेजों की कुटिल नीति पर भी प्रकाश डालते हैं······"शत्रु शत्रु को लड़वा कर दूर खड़े होकर तमाशा देखना, जो प्रबल दीखे, उससे मिल जाना, ······यही है अंग्रेजों की नीति का रहस्य। स्ट्रैची, डिजरैली, लिटन आदि सभी मन में कपट नीति के जाल हैं, हाय, भारत उनके जाल में फँस कर जर्जर हो गया है।"[1] उपर्युक्त शब्द बतलाएँगे कि भारतेन्दु अपने युग से कितने आगे थे। 1885 में जबकि कांग्रेस की स्थापना भी नहीं हुई थी, भारत में कितने ऐसे लोग थे, जो शासकों की ऐसी कठोर आलोचना इतने स्पष्ट शब्दों में करने का सामर्थ्य रखते थे।

कुछ लोगों को यह भ्रम है कि भारतेन्दु की राष्ट्रीयता संकुचित हिन्दू राष्ट्रीयता के रूप में थी, किन्तु ऐसी बात नहीं है। उन्होंने अन्य धर्मावलम्बियों के प्रति अपना गहरा अनुराग प्रकट किया। जो लोग धार्मिक विद्वेष फैलाकर भारतीय एकता को दुर्बल करने में लगे हुए थे उनसे भारतेन्दु को बहुत चिढ़ थी। ध्यान रहे दयानन्द सरस्वती भी भारतेन्दु के समकालीन थे। यद्यपि स्वामी जी आर्यधर्म के उद्धार में लगे हुए थे, किन्तु दूसरे धर्मों का खण्डन करने वाला मार्ग भारतेन्दु जी को पसन्द नहीं था, अत: इसी मतभेद के कारण उन्होंने स्वामी जी की नीति का विरोध किया—

खण्डन जग में काको कीजै।
सब मत तो अपने ही हैं
इनको कहा उत्तर दीजै॥

× × ×

अपने ही पै क्रोधि बावरे अपनो काटैं अङ्ग।
"हरिचन्द" ऐसे मतवारेन को कहा कीजै सङ्ग॥

—(भारतेन्दु ग्रन्थावली, 2। 136)

इसी प्रकार मुसलमानों को अपना भाई समझते हुए अपने बलिया वाले भाषण में उन्होंने कहा था, "आप लोगों में जाति नहीं, खाने पीने में चूल्हा चौका नहीं······ फिर भी बड़े सोच की बात है कि मुसलमानों ने अपनी दशा कुछ सुधारी नहीं। अभी तक बहुतों को यही ज्ञान है कि दिल्ली, लखनऊ की बादशाहत कायम है।"

वस्तुत: भारतेन्दु की व्यापक राष्ट्रीयता में सभी धर्मों, सभी भाषाओं को सम्मानपूर्ण स्थान प्राप्त था। भारतेन्दु ने उर्दू, मराठी, गुजराती, पंजाबी, राजस्थानी आदि भाषाओं में भी काव्य रचना की थी, (द्रष्टव्य··· ···भारतेन्दु ग्रन्थावली, खण्ड 2) इस दृष्टि से वे अपने युग से बहुत आगे थे। जिस समय बङ्गाल में बङ्किमचन्द्र अपने

---

1. सत्रु सत्रु लड़वाई, दूर रहि लखिय तमासा।
प्रबल देखिए जाहि, ताहि मिलि दीजै आसा॥
स्ट्रैची, डिजरैली, लिटन, चितय नीति के जाल।
फँसि भारत जरजर भयो, काबुल युद्ध अकाल॥

'आनन्दमठ' में यह लिख रहे थे, "हमारी लड़ाई अंग्रेजों से नहीं, मुसलमानों से है" ······भारतेन्दु इसके विपरीत इस सत्य का प्रचार कर रहे थे कि यदि मुसलमानी राज्य हैजे का रोग था तो अंग्रेजी राज्य क्षय का। (बादशाह दर्पण की भूमिका) उनका कथन था –"जब तक सौ दो सौ मनुष्य बदनाम न हो जाएँगे, कैद न होंगे, वरन् जान से न मारे जाएँगे तब तक कोई भी देश न सुधरेगा।"

अस्तु, भारतेन्दु साहित्य के अध्ययन से हम इस निष्कर्ष पर पहुँचते हैं कि 1857 के अनन्तर राष्ट्रीय आन्दोलन के प्रथम प्रवर्त्तक नेता भारतेन्दु थे। यह देश का दुर्भाग्य था कि उनका देहान्त 34 वर्ष की अल्पावस्था में ही हो गया, यदि वे कुछ वर्ष भी और जीवित रहते तो कांग्रेस का आरम्भिक स्वरूप कुछ और ही होता।

यह भी खेद का विषय है कि ऐसे महान् व्यक्ति का नाम भारतीय स्वातन्त्र्य आन्दोलन के इतिहास में अभी तक अंकित नहीं किया गया। इसे हिन्दी आलोचकों की अकर्मण्यता कहें या राष्ट्रीय आन्दोलन के इतिहास लेखकों की अलग्नता !

15

क्या 'साकेत' सफल विरह-काव्य है ?

साकेत की रचना उर्मिला के विरहोद्गारों की अभिव्यंजना के लक्ष्य से ही हुई थी; अतः उसमें विरह-वर्णन का आधिक्य होना स्वाभाविक ही है। कुछ विद्वानों ने उर्मिला के अतिशय अश्रुवर्षण को अनुचित माना है, किन्तु हमारे विचार से उर्मिला की परिस्थितियों को देखते हुए ऐसा नहीं कहा जा सकता। चौदह वर्ष पश्चात् तो लक्ष्मण के आने की आशा थी, यह तथ्य भी उसकी परिस्थिति की कठोरता को कम नहीं करता। यदि उर्मिला के दृष्टिकोण से विचार करें तो यह तथ्य निराशाजनक ही था, क्योंकि यदि अवधि की सीमा न होती तो वह किसी भी समय उनके पुनरागमन की आशा कर सकती थी। चौदह वर्ष पश्चात् भी न जानने क्या घटित हो सकता है ? अतः हमें कवि का यह कथन कि 'नवम सर्ग मेरी भावना के अनुसार आज भी अधूरा है', उचित प्रतीत होता है।

साकेत के विरह-वर्णन को यदि हमें प्रभावोत्पादन की दृष्टि से परखें तो निराशा ही होगी। उर्मिला कभी भोजन के थाल को ठुकराती है, कभी वीणा, पुस्तक, तूलिका आदि की गिनती करती है; कभी चित्रकूट गिरि की स्तुति में लम्बा गीत गाती है; कभी वन के दृश्यों का चित्रण करती है; कभी सारिका से वार्तालाप करती है; कभी वेदना को बालिका समझकर गोद में लेती है; कभी दीपक और पतंग पर दार्शनिक विचार प्रकट करती है; कभी 'गूंगी निंदिया' को बुलाती है और फिर क्रमशः चातक, घन, इन्दुबधू, खंजन, भ्रमरी, क्रौंच पक्षी, मयंक आदि से विचार-विनिमय करती है। कदाचित् बाह्य संसार का कोई पदार्थ नहीं—जिसे विरहिणी उर्मिला देखती नही या जिससे बातचीत नहीं करती और तो और मकड़ी तक से उसने प्यार किया है ! यह माना जाता है कि विरह-वेदना में प्राणी गति-शून्य एवं मौन हो जाता है; उसकी इन्द्रियाँ प्रिय के ध्यान में इस तरह लीन हो जाती हैं कि वे बाह्य संसार को देखकर भी उनकी अनुभूति प्राप्त नहीं करतीं। पर उर्मिला की दशा इससे विपरीत दिखाई गई है। इससे पाठक यह तो अनुभव करता है कि उर्मिला कुछ उद्विग्न-सी है, कुछ विक्षिप्त-सी है; किन्तु उसके हृदय की प्रणय-भावना का परिचय उसे नहीं मिलता। इतने लम्बे-चौड़े नवम सर्ग में लक्ष्मण से सीधा सम्बन्ध रखने वाले छन्द दस-बीस ही

हैं। वस्तुतः हृदय की सूक्ष्म वेदनाओं की अभिव्यंजना के लिए कवि ने जिस इतिवृत्तात्मक एवं बाह्य निरूपणात्मक शैली का आश्रय लिया है वह सफल सिद्ध नहीं हुई।

दूसरे, कवि ने बीच-बीच में 'वेदना', 'निद्रा', 'काम', 'मलयानल' आदि का मानवीकरण करके ऐसे पात्रों के रूप में उपस्थित कर दिया है, जिनसे उर्मिला बात करती है और कभी उन्हें बुलाती है, कभी धमकाती है तथा कभी उन्हें दुतकार देती है। यथा 'कामदेव' से वह कहती है —

"मुझे फूल मत मारो !
मैं अबला बाल वियोगिनी कुछ तो दया विचारो !"

इस प्रकार के वार्तालाप प्रसंग की स्वाभाविकता को नष्ट कर देते हैं। कवि अपनी बात कहने के लिए मानवीकरण कर सकता है किन्तु इस सीमा तक नहीं कि काव्यगत पात्र ही उनसे आलाप, सम्भाषण करना आरम्भ कर दे।

साकेत के गीतों की प्रशंसा में भी बहुत कुछ कहा गया है। इसमें कोई सन्देह नहीं कि आत्म-वेदना की अभिव्यक्ति के लिए गीत एक श्रेष्ठ साधन है, पर साकेत के गीतों में विरहिणी उर्मिला वैयक्तिक दुःख को अभिव्यक्त नहीं करती अपितु वह बाह्य संसार के ही गुण-गान करती है। 'ओ गौरव-गिरि उच्च उदार', 'वेदने तू भी भली बनी !', 'विरह संग अभिसार भी !', 'दोनों ओर प्रेम पलता है !' आदि सभी गीतों में उर्मिला ने बाह्य संसार का वर्णन किया है। यह समझ में नहीं आता कि विरह-वेदना के सागर में डूबी हुई असहाय नवयुवती बाला को प्रकृति-गुण-गान की क्या आवश्यकता पड़ गई ! वह दार्शनिक की भाँति विरह के गुण-दोषों का विवेचन करती है—किसानों के महत्त्व का अंकन करती है ! इन गीतों में किसी व्यथित नारी का वेदनापूर्ण स्वर सुनाई नहीं देता, लगता है वहाँ कोई कवि अपनी कवित्व-शक्ति का प्रदर्शन; दार्शनिकता एवं अलंकारिता का प्रदर्शन कर रहा है !

साकेत के विरह-वर्णन को अति आदर्शवाद से भी ठेस पहुँची है। वेदना के इन कठोरतम शब्दों में भी—रनिवास की वासिनी होते हुए भी उर्मिला खेती-बारी के हाल-चाल तो पूछती है, साथ ही वह बीस पंक्तियों में कृषक की महानता के विषय पर एक उपदेशपूर्ण व्याख्यान भी देती है। लक्ष्मण को स्वप्न में भी घर आया देखकर वह चीख पड़ती है—लौट जाओ ! लौट जाओ !! (प्रिय, फिरो ! फिरो हा ! फिरो, फिरो !) कहना न होगा कि ऊर्मिला को आदर्शवादिनी बनाने की धुन में ही ये सारे अनावश्यक एवं अस्वाभाविक प्रसंग जोड़े गये हैं। आदर्शवादी मर्यादाशील तुलसी भी कम न थे, किन्तु उनके भी दृढ़-प्रतिज्ञ दशरथ वेदना के अतिशय वेग में सुमन्त को कहते हैं—"रथ चढ़ाइ देखराइ बनु, फिरेहु गएँ दिन चारि।" यही नहीं वे एक क्षीण आशा भी— यद्यपि

यह आशा एक भ्रममात्र ही थी—रखते हैं कि कदाचित् राम लौट आवेंगे। इसीलिए सुमन्त के लौटने पर पूछते हैं—

"आने फेरि कि बनहि सिधाए।"

भावना के प्रबल वेग में मनुष्य का कुछ क्षणों के लिए बुद्धि-व्यापार एवं नीति-नियमों को भूल जाना ही स्वाभाविक है ! इसीलिए तुलसी ने ऐसा लिखा है, इससे दशरथ की महानता को आघात नहीं पहुँचता, अपितु उनके वात्सल्य-भाव की दृढ़ता का ही पता लगता है !

द्विवेदी-मण्डल के काव्य-ग्रन्थों के चित्रण की स्वाभाविकता को ठेस पहुँचाने वाला एक और तथ्य है पौराणिक पात्रों की वास्तविक बुराइयों – न्यूनताओं पर लीपा-पोती करने का प्रयास। परम्परागत चरित्र के अनुसार कृष्ण एक रस-लोलुप-भ्रमर ही सिद्ध होते हैं, जो मथुरा में जाकर गोपियों को भुला देते हैं। इसीलिए सूरदास, नन्ददास आदि प्राचीन कवियों ने भ्रमरगीत प्रसंग में उन्हें पर्याप्त उपालम्भ का भागी बनाया है। पर 'हरिऔध' जी ने प्रियप्रवास के श्रीकृष्ण को सच्चा प्रेमी सिद्ध करने के लिए उनसे कहलवाया है—

"देखो यद्यपि है अपार, ब्रज के प्रस्थान की कामना।
होता मैं तब भी निरस्त, नित हूँ व्यापी द्विधा में पड़ा।।"

—(नवम सर्ग)

केवल कार्य-व्यस्तता के कारण ही एक व्यक्ति का अपने परिजनों से—जो कि केवल तीन-चार कोस की ही दूरी पर बैठे हैं—कभी न मिल पाना उचित कारण नहीं कहा जा सकता।

इसी प्रकार लक्ष्मण का भी परम्परागत जीवन-चरित्र भ्रातृत्व से ही ओत-प्रोत है जिसमें दाम्पत्य-भाव सदैव उपेक्षित रहा। पर गुप्तजी ने साकेत में लक्ष्मण को दाम्पत्य-भाव से भी पूर्णतः ओत-प्रोत दिखाया है। ऐसी स्थिति में प्रश्न उठता है—लक्ष्मण अपने साथ उर्मिला को वन में क्यों नहीं ले गये ? या लक्ष्मण उर्मिला को छोड़ कर राम के साथ क्यों गये ? यदि यह कहा जाय कि लक्ष्मण के साथ न जाने पर या उर्मिला के साथ ले जाने पर राम की पूरी तरह सेवा नहीं हो सकती थी तो यह भी उचित नहीं। जहाँ तक सेवा का सम्बन्ध है, राम अपने साथ एक-दो विश्वास पात्र सेवक ले जा सकते थे। यदि सीता साथ जा सकती थी तो उर्मिला को भी ने जाने में कोई आपत्ति नहीं थी। अन्यथा राम के लिए भी यह उचित नहीं था कि वे लक्ष्मण को अपने साथ ले जाते। लक्ष्मण को तो बनवास जाने की शर्त वरदान में भी नहीं थी, अतः यदि राम चाहते तो उन्हें भी भरत की ही भाँति अयोध्या लौटा सकते थे।

वस्तुतः जैसा दाम्पत्य-भाव गुप्तजी ने लक्ष्मण में दिखाया है वह उनके क्रिया-कलापों से मेल नहीं खाता। वह भी आश्चर्य की बात है कि उर्मिला ने भी वन में जाने का आग्रह एक बार भी नहीं किया, जबकि यह बात मर्यादा-विरुद्ध भी नहीं थी।

वस्तुत: इन कवियों ने जिन पौराणिक व ऐतिहासिक कथानकों को अपनाया उनकी मुख्य घटनाओं में तो वे परिवर्तन कर नहीं सकते थे और ऐसा किए बिना चरित्र का विकास दिखाना असंगत बेमेल सिद्ध हुआ ।

रस-सृष्टि - उपर्युक्त विवेचन से सिद्ध है कि इन कवियों ने शृंगार की केवल एक ही दशा—विरह को ही अपने काव्य में स्थान दिया । पर वह भी अतिआदर्शवादिता, अस्वाभाविक चित्रण एवं इतिवृत्तात्मक शैली के कारण प्रभाव-शून्य हो गया है । वस्तुतः इन कवियों का उद्देश्य भी प्रणय-भाव का विकास करना नहीं था । अत: इनके काव्यों में शृंगार का चरम-विकास संभव नहीं था । जिस प्रेम-रस के वैभव से हिन्दी का अधिकांश काव्य ओत-प्रोत है, उस पर इतना कठोर नियंत्रण करने का श्रेय सबसे पहले द्विवेदी-मंडल के कवियों को ही है । इन कवियों की आदर्शवादिता एवं मर्यादाशीलता तुलसी की आदर्शवादिता एवं मर्यादाशीलता से भी आगे बढ़ जाती है ।

—०—

16

'गुञ्जन' का कवि उन्मन क्यों ?

महाकवि पन्त ने अपगे गुञ्जन की भूमिका में लिखा है कि 'यह मेरे प्राणों का उन्मन गुञ्जन' है । इस संग्रह का नाम भी 'गुञ्जन' है । इसकी प्रथम कविता में भी इसी उन्मन गुंजन का भाव व्यक्त है—

> "उन्मन उन्मन गुंजन ।
> नववय के अलियों का गुंजन ।।"

अतः इस पंक्ति का महत्त्व और भी अधिक बढ़ जाता है । हमारे अनेक विद्वानों ने भी इस पंक्ति की व्याख्या की है किन्तु फिर भी वे इसे भली-भाँति स्पष्ट नहीं कर पाए । इन विद्वानों ने यहाँ 'उन्मन' का अर्थ उदासीन करते हुए बताया है कि गुंजन में कवि ने अपनी उदासीनता को व्यक्त किया है । या यों कहिए की गुंजन का कवि उदास है । इस उदासीनता का कारण क्या है ? इसका उत्तर देते हुए श्री शान्तिप्रसाद द्विवेदी ने लिखा है कि "पन्त का पूर्व कवि कठिन बचपन नहीं कोमल बचपन लेकर आया था । इसलिए इसकी कोमलता में करुणा का संस्कार भी था । आज के असह्य पीड़न को देखकर वह अपनी हँसी-खुशी को भूल गया ।" डा० कन्हैयालाल सहल ने भी 'उन्मन' का अर्थ उदासी करते हुए इसका मूल कारण भौतिक दुःखों को ही बताया है । वे लिखते हैं—"मनुष्य की व्याधि की कोई सीमा नहीं तो फिर उसका गुंजन उन्मन न हो तो क्या हो ।" हमारे विचार से यहाँ "उन्मन" का अर्थ उदासी करना उपयुक्त नहीं । उदास व्यक्ति गुंजन न करके गुम-सुम रहता है । गुंजन के पीछे तो हृदय के उल्लास और सुखमय अनुभूतियों की अभिव्यक्ति होती है । अतः गुंजन के साथ उदास विशेषण ही असंगत है । उदास और गुंजन का कोई मेल नहीं । दूसरे, गुंजन का कवि कहीं भी उदास नहीं दिखाई देता । उदास वह होता है जो दुःख से डरता है । किन्तु गुंजन का कवि तो सुख के साथ-साथ दुःख का आलिंगन करने को भी प्रस्तुत है । उदास व्यक्ति घर बसाने की बात नहीं सोचता । उसका मुख जंगल की ओर रहता है । गुंजन का कवि अपनी "भावी पत्नी" की प्रतीक्षा में व्यस्त रहता है । अपने हृदय-मन्दिर की दीवारों को भावनाओं के सौन्दर्य द्वारा शत-शत बार सुसज्जित करता है ।

वास्तव में 'उन्मन' शब्द के कई अर्थ हैं—उदास, चंचल आदि । चंचलता और गुंजार का मेल भी है । जब हृदय में प्रेम की चंचलता उमड़ती है तो वह शत-शत गीतों में स्वतः ही गुंजरित हो उठता है । गुंजन की प्रथम कविता में भी हृदय की इसी चंचलता का चित्रण मिलता है । कुछ पंक्तियाँ देखिए—

नीले-नीले ताम्र बौर,
रे गंध-अंध मदमस्त भौंर ।
× × ×

अर्थात् भँवरे वसन्त में कलियों के सौन्दर्य को देखकर चंचल हो उठते हैं । यही चंचलता उनके गीतों में फूट पड़ती है । क्या वसन्त में गुंजार करने वाले भँवरे को उदास माना जा सकता है ?

इस सारी कविता में एक रूपक दिया गया है जिससे 'उन्मन' का अर्थ स्पष्ट हो जाता है । वसन्त इसमें यौवन का प्रतीक है, फूली हुई कलियाँ नवयुवतियों की प्रतीक हैं, गुंजार या गुंजन छायावादी गीतों का प्रतीक है । जिस प्रकार कलियों के रस को लूटने के लिए भँवरे चंचल हो उठते हैं, उसी भाँति संसार के सौन्दर्य को पाने के लिए हमारे ये तरुण कवि जिनमें पन्त भी हैं, चंचल हो उठते हैं । इसका प्रमाण निम्नांकित पंक्तियों से मिल सकता है—

छाया उन्मन-उन्मन गुंजन, नववय के अलियों का गुंजन
जीवन मधु संचय को उन्मन × ×

अस्तु, इस कविता से स्पष्ट है कि गुंजन का कवि उदास नहीं चंचल है । जो उदासी और चंचलता को एक समझते हैं, वे भूल करते हैं । उदासी के कारण व्यक्ति निष्क्रिय हो जाता है जबकि चंचलता के कारण व्यक्ति अतिक्रियाशील हो जाता है । गुंजन का कवि निष्क्रिय नहीं अपितु क्रियाशील है ।

प्रश्न है कि इस चंचलता का कारण क्या है ? इसके उत्तर में हम निम्नांकित आधार प्रस्तुत कर सकते हैं—

(1) जैसा कि ऊपर कहा गया है कि कवि की यह चंचलता वैसी ही है जैसी वसन्त रूपी यौवन के आगमन के कारण नव प्रस्फुटित कलियों को देखकर भँवरे चंचल होने लगते हैं । गुंजन की रचना-काल के समय कवि अपने यौवन की चरम सीमा पर था । अतः उसका चंचल होना स्वाभाविक है । गुंजन की कुछ कविताएँ भी कवि की इस उत्तेजित अवस्था को सूचित करती हैं । 'भावी पत्नी के प्रति' कविता में स्थूल मिलन का चित्रण जिन शब्दों में किया है, वह उनकी वासनाजन्य चंचलता का प्रमाण है ।

(2) अब तक कवि का दृष्टिकोण पलायनवादी था, किन्तु गंगन में आकर उसका दृष्टिकोण प्रवृत्ति मूलक हो गया । जहाँ निवृत्ति उदासीनता को जन्म देती है वहाँ

प्रवृत्ति सांसारिक चंचलता को।

(3) अब तक कवि नारी-सौन्दर्य को केवल देखने की वस्तु समझता था, किन्तु गुंजन में आकर वह उसके उपभोग का आकांक्षी होता है। अस्तु, उपभोग की लालसा से चंचलता का आना स्वाभाविक है।

उपर्युक्त परिस्थितियों ने मिलकर 'गुंजन' के कवि को इतना चंचल बना दिया है कि वह एक क्षण के लिए भी पूर्ण शान्ति नहीं प्राप्त कर पाता। चाहे वह स्वच्छ, मधुरशील चाँदनी रात में नौका-विहार कर रहा हो या वह संध्याकालीन अरुणिमा में प्रस्फुटित प्रथम नक्षत्र के दर्शनों के साक्षात्कार में लीन हो रहा हो। उसके हृदय में परिस्थितियों की कटुता का विस्फोट और अतृप्त वासना का उद्वेलन इस प्रकार हो उठता है कि वह अपनी प्रसन्नता को भूल कर चंचल हो उठता है।

—o—

17

"पथिक ! प्रेम की राह अनोखी"

(प्रसाद के 'प्रेम-पथिक' का विवेचन)

प्रसाद का 'प्रेम-पथिक' मूलरूप में ब्रजभाषा में लिखा गया था, जिसका कुछ अंश 'इन्दु' में प्रकाशित हो चुका था। इसी का परिवर्तित, परिवर्द्धित एवं रूपान्तरित संस्करण खड़ी बोली में सन् 1914 ई० में प्रकाशित हुआ। यह एक प्रणय भावनाओं से ओत-प्रोत कल्पना प्रधान छोटा-सा प्रबन्ध काव्य है। कवि आत्माभिव्यंजक शैली में अपने विगत जीवन की करुण गाथा एक तपस्विनी को सुनाता है जिसकी कुटिया में वह विश्राम के लिए रात्रि व्यतीत करता है। तापसीबाला उससे प्रश्न करती है, 'हे पथिक, अपना यह वेश बनाकर वन-वन में क्यों फिरते हो ?' इसके उत्तर में वह प्रेम मार्ग का राही अपने अतीत की कष्टपूर्ण स्मृतियों को अनुभूतिपूर्ण शब्दों में सुनाने लगता है। उसकी बाल्यावस्था में ही पिता का देहान्त हो जाने के कारण उसका लालन-पोषण पिता के मित्र के घर में हुआ। उसी घर में उसका परिचय एक अपूर्व सुन्दरी बाला पुतली के साथ हुआ। उसके साहचर्य के कारण कवि का जीवन प्रसन्नता और माधुर्य से ओत-प्रोत हो गया था—

नित्य नई क्रीडा होती थी सुख से था संसार बना।
खेल खेल कर खुली हृदय की कली मधुर मकरन्द हुआ।।

× × ×

शीतल पवन लिए अंगों को कंपा दिया करती थी जो,
वे जाड़े की लम्बी रातें बातों में कट जाती थीं।
नया नया उल्लास कुसुम अवचय का मन में उठता था,
संध्या और सवेरा दोनों ही प्रकाशमय होता था।

× × ×

भद्रे, वे सब बीती बातें कैसे कहूँ, गिनाऊँ मैं।

इसी प्रकार दोनों के जीवन की मधुरचर्या चल रही थी कि एक दिन उन्होंने देखा, घर में सभी परिजन और पौरजन एकत्रित होकर किसी विशेष समारोह का

आयोजन कर रहे हैं। पूछने पर बताया गया, तुम्हारे चाचा की पुतली का फलदान जा रहा है। वह अल्हड़ किशोर इसका कोई अर्थ नहीं समझ सका। उसे क्या पता था कि इस फलदान में उसके जीवन की समस्त आशाओं और मधुरिमाओं का बलिदान निहित है और एक दिन उसने अपने आश्चर्य विह्वल नेत्रों से देखा कि पुतली का विवाह उस व्यक्ति से हो रहा है जिससे वह जरा भी परिचित नहीं, उसका हृदय रो पड़ा—

किन्तु कौन सुनता उस शहनाई में हृत्तन्त्री झङ्कार।
जो नौबतखाने में बजती थी अपनी गहरी धुन में,
रूखा शीशा जो टूटे सो सब कोई सुन पाता है,
कुचला जाना हृदय कुसुम का किसे सुनाई पड़ता है।

× × ×

खड़ा देखता था मैं भी घर के कोने से अभिनय को,
जीवन की सर्वस्व, प्रेम की पुतली, किसको अर्पित है ?

× × ×

भग्न हृदय उस गृह से बिछुड़ा, जैसा टूटा फल तरु से।

अन्त में अपनी कहानी सुनाने के अनन्तर जब पथिक ने तापसी के व्यथापूर्ण चेहरे की ओर देखा तो उसे ज्ञात हुआ कि वह कोई और नहीं, उसकी बाल सहचरी पुतली ही है। पति की मृत्यु के अनन्तर घर के वातारण से निराश होकर, इस सुनसान प्रदेश में वह इस प्रकार जीवन बिताने के लिए बाध्य हो गई थी। युगों के बाद दो भूले-भटके प्राण फिर मिले, किन्तु उनका यह मिलन क्षुद्र शारीरिक मिलन नहीं था, दो आत्माओं का दिव्य आध्यात्मिक स्तर का मिलन था।

प्रेरणा-स्रोत—यद्यपि यह रचना कवि की निजी अनुभूतियों से ओत-प्रोत है, किन्तु इसके कथानक का मूल स्रोत श्रीधर पाठक द्वारा अनुवादित 'एकान्तवासी योगी' (मूल रचना गोल्डस्मिथ का हर्मिट) है। दोनों की कथावस्तु में गहरा साम्य है, दोनों में ही प्रेमी-प्रेमिका में से एक आश्रयदाता है और दूसरा पथिक। दोनों में ही पथिक' अपने निराश प्रेम की कहानी सुनाता है और अन्त में श्रोता कोई और नहीं, वही व्यक्ति सिद्ध होता है, जिसके लिए पथिक दुःखी है। प्रसाद जी ने 'एकान्तवासी योगी' के कथानक में भारतीयता लाने के लिए यत्र-तत्र परिवर्तन भी कर दिया है। भारत में पथिकों का आतिथ्य गृहस्वामिनियों द्वारा ही होने की परम्परा रही है, अतः 'प्रेम पथिक' में भी पथिक पुरुष है और आश्रयदाता स्त्री। इसके अतिरिक्त पाठक जी के प्रेमी युग्म के प्रणय की असफलता का कारण नायिका की उपेक्षा है, जबकि प्रसाद ने पारिवारिक एवं सामाजिक परिस्थितियों को व्यवधान के रूप में चित्रित किया है। 'एकान्तवासी योगी' में प्रेम का उदय सौन्दर्य की प्रेरणा से होता है तथा उसका स्वरूप प्रारम्भ में एकांगी रहता है जबकि प्रसाद जी ने उसका क्रमिक विकास साहचर्य द्वारा दिखाते हुए उसे उभयपक्षीय व्यंजित किया है जो अधिक मार्मिक है। यह भी ध्यान रहे कि

बीसवीं शताब्दी में प्रेम के क्षेत्र में निराश होने वाले भारतीय नवयुवकों में से अधिकांश को असफलता का सामना माता-पिता द्वारा कन्याओं के विवाह में होने वाले हस्तक्षेप के कारण ही करना पड़ता है। सुमित्रानन्दन पन्त ने अपनी 'ग्रन्थि' में भी प्रणय की दुखान्त परिणति के मूल में इन्हीं परिस्थितियों का वर्णन किया है। उनमें भी माता-पिता के द्वारा नायिका का ग्रन्थि-बन्धन किसी और से हो जाता है और नायक का हृदय इन शब्दों में उफन पड़ता है—

कौन दोषी है ? यही तो न्याय है।
वह मधुप बिंध कर तड़पता है, उधर
दग्ध चातक तरसता है, विश्व का
नियम है यह, रो, अभागे हृदय, रो।

अस्तु, कहना चाहिए कि 'प्रेम-पथिक' का बाह्य ढांचा पाश्चात्य रचना 'एकान्तवासी' 'गोल्डस्मिथ के हर्मिट' से गृहीत है किन्तु उसकी अन्तरात्मा कवि के अपने युग, समाज और जीवन की अनुभूतियों से अनुप्राणित है।

काव्यत्व—काव्यत्व की दृष्टि से 'प्रेम-पथिक' एक अत्यन्त उत्कृष्ट कोटि की रचना है। यद्यपि इस प्रकार के लघु प्रबन्ध काव्य—'अयोध्या का उद्धार', 'वनमिलन', 'महाराणा का महत्त्व' कवि द्वारा और भी लिखे गए थे किन्तु उनमें लगता है, कवि का मस्तिष्क ही हृदय के कृत्रिम सहयोग से अभिव्यक्त हुआ है, हृदय का जैसा स्वाभाविक स्पन्दन, अनुभूतियों का जैसा अजस्र प्रवाह और अभिव्यक्ति की जैसी प्रौढ़ता इस काव्य में मिलती है, उसका उसमें अभाव है। उस श्रान्त पथिक के रूप में मानो स्वयं कवि ही हमारे नेत्रों के समक्ष उपस्थित हो जाता है और अपने हृदय को खोलकर दिखाने लगता है। प्रायः हिन्दी के आलोचकों और अनुसन्धान-कर्त्ताओं के मुँह से सुना जाता है कि उसे उन्होंने किसी को भी बताया या सुनाया नहीं। किन्तु प्रस्तुत पंक्तियों के लेखक का विश्वास है, 'प्रेम-पथिक' में जिस पुतली का चित्रण किया गया है वह कवि के हृदय की ही कोई पुतली थी, उसके जीवन सम्बन्धी इतिवृत्त में भले ही परिवर्तन कर दिया गया हो। अपनी ही प्रेयसी का गठबन्धन किसी और के साथ होते देखकर पथिक ने जिस शोकाकुल अवस्था का अनुभव किया था उसमें कवि की ही स्वानुभूतियाँ व्यंजित हैं। इस काव्य का एक-एक शब्द अनुभूतियों से इस प्रकार अनुप्राणित है मानो यह लिखा नहीं गया, कवि के हृदय से स्वतः ही उच्छ्वसित हुआ है। कथा के प्रारम्भ में ही कवि का हृदय भावोच्छ्वास से उद्वेलित हो उठता है—

शुभे, अतीत कथाएँ, यद्यपि कष्ट हृदय को देती हैं।
तो भी वज्र हृदय कर अपना, उसको तुम्हें सुनाता हूँ।

× × ×

कहाँ मित्रता कैसी बातें ! अरे कल्पना हैं सब ये
सच्चा मित्र कहाँ मिलता है ! दुखी हृदय की छाया सा।

काव्य के प्रारम्भ में नायक-नायिका के बाल्यकाल की क्रीड़ाओं एवं चेष्टाओं के निरूपण में भी कवि ने अत्यन्त स्वाभाविकता से काम लिया है। प्रकृति के चतुर्दिक वातावरण के चित्रण में छायावादी शैली का पूर्वाभास मिला है। छायावादी कवि के लिए प्रकृति उसकी सूक्ष्म भावनाओं की अभिव्यक्ति में सहायक के रूप में उपस्थित होती है। छत के एकान्त भाग में नवकिशोरी बाला और उसके प्रेमी युवक की प्रेमपूर्ण चेष्टाओं की अभिव्यंजना शुभ्र मेघखण्ड और उज्ज्वल शशि के मिलन दृश्यों द्वारा की गई है—

क्या था ? कैसी वह रजनी थी ? पूर्ण चन्द्र था सिर पर भी
हम दोनों थे छत पर बैठे, देख रहे थे प्रकृति कला।
सचमुच निर्मल नील गगन था, छिटक रहे थे नव तारे,
मेघखण्ड उस स्वच्छ सुधामय विधु को एक लगा ढँकने।

रसवादी दृष्टि से यहाँ प्रकृति का वातावरण नायक-नायिका की कोमल भावनाओं के लिए 'उद्दीपन' का कार्य करता है। रस के अन्य अवयवों, अनुभाव, संचारी-भाव आदि का भी चित्रण इस काव्य में सहज स्वाभाविक रूप से हो गया है। यहाँ केवल 'स्मृति' संचारी-भाव का उदाहरण द्रष्टव्य है—

प्रेम सिन्धु में प्रतिबिम्बित हो, शत शत रूप बनाता था।
धीरे धीरे बीती बातें याद लगीं पड़ने मुझको
शैशव के सब सुखद दिवस जो स्वप्न सदृश थे बीत गए,
सचमुच तन्द्रा सी मुझको फिर लगी, मोह में मुग्ध हुआ।

प्रसाद प्रेम के स्वच्छ, मधुर एवं पवित्र स्वरूप को ही स्वीकार करते हैं। इस काव्य में भी, यद्यपि यह यौवन की मधुर कल्पनाओं से ओत-प्रोत है, वासना-पूर्ति की क्षुद्र लालसा कहीं भी दृष्टिगोचर नहीं होती। उनकी दृष्टि आलम्बन के स्थूल सौन्दर्य की अपेक्षा उसके हृदय के माधुर्य की ओर ही अधिक उन्मुख रहती है। नारी सौन्दर्य का आख्यान सारे काव्य में केवल एक स्थल पर किया गया है, किन्तु उसमें भी कवि की लेखनी संयम और मर्यादा का अतिक्रमण नहीं करती—

कहाँ स्निग्ध सौन्दर्य तुम्हारा ! वह लावण्य कहाँ है अब ?
वे सब अलस कटाक्ष कहाँ हैं ! वे घूंघराले बाल कहाँ !
वह उन्मादक रूप, शिशिर के बूंद सदृश क्या लुढ़क गया ?
सच है, या कि स्वप्न है, क्या आश्चर्य आज मैं देख रहा !

यहाँ वक्ता के स्वर में सौन्दर्योपभोग की कामना कम है, प्रिया की ऐश्वर्य-श्री के क्षरित हो जाने की वेदना और उसके प्रति सहानुभूति की ध्वनि ही अधिक व्यंजित हो रही है। प्रिय के पुरातन सम्बन्ध के साथ-साथ उसके रूप वैभव की स्मृति आना मन की एक स्वाभाविक प्रवृत्ति है, जिसे हम कामुकता से ग्रस्त नहीं कह सकते।

सन्देश—कवि के दार्शनिक विचारों की अभिव्यक्ति भी, 'प्रेम-पथिक' में प्रेरणा-

दायक शब्दों में हुई है। युवक-युवतियों के प्रणयोच्छ्वास को अन्धानुरक्ति बताते हुए कवि ने उच्छृङ्खल प्रेम की ओर भर्त्सना की है। प्रणय का सच्चा स्वरूप निष्काम और निःस्वार्थ प्रेम में ही निहित है। इस प्रकार का प्रेम व्यक्ति विशेष तक ही सीमित नहीं रहता, उसके प्रभाव से समष्टि के सभी प्राणी आत्मीयजन से प्रतीत होने लगते हैं। ऐसी स्थिति में संसार व्यक्ति के लिए एक आनन्द का स्रोत बन जाता है और उसकी आत्मा किसी अलौकिक शक्ति के सान्निध्य का अनुभव करने लगती है। वस्तुतः प्रेम का यह व्यापक रूप ही प्रभु का स्वरूप है—

प्रेम पवित्र पदार्थ, न इसमें कहीं कपट की छाया हो।
इसका परिमित रूप नहीं जो व्यक्तिमात्र में बना रहे।
क्योंकि यही प्रभु का स्वरूप है, जहाँ कि सब को समता है।

जो व्यक्ति प्रेम के संकुचित स्वरूप को लेकर चलते हैं उन्हें अन्त में निराशा और दुःख का सामना करना पड़ता है। किन्तु इसके विचारानुसार दुःख-सुख दोनों लीलामय की ही लीला है। अस्तु, जिसे हम दुःख समझते हैं उसमें भी समष्टि के सुख और कल्याण की कोई-न-कोई बात निहित रहती है। वस्तुतः हमारे प्रेम का लक्ष्य सांसारिक स्थूल मिलन नहीं, विश्वात्मा से हमारी आत्मा का अक्षय सम्मेलन होना चाहिए—

आओ गले नहीं प्रत्युत् हम हृदय हृदय से मिल जायें।
जीवन पथ में सरिता होकर उस सागर तक दौड़ चलें॥

—o—

18

प्रसाद का 'आँसू' : एक विश्लेषण

प्रसाद की रचनाओं में 'आँसू' का बहुत ऊँचा स्थान है। इसका प्रथम संस्करण सन् 1925 ई० में प्रकाशित हुआ था। सात-आठ वर्षों के पश्चात् इसका दूसरा संस्करण निकला जिसमें कुछ छन्दों का क्रम बदल दिया गया तथा कुछ नए छन्द जोड़ दिए गए। वस्तुतः प्रथम संस्करण के प्रकाशन के अनन्तर प्रसाद की विचारधारा में जो नया विकास हुआ उसी का प्रभाव द्वितीय संस्करण के परिवर्द्धित अंशों में दिखाई पड़ता है। 'आँसू' के नवीनतम रूप में प्रसाद कोरे भावुक प्रेमी ही नहीं है, एक चिन्तनशील दार्शनिक भी हैं, अतः वे प्रणयानुभूतियों के साथ-साथ जीवन के लिए एक नया आदर्श भी प्रस्तुत करते हैं।

वस्तु तत्व—यद्यपि 'आँसू' एक विरही हृदय के सहज स्वाभाविक उच्छ्वास के रूप में ही प्रस्तुत है, कथानक की रूप-रेखायें उसमें स्पष्ट रूप में दृष्टिगोचर नहीं होतीं, किन्तु फिर भी अतीत की अभिव्यंजना इसमें योजनाबद्ध ढंग से हुई है, जिससे प्रणय-गाथा के सूक्ष्म संकेत उपलब्ध हो जाते हैं। आरम्भ में कवि पाठक को सम्बोधित करके "अवकाश भला है किनको सुनने को करुण कथायें", अपनी दुःख गाथा सुनाने के लिए उपयुक्त पृष्ठभूमि तैयार करता है, तदनन्तर उस अज्ञात के प्रथम दर्शन की अनुभूतियों का चित्रण करता हुआ बताता है कि किस प्रकार उनका सम्बन्ध धीरे-धीरे प्रारम्भिक परिचय से घनिष्टता में परिणत हो गया। उनके प्रणय सम्बन्ध के मूल में आलम्बन का सौन्दर्य ही प्रेरक तत्व था, इस तथ्य का आभास प्रिय के रूप में वैभव सम्बन्धी वर्णन से मिल जाता है। पूर्वराग के अनन्तर उनके जीवन में मिलन की मधुर घड़ियों का प्रवेश होता है, कवि की चेतना आनन्द-मदिरा के पान में लवलीन होकर बेसुध हो जाती है। जब उसकी आँख खुलती है तो पता चलता है कि वह रूप की मोहमाया एक छलना मात्र थी, जिस व्यक्ति से प्यार किया था, वह हृदयहीन सिद्ध हुआ—

"वह रूप रूप था केवल
या हृदय रहा भी उसमें,
जड़ता की सब माया थी
चैतन्य समझ कर मुझमें।"

कवि का विरही हृदय कातरता से ओत-प्रोत हो गया है। वह दैन्य एवं उपालम्भ भरे शब्दों में अनुनय-विनय करता है, अपनी वेदनापूर्ण अवस्था का वर्णन करता हुआ प्रिय के हृदय को पिघलाने का प्रयत्न करता है, उसे आशा थी कि एक न एक दिन प्रियतम अवश्य पसीज कर उसे दर्शन देंगे, किन्तु सब कुछ व्यर्थ ! उस निष्ठुर पर इसका कोई प्रभाव नहीं हुआ। अन्त में कवि व्यापक दार्शनिक धरातल पर पहुँच कर अपनी वेदना को भुला देने, उसे लोक कल्याणकारी रूप देने के प्रयास में लीन हो जाता है।

प्रेमानुभूतियों की व्यंजना —इस काव्य का आरम्भ ही शृंगार के वियोग पक्ष से होता है। अतीत की स्मृतियाँ कवि के हृदय में जलते हुए स्फुलिंगों की भाँति धधक रही हैं, लगता है मानो श्वासें भी चल-चल कर उस अग्नि को और भी अधिक प्रदीप्त कर रही हैं। उसे क्या पता था कि प्रणयसिंधु के कोमल तल में बाडव ज्वाला छिपी हुई है, उस समय तो प्यासी मछली की भाँति उसकी आँखें सौन्दर्य नीर के आकर्षण में भटक गईं, किन्तु अब उसे सारा संसार वेदनामय प्रतीत होता है—

**"बुलबुले सिन्धु के फूटे
नक्षत्र मालिका टूटी
नभ मुक्त कुंतला धरणी
दिखलाई देती लूटी।"**

शोक-संतप्त-प्राणी को सारा विश्व शोक-ग्रसित दिखाई देता है, यह एक मनोवैज्ञानिक तथ्य है। कालिदास के शोक-ग्रसित पुरुरवा को भी वन में भटकते हुए गजराज के उदासीन मुख से वियोग संतप्त प्राणी की वेदना का अनुभव हुआ था, सूरदास की गोपियों को भी अपनी ही वेदना का प्रतिबिम्ब पशु-पक्षियों की दुःखपूर्ण मुद्रा में दिखाई दिया था। किसी वंचक को हृदय लुटा देने वाले प्रणयी प्रसाद को भी आज कुछ ऐसा ही अनुभव हो रहा है। नभ, धरती, सिंधु सब कुछ उसे रिक्त, शून्य, वंचित दिखाई रहे हैं।

किस प्रकार प्रणय की वे मधुर अभिलाषायें मन में उदित हुई थीं और फिर वे अपार व्यथा को जन्म देकर लुप्त हो गईं। सुख की वे रंगीन कल्पनाएँ किस प्रकार पलकों को भिगोकर स्वप्न की भाँति विलीन हो गईं, जब इन सब बातों पर वह निराश पड़ प्रेमी विचार करता है तो उसका हृदय काँप उठता है—

**"मादक थी मोहमयी थी
मन बहलाने की क्रीड़ा
अब हृदय हिला देती है
वह मधुर प्रेम की पीड़ा।"**

और फिर अतीत का सारा इतिहास नेत्रों के समक्ष उपस्थित हो जाता है। प्रथम मिलन की वह मधुर रात्रि ! तारों के दीप चारों ओर जगमगा रहे थे। चाँदनी

मुस्करा रही थी। तुम मेरे पास आए। अपरिचित थे, किन्तु ऐसा लगा हम युग-युगों से परिचित हैं। जलनिधि का हिमकर से क्या परिचय है ? एक जब अपनी लहरों से आह्वान करता है तो दूसरा अपनी किरण भुजाओं को आगे बढ़ा देता है। हमारा मिलन भी कुछ ऐसा ही था—

"मैं अपलक इन नयनों से, निरखा करता उस छवि को
प्रतिमा डाली भर लाता, कर देता दान सुकवि को।
निर्झर सा झिर झिर करता, माधवी कुंज छाया में
चेतना बही जाती थी हो मन्त्र मुग्ध माया में।"

यहाँ कवि ने संयोगानुभूतियों का चित्रण जिस सांकेतिक शैली में किया है वह हिन्दी काव्य के लिए अपूर्व है। अश्लीलता, नग्नता और कामुकता से शून्य, मिलन का ऐसा भव्य चित्रण, विश्व की बहुत थोड़ी रचनाओं में उपलब्ध होगा।

सौन्दर्य चित्रण—संयोगकालीन दृश्यों की भाँति प्रिया के रूप वैभव की स्मृति भी विरही के हृदय को झकझोर देती है। प्रेयसी की सजीव प्रतिमा में कुछ ऐसी विशेषता थी कि उसकी छवि आँखों में अब तक बसी हुई है, हृदय पर एक अमिट लकीर-सी खिंची हुई है। उसके समस्त अंग-प्रत्यंगों में एक अपूर्वता थी—

"बाँधा था विधु को किसने इन काली जंजीरों से।
मणिवाले फणियों का मुख, क्यों भरा हुआ हीरों से
काली आँखों में कितनी यौवन के मद की लाली
मानिक मदिरा से भर दी किसने नीलम की प्याली।"

इस प्रकार कवि उसके सारे नख-शिख का आख्यान विस्तार से करता है। उसमें अनेक परम्परागत उपमानों के साथ-साथ कुछ नई कल्पनाओं का भी प्रयोग किया गया है, फिर भी रीतिकालीन नख-शिख वर्णन की भाँति यह उबा देने वाला सिद्ध नहीं होता। अनुभूति के योग के कारण वह पाठक के हृदय को चमत्कृत कर देने में समर्थ है।

उपालम्भ—एक बार हृदय लेकर सदा के लिए विमुख हो जाने वाले निष्ठुर प्रणयी के हृदय को प्रभावित करने के लिए अपनी वेदनापूर्ण गाथा सुनाने के अतिरिक्त प्रेमी के पास और कौन-सा उपचार शेष रह जाता है। और यदि वह उपचार भी असफल हो गया तो विवश हृदय अपना क्षोभ व्यंग्य और उपालम्भ के स्वरों में व्यक्त करने के अतिरिक्त और क्या कर सकता है। निष्ठुर श्याम को भी गोप बालायें केवल इतना ही तो कह कर रह गईं, "मधुकर, तुम रस लम्पट लोग।" इन व्यंग्योक्तियों का प्रिय पर कुछ प्रभाव पड़े या न पड़े किन्तु वियोग संतप्त हृदय का भार तो किंचित् मात्रा में हल्का ही हो जाता है। प्रसाद भी अपने प्रिय को 'निष्ठुर', 'हृदयहीन' आदि शब्दों से सम्बोधित करते हुए उपालम्भ देते हैं—

लहरों में प्यास भरी है, है भंवर पात्र भी खाली,
मानस का सब रस पीकर लुढ़का दी तुमने प्याली।
मादकता से आए तुम, संज्ञा से चले गए थे,
हम व्याकुल पड़े बिलखते, थे उतरे हुए नशे से ।।

× × ×

निष्ठुर यह क्या छिप जाना ? मेरा भी कोई होगा,
प्रत्याशा विरह निशा की, हम होंगे और दुःख होगा।

उपर्युक्त पंक्तियों में असंतोष जनित रोष की अभिव्यक्ति अधिक हुई है, विवश हृदय की कोमल दीनता का भाव कम है। 'मैं' और 'तुम' के अत्यधिक प्रयोग से यह भी स्पष्ट है कि प्रेमी के अहं का विगलन अभी पूर्णतः नहीं हुआ है। फलतः उसमें अपनत्व की पूर्णता नहीं झलकती। किन्तु वेदना की अनुभूति में ज्यों-ज्यों प्रखरता आती है उसके उपालम्भ का स्वर कोमलतर होता चलता है। अन्त में उसका तीक्ष्ण व्यंग्य करुण विवशता में परिणत हो जाता है—

अब छूटता नहीं छुड़ाए, रंग गया हृदय है ऐसा।
आँसू से धुला निखरता, यह रंग अनोखा ।।

वेदनाभूति का विस्तार— अपनी प्रणय गाथा के उत्तरार्द्ध में पहुँचते-पहुँचते कवि का हृदय वेदना की अनन्त धाराओं से आक्रांत हो जाता है। कभी वह अतीत की मधुर स्मृतियों से हर्ष-विह्वल हो उठता है, कभी प्रियतम के रूप वैभव का आख्यान करता हुआ सौन्दर्यानुभूतियों से तरंगित हो जाता है, कभी निष्ठुर की कठोर उदासीनता के ध्यान से उत्तेजित स्वरों में उफन पड़ता है तो कभी दैन्य, विवशता ग्लानि और अनुताप से पीड़ित होने लगता है। भावनाओं के इस ज्वार में कवि के मानस की सघन वेदना का प्रत्यक्षीकरण हो जाता है—

मणि द्वीप लिए निज कर में, पथ दिखलाने को आए।
वह पावक पुंज हुआ अब किरनों की लट बिखराए ।।

× × ×

नाविक, इस सूने तट पर, किन लहरों में खे लाया।
इस बीहड़ वेला में क्या अब तक था कोई आया ।।
यह पारावार तरल हो, फेनिल हो गरल उगलता।
मथ डाला किस तृष्णा से, तल में बड़वानल जलता ।।

× × ×

अवकाश शून्य फैला है, है शक्ति न और सहारा।
अपदार्थ तिरूँगा मैं क्या, हो भी कुछ कूल किनारा।

उपर्युक्त पंक्तियों में वेदना की तीव्र प्रतिक्रिया के फलस्वरूप क्रमशः अनुताप, ग्लानि और निराशा की व्यंजना हुई है, किन्तु आगे चलकर कवि की इस असीम

वेदना का प्रत्यावर्तन होने लगता है, उसकी चंचल व्यथा स्थिर मनोदशा का रूप ग्रहण करने लगती है और उनकी निराशा की शुष्क लता में मिलनाकांक्षा के पल्लव प्रस्फुटित होने लगते हैं—

चमकूंगा धूल कणों में, सौरभ हो उड़ जाऊँगा ।
पाऊँगा कहीं तुम्हें तो ग्रह पथ में टकराऊँगा ।।

साधारण प्रेमी निराशा की घोर अवस्था में पहुँचने के अनन्तर निर्वेद और वैराग्य की भावनाओं से ग्रस्त हो जाता है, किन्तु प्रसाद अपनी सुदृढ़ दार्शनिकता और व्यापक अनुभूतियों के कारण पुनः स्वस्थ तथा सबल हो उठते हैं और संसार के असीम सौन्दर्य में अपने प्रियतम की रूप-सुधा का दर्शन करने लगते हैं—

प्राची के अरुण मुकुर में, सुन्दर प्रतिबिम्ब तुम्हारा ।
उस अलस उषा में देखूं, अपनी आँखों का तारा ।।

तत्त्व चिन्तन—लौकिक प्रेम से निराश होकर व्यक्ति या तो आत्म-हनन की ओर अग्रसर हो जाता है अथवा वह संसार के दुःखी और सन्तप्त प्राणियों की वेदना में अपनी अनुभूतियों का प्रतिबिम्ब देखता हुआ उनकी सुश्रूषा में लीन हो जाता है । प्रसाद दूसरी कोटि में आते हैं, उनके सभी प्रेम-काव्यों की परिणति निराशा में प्रेमी-प्रेमियों के सम्बन्ध की अस्थिरता में होती है, किन्तु दूसरे ही क्षण मानो वे या उनके नायक संभल जाते हैं और अपनी इस कटु अनुभूति को उच्च दार्शनिकता के धरातल पर संजोकर उसे मंगलकारी रूप प्रदान कर देते हैं । यह बात उनके 'प्रेम पथिक', 'आँसू', 'कामायनी' आदि काव्यों में ही नहीं, अजातशत्रु, स्कन्धगुप्त और चन्द्रगुप्त जैसे नाटकों में भी मिलती है । प्रसाद ने अपने नेत्र ऐश्वर्य सौन्दर्य-श्री से परिपूरित घर में खोले थे, यौवन उनका प्रेम की उन्मादिनी कल्पनाओं में बीता और जीनव की प्रौढ़ता में पहुँच कर उन्होंने संसार की उस क्षण-भंगुरता का साक्षात्कार किया जिसने उन्हें किसी अलौकिक सत्ता और निर्वेदमूलक दर्शन का आश्रय ग्रहण करने को बाध्य कर दिया । इस प्रकार प्रसाद का जीवन श्रद्धा और इड़ा, भावना और ज्ञान, प्रेम और वैराग्य के समन्वय का सुन्दर उदाहरण है, जिसकी प्रतिच्छाया उनकी सभी रचनाओं की सुख-दुःखमय परिणति में मिलती है । 'आंसू' का कवि भी कामायनीकार की इसी प्रौढ़ समन्विति की ओर अग्रसर है ।

अपनी प्रेमानुभूतियों की विशद व्यंजना के अनन्तर 'आँसू' में कवि सबसे पूर्व जिस सत्य का अनुभव करता है, वह है सांसारिक सम्बन्धों की क्षण-भंगुरता । अपने प्रणय की असफल गाथा सुनाने के अनन्तर ज्यों ही कवि प्रकृति की बाह्य चेष्टाओं पर दृष्टिपात करता है तो उसे लगता है बाह्य जगत के सभी पदार्थ जड़ और चेतन, उसी की भाँति किसी न किसी शोक से ग्रस्त हैं—

कलियों को उन्मुख देखा, सुनते वह कपट कहानी ।
फिर देखा उड़ जाते भी मधुकर को कर मनमानी ।।

× × ×

सूनी कुटिया के कोने में रजनी भर जलते जाना।
लघु स्नेह भरे दीपक का, देखा है फिर बुझ जाना।।

दूसरों की दु:खपूर्ण अवस्थाओं को देखकर कवि के व्यथाग्रस्त हृदय को कुछ शान्ति का अनुभव होता है। धीरे-धीरे वह लौकिक आलम्बन को भूलकर किसी अलौकिक सौन्दर्य की ओर उन्मुख होता है। विश्व के कण-कण में उसे उसी की लीला के संकेत दृष्टिगोचर होते हैं। ऐसी स्थिति में कुरूप वस्तुओं में भी उसे किसी सुरूप का, दु:खद घटनाओं में भी किसी व्यापक सुख की व्यवस्था का आभास होने लगता है। अन्त में वह इस निष्कर्ष पर पहुँचता है कि दु:ख भी जीवन के लिए अपरिहार्य है और जो अपरिहार्य है उसके लिए शोक कैसा। अस्तु, हृदय की निगूढ़ वेदनाओं से आप्लावित आँसू भी विश्व के लिए सौख्य और मंगल के उपकरण लेकर बरसेंगे, यह आशा कवि के अशान्त मन को आश्वस्त कर देती है—

सब का निचोड़ लेकर तुम, सुख से सूखे जीवन में
बरसो प्रभात हिमकन सा, आँसू इस विश्व सदन में।

—०—

19

'कामायनी' में रूपक तत्त्व : विभिन्न दृष्टिकोण

'कामायनी' के रूपक तत्त्व की व्याख्या करने से पूर्व हमें 'रूपक' शब्द का अर्थ भली प्रकार स्पष्ट कर लेना चाहिए। प्राचीन काव्य शास्त्र में रूपक दो अर्थों में प्रयुक्त हुआ है, एक नाटक के और दूसरे अलंकार विशेष के लिए। नाटक में एक व्यक्ति पर किसी अन्य पात्र का तथा रूपक अलंकार में उपमेय पर उपमान का आरोपण किया जाता है। इसके अतिरिक्त नाटक और अलंकार दोनों प्रकार के रूपकों में ही यह आरोपण अभेदपूर्वक होता है। आधुनिक साहित्य शास्त्र में भी काव्य रचना की ऐसी पद्धति को जहाँ कथावस्तु और पात्रों के प्रस्तुत अर्थ पर अप्रस्तुत का आरोपण किया जाता है, रूपक की संज्ञा दी जाती है। रूपक का यह नवीन अर्थ जहाँ-जहाँ अपने प्राचीन अर्थ के सर्वथा अनुकूल है, पाश्चात्य साहित्य में प्रचलित 'एलिगरी' (Allegory) का भी समानार्थक है। इसका अधिक स्पष्टीकरण करते हुए डॉ० नगेन्द्र ने लिखा है, "कथा-रूपक में एक कथा का दूसरी पर अभेद आरोप होता है। एक कथा-प्रस्तुत और दूसरी अप्रस्तुत रहती है। प्रस्तुत तथा स्थूल भौतिक घटनामयी होती है और अप्रस्तुत कथा सूक्ष्म सैद्धान्तिक होती है। यह सैद्धान्तिक कथा दार्शनिक, नैतिक, राजनैतिक, सामाजिक, वैज्ञानिक, मनोवैज्ञानिक आदि किसी प्रकार की हो सकती है। परन्तु इसका अस्तित्व मूर्त नहीं होता। वह प्राय: प्रस्तुत कथा का अन्य अर्थ ही होता है जो उससे ध्वनित होता है, किसी प्रबन्ध काव्य की प्रासंगिक कथा की भाँति जुड़ा हुआ नहीं होता।" कामायनी के रूपक में उपर्युक्त सारी विशेषताएँ मिलती हैं। स्वयं कवि ने इस तथ्य को स्वीकार किया है, "यह आख्यान इतना प्राचीन है कि इतिहास में रूपक का भी अद्भुत मिश्रण हो गया है। इसीलिए मनु, श्रद्धा और इड़ा इत्यादि अपना ऐतिहासिक अस्तित्व रखते हुए सांकेतिक अर्थ की भी अभिव्यक्ति करें तो मुझे कोई आपत्ति नहीं।' वकामायनी में इड़ा के व्यक्तित्व तथा काव्य की अन्तिम घटनाओं के संगठन में अप्रस्तुत से सम्बन्धित तत्त्वों का प्रयोग इतनी स्पष्टता से किया गया है कि जिससे प्रमाणित हो जाता है कि कवि ने प्रयासपूर्वक रूपक का आरोपण किया है। अन्यथा इड़ा की रेशमी मुलायम अलकों को शुष्क 'तर्क जाल' बताने की तथा उसके

नारी सुलभ कोमलता से परिपूर्ण हृदय पर 'संसृति के समस्त ज्ञान विज्ञान' का भार थोपने की आवश्यकता नहीं पड़ती।

कामायनी के प्रतीकार्थों का भी किंचित् संकेत रचयिता ने भूमिका में कर दिया है। 'मनु अर्थात् मन के दोनों पक्ष हृदय और मस्तिष्क का सम्बन्ध क्रमशः श्रद्धा और इड़ा से भी सरलता से लग जाता है।' मन के रूपक में अस्तु, मनु के, श्रद्धा हृदय पक्ष के, इड़ा मस्तिष्क पक्ष के प्रतीक हैं। कथा के आरम्भ में मन चिन्तना में लीन है। हृदय पक्ष अर्थात् भावनाओं से शून्य हो जाने पर मन कोरी शुष्क कल्पनाओं में ही भटक जाता है जो उसे निर्बल, अशक्त और गतिहीन बना देती है। किन्तु ज्यों ही मन को श्रद्धारूपी भावनाओं का सहयोग प्राप्त होता है वह एक नई चेतना से स्पन्दित हो उठता है, आशा और उल्लास से ओत-प्रोत होकर वह कर्मक्षेत्र की ओर अग्रसर हो जाता है। भावनाओं की प्रेरणा से ही मानव मन को कठिन से कठिन कार्य में प्रवृत्त होने की शक्ति मिलती है। पर कोरी भावुकता धोखा भी खा जाती है। बुद्धि तत्त्व के अभाव में मन भले-बुरे के विवेक से शून्य हो जाता है, अतः वह कर्म की ओर अग्रसर होता है, किन्तु 'कर्म' कैसा है, उसका परिणाम शुभ होगा या अशुभ, इसका निर्णय वह नहीं कर पाता। भावुक व्यक्ति को जो चाहे बहका सकता है, फुसला सकता है। मनु के मन के साथ भी ऐसा ही होता है। किराताकुलि जो कि आसुरी प्रवृत्तियों के प्रतीक हैं उसे फुसला कर 'हिंसा' मार्ग की ओर ले जाते हैं। जब भावुक मन एक बार पतन की ओर अग्रसर होता है तो फिर वह अपने आपको रोक नहीं पाता। अस्तु, मनु भी आसुरी प्रवृत्ति के फेर में पड़कर क्रमशः हिंसा, कामुकता, ईर्ष्या आदि से ग्रस्त हो जाता है और अन्त में वह उद्भ्रान्त होकर अपना सब कुछ खो देता है।

भावुक व्यक्तियों को भी ठोकर खाकर संभलते देखा गया है। कई बार ऐसा भी होता है कि निराश प्रेमी अत्यन्त कठोर, शुष्क और बौद्धिक हो जाते हैं। अनेक छायावादी कवियों का व्यक्तित्व इस बात का प्रमाण है। प्रसाद, पन्त और निराला जो कि अपने जीवन के आरम्भ में भावनाओं की रंगीनियों में डूबे रहते थे, जीवन के उत्तर-काल में शुष्क दार्शनिक बन बैठे। अस्तु, ऐसी ही प्रतिक्रिया मनु रूपी मन में होती है, अब भावुकता के स्थान पर अति बौद्धिकता, इड़ा का आश्रय ग्रहण करता है। सांसारिक क्षेत्र में भाव प्रवण व्यक्तियों की अपेक्षा बुद्धिमान अधिक सफल होते हैं। सारस्वत प्रदेश में इड़ा के सहयोग से मनु की उन्नति इस तथ्य को व्यंजित करती है। किन्तु मन की इस अवस्था में, जितना ही उसका मस्तिष्क पक्ष प्रौढ़ होता है उसमें स्वार्थपरायणता बढ़ जाती है। अपने अहं की तुष्टि के लिए वह अनुचित को भी तर्क द्वारा उचित सिद्ध करना चाहता है, दूसरे के अधिकारों को भी हड़प लेने का प्रयास करता है, फलतः संघर्ष का जन्म होता है। यदि इस संघर्ष में भी मन को बुद्धि का सहयोग प्राप्त हो तो वह सफलता से इसका सामना कर सकता है किन्तु ऐसी परिस्थितियों में प्रायः मन अशान्त हो उठता है, विवेक बुद्धि को रुष्ट कर देता है, फलतः उसे असफलता और

निराशा होती है।

सांसारिक असफलताओं से क्षुब्ध होकर मन पुनः हृदय की ओर अग्रसर होता है। क्रमशः उसे 'ग्लानि', 'संकोच' और 'निर्वेद' का अनुभव होता है। फलतः वह कोरी भावुकता और कोरी बुद्धि दोनों से परे जाकर आत्मचिन्तन में लीन हो जाता है। धीरे-धीरे मन का विकास होता है, उसके चिन्तन का स्तर अधिक-से-अधिक ऊँचा उठता चलता है, अंत में वह श्रद्धा के नेतृत्व में अत्यन्त उच्च धरातल पर पहुँच जाता है ज्ञान, क्रिया और भावना में संबंध हो जाता है और वह अद्भुत आनन्द का अनुभव प्राप्त करता है।

कामायनी के उपर्युक्त रूपक में कुछ असंगतियाँ भी मिलती हैं-- (1) जबकि मनु श्रद्धा के ही नेतृत्व में सच्चा आनन्द प्राप्त करते हैं तो ऐसा मनु श्रद्धा के प्रथम मिलन के अवसर पर क्यों नहीं हुआ? (2) भावनाओं के प्रतीक श्रद्धा और ज्ञान, बुद्धि की प्रतीक इड़ा के अलग पात्रों के रूप में उपस्थित होते हुए भी ज्ञान, भाव और कर्म इन तीन पिन्डों की अलग-अलग रूप में कल्पना करने की क्या आवश्यकता थी? (3) मनु और मानव दोनों का प्रतीक दृष्टि से क्या सम्बन्ध है, इसका कोई उत्तर नहीं मिलता। (4) कवि ने समरसता तथा ज्ञान, भावना और कर्म के समन्वय से आनन्द की प्राप्ति का सन्देश दिया है जबकि मनु केवल श्रद्धा, भावना के ही नेतृत्व में आगे बढ़ते हैं, बुद्धि, इड़ा पीछे रह जाती है, और कर्मक्षेत्र से भी वे दूर चले जाते हैं, ऐसी स्थिति में उन्हें आनन्द की उपलब्धि कैसे हो सकती थी? कुछ विद्वानों ने इसका समाधान करने के लिए श्रद्धा को आस्तिक बुद्धि का प्रतीक बताया है, किन्तु उस स्थिति में इड़ा का कोई अलग महत्त्व नहीं रह जाता।

उपर्युक्त असंगतियों में से प्रथम का समाधान इस प्रकार किया जा सकता है कि मनु और श्रद्धा के प्रथम मिलन के अवसर पर मन, मनु की चित्तवृत्तियों का पूर्णतः संस्कार नहीं हुआ था, उस समय उसमें अहं और काम का अंश अधिक होने के कारण वह श्रद्धा के सान्निध्य में भी आनन्द प्राप्त करने में असमर्थ रहा जबकि आगे चल कर ग्लानि एवं निर्वेद के कारण अहं का नाश हो जाता है, मन निर्लिप्त भाव से श्रद्धा का नेतृत्व ग्रहण करता है, अतः उसे सफलता मिलती है। दूसरी असंगति ज्ञान, कर्म और भावलोक की सत्ता से सम्बन्ध रखती है। ऐसा लगता है यहाँ कवि ने समरसता के सिद्धांत का प्रतिपादन स्वतन्त्र रूप से किया है, मूलरूपक से उसका विशेष सम्बन्ध नहीं है। रूपक की शेष असंगतियाँ भी समरसता के सिद्धांत से संबंध रखती है। वस्तुतः प्रसाद का रूपक मनोविज्ञान से सम्बन्ध रखता है किन्तु उसमें कुछ आध्यात्मिक तत्त्वों एवं शैव दर्शन का मिश्रण भी आगे चलकर किया गया, इसीलिए ये असंगतियाँ दृष्टिगोचर होती हैं। मनु का पुत्र मानव भी रूपक से असम्बद्ध ही प्रतीत होता है।

कामायनी का उपर्युक्त रूपक जायसी कृत 'पद्मावत' के रूपक से भी गहरा साम्य रखता है। उसका नायक रत्नसेन मन का प्रतीक है, नागमती सांसारिक आकर्षण है तथा पद्मिनी सिंहल रूपी हृदय में रहने वाली सात्विक बुद्धि है। इन्हें हम

क्रमशः मनु, इड़ा और श्रद्धा के समकक्ष रख सकते हैं । मन गुरु की सहायता से सात्विक ज्ञान प्राप्त करता है, किन्तु गर्व के कारण उसका पतन हो जाता है । अहं का नाश होने के अनन्तर मन को पुनः सात्विक बुद्धि, प्राप्त हो जाती है । मन की सांसारिक वृत्तियों, नागमती और सात्विक बुद्धि, पद्मिनी में प्रारम्भ में संघर्ष होता है, ऐसी स्थिति में शैतान, राघव चेतन की माया, अलाउद्दीन मन को बन्धन ग्रस्त करने में सफल हो जाती है, किन्तु अन्त में सात्विक बुद्धि की सहायता से मन शैतान की माया और सांसारिक आकर्षणों के बन्धन से मुक्त होकर मोक्ष प्राप्त कर लेता है । मन की दोनों वृत्तियाँ, सांसारिक और सात्विक, उसी के साथ तिरोहित हो जाती हैं सती हो जाती हैं ।

कामायनी के रूपक तत्त्व से इसमें गहरा साम्य होते हुए भी कई सूक्ष्म भेद दृष्टिगोचर होते हैं (1) मनु पहले श्रद्धा का सान्निध्य प्राप्त करते हैं जबकि रत्नसेन पहले सांसारिक बुद्धि नागमती के साथ दाम्पत्य जीवन बिताते हैं । (2) मनु को इड़ा के कारण ही संघर्ष का सामना करना पड़ता है जबकि रत्नसेन को शैतान की माया के कारण । फिर भी ये भेद समानताओं को देखते हुए गौण हैं । वस्तुतः जायसी और प्रसाद दोनों ने ही अपने काव्य में हृदय की शुद्ध भावनाओं के द्वारा मन का उत्कर्ष दिखाते हुए सांसारिक आकर्षणों की हेयता का प्रतिपादन किया है । हाँ, कुछ विद्वानों का यह निष्कर्ष कि जायसी की अपेक्षा प्रसाद को अधिक सफलता मिली है, हमें स्वीकार्य नहीं है । वास्तविकता तो यह है कि अभी तक जायसी के रूपक को उसके मूल अर्थ में समझने का पूरा प्रयत्न नहीं किया गया, इसी कारण ऐसी बात कही जाती है, अन्यथा हमें तो कामायनी की अपेक्षा पद्मावत में रूपक का निर्वाह आदि से अन्त तक अधिक सुसमन्वित रूप में दिखाई पड़ता है । प्रसाद को तो रूपक के निर्वाह के लिए कथा के अन्तिम भाग में काव्यत्व का बलिदान कर देना पड़ा, इड़ा से उसका नारीत्व छीन लेना पड़ा किन्तु पद्मावत के कवि को ऐसा करने की आवश्यकता नहीं पड़ती ।

कामायनी के रूपक में मानव जीवन की विभिन्न अवस्थाओं और सभ्यता के विकास की भी संक्षिप्त रूप-रेखाएं मिलती है । प्रारंभिक प्रलयकाल जीव की गर्भवास में स्थिति का द्योतक है । जब जीव नवजात शिशु के रूप में पहली बार नई धरती के दर्शन करता है तो अतीत की स्मृतियाँ उसके मन को चिन्तित कर देती हैं । प्रसिद्ध कवि वर्ड्सवर्थ ने भी नव शिशु के रुदन का कारण आध्यात्मिक लोक से असंपृक्त हो जाना बताया है, जायसी ने भी पद्मावत में कहीं ऐसा ही लिखा है । शैशवावस्था में मनुष्य का मन पवित्र और निर्दोष होता है । उसमें तर्क शक्ति का विकास न होने के कारण वह किसी बात पर बहुत शीघ्र विश्वास कर लेता है । अस्तु, मनु श्रद्धा के प्रारम्भिक साहचर्य को शिशु हृदय की इसी आस्तिक भावना के रूप में ग्रहण कर सकते हैं । इसके अनन्तर यौवनावस्था का प्रवेश होता है, मन चंचल होकर वासना, अहं और ईर्ष्या से ग्रस्त हो जाता है । फलतः उसकी श्रद्धा भावना लुप्त हो

जाती है। अपनी प्रौढ़ावस्था में मनुष्य सांसारिक उन्नति में लीन हो जाता है, वह तब तक उसमें लीन रहता है जब तक कि कि जीवन के संघर्ष से थक कर वह अशक्त और असमर्थ नहीं हो जाता। यहीं से वृद्धावस्था का आरम्भ समझिए। इस अवस्था में प्राणी सांसारिक कार्यों से बिरक्त होकर आत्मोन्नति की ओर अग्रसर हो जाता है। हिन्दी के बड़े-बड़े श्रृंगारी कवि, विद्यापति, सेनापति, बिहारी, पद्माकर भी वृद्धावस्था में पहुँच कर भक्त बन गए थे, अस्तु, मनु में भी निर्वेद और आस्तिक भावना का उदय स्वाभाविक था। अन्त में आत्मा परम तत्त्व की उपलब्धि से शान्ति प्राप्त कर लेती है। इस प्रकार मानव जीवन की चारों अवस्थाओं, शैशव, यौवन, प्रौढ़ावस्था और वृद्धावस्था का पूर्ण निर्वाह इस रूपक में मिल जाता है।

विश्व सभ्यता के इतिहास की रेखाएँ भी इस रूपक में विद्यमान हैं। सभ्यता का आरम्भ प्रलय काल के बाद से होता है जबकि नई धरती पर दो भिन्न लैंगिक प्राणी मिलते हैं। सभ्यता के इस आदि युग में मनुष्यों का जीवन निर्वाह आखेट के द्वारा ही होता है। वस्त्र और मकान का भी उस युग में अभाव था। नारी और पुरुष का भेद अभी स्पष्ट नहीं हुआ था। अतः पुरुष नारी को भी पुल्लिग में ही सम्बोधित करता है। विवाह जैसी सामाजिक प्रथाओं की भी कल्पना उस युग में नहीं की जा सकती थी, अतः मनु और श्रद्धा का मिलन, प्राकृतिक वासना की प्रेरणा से ही होता है।

मानव सभ्यता का दूसरा युग कामायनी में तब से माना जा सकता है जब मनु और श्रद्धा, नारी-पुरुष साथ-साथ रहने लगते हैं। अब मनुष्य केवल आखेट ही नहीं करता, वह पालतू पशुओं की भी उपयोगिता समझने लगता है—

वे जीवित हो मांसल बन कर, हम अमृत दुहें वे दुग्ध धाम।

× × ×

वे द्रोह न करने के स्थल हैं, जो पाले जा सकते सहेतु।

पहले जहाँ नारी पुरुष गुफाओं में रहते थे, "लौटे थे मृगया से थक कर, दिखलाई पड़ती गुफा द्वार; उनके घर में कोलाहल है मेरा सूना है गुफा द्वार" अब नारी कुटीर बनाने की कला का आविष्कार कर लेती है—

मैंने तो एक बनाया है, चलकर देखो मेरा कुटीर।
यों कहकर श्रद्धा हाथ पकड़ मनु को ले चली वहीं अधीर॥
उस गुफा समीप पुआलों की छाजन छोटी सी शांति पुंज।
कोमल लतिकाओं की डालें मिल सघन बनातीं वहाँ कुंज॥

इसी प्रकार वस्त्र-कला का भी आविष्कार हो जाता है—

'चल री तकली धीरे-धीरे प्रिय गये खेलने को अहेर।'

वस्तुतः यहाँ सिद्ध किया गया है कि आदि युग में सभ्यता के विकास में नारी ने पुरुष को बराबर सहयोग दिया है। इसके अतिरिक्त यह भी द्रष्टव्य है कि स्नेह,

वात्सल्य आदि की कोमल भावनाओं से ही प्रेरित होकर मानवी कुटीर निर्माण एवं वस्त्र बुनने में प्रवृत्त होती है। सभ्यता के प्रारम्भिक युगों में मनुष्य को नये-नये आविष्कारों की प्रेरणा बुद्धि की अपेक्षा हृदय से ही अधिक मिलने की संभावना थी।

अस्तु, अब मनुष्य कर्मक्षेत्र की ओर अग्रसर होता जाता है। वह भोग विलास की इच्छा की वृद्धि के साथ-साथ नए-नए उपकरण जुटाता चलता है। अन्त में यह सभ्यता विकृत होकर घोर विलासिता का रूप धारण कर लेती है। धर्म के नाम पर पशु हिंसा होने लगती है, पुरुष नारियों को मद्यपान कराते हैं और शारीरिक सुख में लीन हो जाते हैं। फलतः अहं, ईर्ष्या, कामुकता आदि से ग्रसित होकर मानव जीवन अशान्त हो उठता है।

सभ्यता के तीसरे चरण में वैज्ञानिक युग का प्रवेश होता है। अब बुद्धि का अधिक से अधिक सहयोग प्राप्त किया जाता है। नए-नए सिद्धांतों और नियमों का आविष्कार होता है। भौतिक उन्नति अपनी चरम सीमा पर पहुँच जाती है, किन्तु हृदय पक्ष सर्वथा पिछड़ जाता है। मानव मन आस्तिक भावना से शून्य हो जाता है। फलतः स्वार्थ और लोभ की वृद्धि के कारण संघर्ष का जन्म होता है। जिन वैज्ञानिक आविष्कारों पर मनुष्य, मनु को घमंड था वही अब उसके अपमान का कारण बनते हैं—

> प्रकृत शक्ति तुमने यंत्रों से सब की छीनी,
> शोषण कर जीवनी बना दी जर्जर झीनी।

इस यांत्रिक युग की सभ्यता का क्या परिणाम होगा, इसे कवि ने मनु के जीवन की घटनाओं से स्पष्ट कर दिया है। यदि भावी युग में हमें सुख शान्ति प्राप्त करनी है तो हमें ज्ञान, भावना और क्रिया में समन्वय करना होगा। अस्तु, नए युग के इस नव निर्माण के संदेश के साथ काव्य समाप्त हो जाता है।

अस्तु, मनु का जीवन एक व्यक्ति का जीवन नहीं है, उसमें मानव जाति के संपूर्ण जीवन की, प्रलयकाल से लेकर आधुनिक युग तक की कहानी निहित है। पुराणों में जिस मनु का उल्लेख आता है वह यांत्रिक युग तक नहीं पहुँचा था। अतः कामायनी के मनु में केवल ऐतिहासिक मनु का ही व्यक्तित्व नहीं है, उसमें सामान्य मानव के चरित्र की विशेषताओं का भी समन्वय है।

—०—

20

'गोदान' की प्रमुख समस्याएं

उपन्यासकार प्रेमचन्द ने अपने साहित्य में सामाजिक समस्याओं का चित्रण करना ही अपना ध्येय रखा था। यही कारण है कि उनकी प्रत्येक रचना में किसी न किसी समस्या का चित्रण हुआ है। जैसे वरदान में अनमेल विवाह का, प्रतिज्ञा में विधवा विवाह का, सेवासदन में वेश्या प्रथा का, रंगभूमि में पूँजीपतियों के अत्याचार का, प्रेमाश्रम में किसान जमींदार का, कर्मभूमि में हरिजनों और किसानों का, गबन में सरकारी कर्मचारियों की आर्थिक विषमता का, निर्मला में दहेज तथा वृद्ध विवाह का। अत: उनके अन्तिम उपन्यास में भी समस्याओं का चित्रण होना स्वाभाविक था। इसमें सर्वप्रमुख समस्या किसान और जागीरदार की है। इसी समस्या का चित्रण प्रेमचन्द इससे पूर्व प्रेमाश्रम में कर चुके हैं। अतः सर्वप्रथम इस बात पर विचार करना चाहिए कि प्रेमचन्द ने किसी नई समस्या को न लेकर इसी का चित्रण उन्होंने पुन: क्यों किया ? प्रेमाश्रम में वे इस समस्या का समाधान भी गाँधीवादी ढंग से प्रस्तुत कर चुके थे। ऐसा प्रतीत होता है कि गोदान तक आते-आते प्रेमचन्द जी के आरम्भिक विचारों में गहरा परिवर्तन हो चुका था। प्रेमाश्रम में उन्होंने इस समस्था का चित्रण जिस दृष्टिकोण से किया था, वह दृष्टिकोण ही अब बदल गया था। प्रेमाश्रम में समस्त जमींदार वर्ग का अत्याचार न दिखाकर केवल एक ही व्यक्ति ज्ञानशंकर का अत्याचार प्रदर्शित किया गया है। दूसरे, उसमें किसान के व्यक्तिगत दोषों का चित्रण नहीं हुआ। तीसरे, उसमें समस्या का समाधान गाँधीवादी ढंग से प्रस्तुत किया गया है। चौथे, प्रेमाश्रम आदर्शवादी रचना है जबकि गोदान यथार्थवादी। जो समाधान प्रेमाश्रम में प्रस्तुत किया गया था, वह वास्तविक समाधान नहीं था। समय ने सिद्ध कर दिया था कि मायाशंकर और प्रेमशंकर की भाँति जागीरदारों का हृदय परिवर्तन संभव नहीं। मायाशंकर जैसे जमींदार जो अपने अधिकारों को ठुकरा कर अपना सर्वस्व किसानों की सेवा में अर्पित कर सकें, वास्तविक दुनिया में मिलने कठिन हैं। यही कारण है कि प्रेमचन्द ने अपनी पूर्व मिथ्या कल्पना में संशोधन करने के लिए गोदान की रचना की।

यह ठीक है कि गोदान में भी किसान की समस्याओं का चित्रण प्रमुख रूप से हुआ है, परन्तु उसके साथ मजदूर की समस्याएँ भी जुड़ी हुई हैं। किसान मजदूर का

एक साथ आना नव विकसित समाजवादी दृष्टि का परिणाम है। गांधीवादी किसान और मजदूर को अलग-अलग देखता है। किन्तु साम्यवादी दृष्टिकोण से किसान और मजदूर एक श्रेणी में रखे जाते हैं। दूसरी ओर केवल जागीरदार ही नहीं है, उसके साथ पूंजी-पति, सूदखोर महाजन और रिश्वतखोर सरकारी कर्मचारी भी उपस्थित हैं। गोदान में शोषक और शोषित दोनों वर्गों के पात्र हैं। अतः हम कह सकते हैं कि गोदान में केवल किसान या मजदूर की समस्या नहीं है, किन्तु समस्त शोषित वर्ग की समस्याएँ हैं। वे समस्याएँ हैं शोषक वर्ग के शोषण की, सामाजिक, रूढ़ियों की, धार्मिक अन्धविश्वासों की, नैतिक अनाचारों की और उनकी अशिक्षा की। इन समस्याओं पर हम यहाँ क्रमशः विचार कर सकते हैं।

1. शोषक वर्ग के शोषण की समस्या—गोदान की सर्वप्रमुख समस्या शोषक और शोषित वर्ग के सामाजिक वैषम्य की है। यही कारण है कि गोदान में इन दोनों वर्गों के सभी प्रतिनिधि पात्र प्रस्तुत किए गए हैं। एक ओर शोषक वर्ग के प्रतिनिधि हैं राय साहब जागीरदार, मिल मालिक खन्ना, सूदखोर, झिंगुरी शाह, सरकारी कर्मचारी, पटेश्वरी, नाखेराम, धर्म के नाम पर शोषण करने वाले पंडित दातादीन, मातादीन आदि। दूसरी ओर शोषित वर्ग के प्रतिनिधि हैं, होरी, हीरा, शोभा जैसे किसान और गोबर जैसे मजदूर। लेखक ने दोनों का चित्रण इस प्रकार किया है कि जिससे शोषण की क्रिया स्पष्ट हो जाती है। भारत के किसान गरीब हैं, इसलिए नहीं कि वे मेहनत नहीं करते, इसलिए भी नहीं कि वे काम करना नहीं जानते या खाने-पीने में अपव्यय करते हैं, अपितु इसलिए कि वे उस समाज में रहते हैं जो कि शोषक वर्ग के द्वारा फैलाए हुए जाल से अधिक कुछ नहीं है। होरी जीवन भर परिश्रम करता है, किन्तु उसकी मेहनत की कमाई गाँव के पंचों, महाजनों, सूदखोरों या सरकारी कर्मचारियों की जेब में चली जाती है। उसकी एक छोटी-सी इच्छा घर के द्वार पर गाय बाँधने की थी किन्तु यह इच्छा न उसके जीवन में पूरी हो पाई और न ही उसकी मृत्यु के अनन्तर ही। ऐसा क्यों? इस प्रश्न का उत्तर गोदान में है। भारत का किसान मूर्ख नहीं है। यह होरी के चरित्र से सिद्ध है। किन्तु फिर भी वह कौन-सा कारण है कि उसकी कमाई छीनी जाती है? गोदान के लेखक ने उत्तर दिया है, समाज का वर्तमान ढांचा। इसी प्रकार शहर के मजदूरों की दुरवस्था का चित्रण इसमें सफलतापूर्वक किया है। गोबर जैसा परिश्रमी मजदूर भी जब मजदूरी करके अपने बच्चे को दूध नहीं पिला सकता तो फिर दुर्बल मजदूरों की दुर्दशा का तो कहना ही क्या। इस दुर्दशा का उत्तरदायी कौन है? गोदान में उत्तर मिलेगा 'पूंजीपति'। आज का मिल मालिक अपने हिस्सेदारों के लाभ के लिए मजदूरों के गले पर किस प्रकार छुरी चला सकता है, इसका प्रत्यक्ष प्रमाण मि० खन्ना के व्यवहार में मिलेगा।

शोषित वर्ग की इस दुर्दशा के साथ-साथ शोषक वर्ग की परिस्थितियों का भी चित्रण इसमें सफलतापूर्वक किया है। किसानों की कमाई के बल पर रायसाहब और

उनके सगे-सम्बन्धी किस प्रकार ऐश करते हैं, यह स्पष्ट कर दिया गया है। दूसरी ओर मि० खन्ना भी अपनी रंगीन इच्छा की पूर्ति के निमित्त किस प्रकार पैसा पानी की भाँति बहाते हैं, इसका दिग्दर्शन भी गोदान में भलीभाँति हुआ है। प्रश्न है, क्या आज के जागीरदार और पूँजीपति या रायसाहब और मि० खन्ना को हम सुखी कह सकते हैं—'नहीं'। यदि उनके दिल की बात पूछें तो वे शायद अपने आपको किसानों से भी अधिक दुःखी बताएँगे। कुछ अंशों तक यह ठीक भी है। बात यह है कि समाज के वर्तमान ढांचे में दोनों वर्ग दुःखी हैं। मेहनत के पश्चात् पैसा न मिलना और बिना मेहनत के पैसा मिलना, दोनों ही दुःख के कारण हैं। धन का बिल्कुल अभाव उतना ही बुरा है जितना धन का अनावश्यक संचय। क्योंकि धन का अति संचय भी अनेक नई इच्छाओं और नई समस्याओं की उत्पत्ति का कारण बनता है। कहने का तात्पर्य यह है कि गोदान में शोषक और शोषित वर्ग की आन्तरिक दशा का सही चित्रण है।

2. **सामाजिक रूढ़ियों और अन्धविश्वासों की समस्या**—जिस प्रकार आर्थिक विषमता के कारण हमारा वर्तमान समाज दुःखी है, उसी प्रकार सामाजिक रूढ़ियों और अन्धविश्वासों के कारण भी हमारा जीवन शोक-ग्रस्त होता जा रहा है। गोदान में हम देखते हैं कि गोबर के तथाकथित विवाह पर होरी को दण्ड चुकाना पड़ता है। कदाचित् कहा जाए कि वह विवाह नहीं था, किन्तु विवाह की कोई निश्चित परिभाषा भी नहीं है और फिर सोना और रूपा के विवाह पर सामाजिक रूढ़ियों के कारण ही होरी को अपनी सामर्थ्य से अधिक खर्च करना पड़ा। धार्मिक अन्धविश्वास के कारण होरी को दातादीन को मूल से भी तिगुना ब्याज चुकाना पड़ता है। गोबर के विरोध करने पर वह सोचता है कि कहीं ब्राह्मण के पैसे न चुकाए गए तो उसका सत्यानाश हो जाएगा। धर्म सदाचार की रक्षा और समाज के हित के निमित्त होता है, किन्तु भारतीय समाज में कई बार वह दुराचारों का पोषण करता हुआ दिखाई पड़ता है। मातादीन सिलिया का सर्वस्व छीन कर भी धर्मात्मा बना हुआ है। क्यों ? इसलिए कि वह अपना भोजन अलग पकाता है। वह सिलिया की छुई हुई रोटी नहीं खाता। तात्पर्य यह है कि हमारे समाज में धर्म, छुआछूत और बाहरी ढोंगों में रह गया है। यदि पैसा हो तो बड़े-से-बड़े पाप का समाधान है, अन्यथा बड़ा-से-बड़ा धर्मात्मा भी वर्तमान समाज में पापी सिद्ध किया जा सकता है हमारा नैतिक पतन किस सीमा तक पहुँच गया है, इसका स्पष्ट रूप में आभास गोदान में मिलेगा। क्या गाँव और क्या शहर सभी वर्ग के पात्रों में छिपी या प्रकट अनैतिकता सर्वत्र दिखाई देगी। गोदान का एक पात्र भी ऐसा नहीं, जिसके पीछे कलंक की कोई-न-कोई कहानी जुड़ी हुई न हो। इस प्रकार प्रेमचन्द जी अपने इस उपन्यास में हमारे वर्तमान समाज के नैतिक पतन का दृश्य प्रत्यक्ष रूप में प्रस्तुत कर देते हैं। हमारा समाज बाहर से ही नहीं, भीतर से भी खोखला और जड़ हो चुका है। जहाँ हमारा धार्मिक, नैतिक और सामाजिक जीवन अनेक रूढ़ियों से ग्रस्त है, वहाँ पारिवारिक और दाम्पत्य जीवन भी पूरी तरह अस्त-व्यस्त हो चुका है। होरी, हीरा, शोभा तीनों भाई

हैं, किन्तु उनमें पारस्परिक सौहार्द का अभाव है। उनका व्यवहार शत्रुओं से भी बढ़ कर है। फिर होरी और गोबर का सम्बन्ध भी ठीक वैसा ही नहीं है जैसा कि एक पिता और पुत्र का होना चाहिए। जब गोबर कुछ कमाने लायक हो जाता है तो वह अपने घर वालों को आँख दिखा कर पत्नी के साथ शहर चला जाता है। वह वृद्ध पिता की सहायता नहीं करता। तात्पर्य यह है कि हमारा पारिवारिक जीवन बालू की नींव पर खड़ा है। इसी प्रकार दाम्पत्य जीवन भी दुःखपूर्ण है। चाहे गाँव के किसानों को लें या शहर के मिल मालिक खन्ना को। कहीं भी हमें दाम्पत्य जीवन की हरी-भरी वाटिका दृष्टिगोचर नहीं होती। नारी और पुरुष का सम्बन्ध अब न तो हमारी मूल प्रवृत्तियों पर आधारित रहा और न ही वह अब भली-भाँति सामाजिक नियमों का निर्वाह कर पाता है।

उपर्युक्त विश्लेषण से स्पष्ट है कि हमारे समाज का कोई भी रूप, कोई भी क्षेत्र और कोई भी अंग अपने सुन्दर और स्वस्थ रूप में नहीं है। इससे भली-भाँति सिद्ध हो जाता है कि वर्तमान समाज के ढाँचे में आमूल-चूल परिवर्तन होना चाहिए। वर्तमान ढाँचा अब सर्वथा निरुपयोगी हो गया है। यही दिखाना गोदान के लेखक का लक्ष्य है। यही उपन्यास की सबसे बड़ी समस्या है। किन्तु उन्होंने केवल समस्या का चित्रण किया है, उसका समाधान प्रस्तुत नहीं किया। इसके दो कारण हो सकते हैं। एक तो यह कि वे अभी तक इस बात का निर्णय नहीं कर पाए थे कि सामाजिक क्रान्ति के लिए किस साधन को अपनाया जाए। दूसरा यह कि अब वे आदर्शवादी से यथार्थवादी हो गए थे। यथार्थवादी लेखक केवल समस्या का चित्रण करना ही अपना लक्ष्य समझता है। उसका समाधान भी प्रस्तुत करे यह उसके लिए आवश्यक नहीं है। वस्तुतः गोदान पर ये दोनों ही कारण लागू होते हैं। अन्त में हम कह सकते हैं कि गोदान में आधुनिक भारतीय समाज का पूरा चित्र प्रस्तुत कर दिया है। अतः उसमें उन सभी समस्याओं की झलक मिलती है जो कि हमारे समाज में विद्यमान हैं।

—०—

21

'गोदान' में राष्ट्र-प्रतिनिधित्व की क्षमता ?

गोदान के विभिन्न पक्षों पर विचार करते हुए आचार्य नन्ददुलारे वाजपेयी ने अनेक महत्त्वपूर्ण तथ्यों का उद्‌घाटन किया है। जहाँ उनके द्वारा गोदान की अनेक विशेषताओं का उद्‌घाटन हुआ है, वहाँ उन्होंने उसकी अनेक न्यूनताओं की ओर भी संकेत किया है। उनके द्वारा उल्लिखित न्यूनताओं में से एक महत्त्वपूर्ण न्यूनता यह है कि गोदान में राष्ट्रीय प्रतिनिधित्व नहीं मिलता। वाजपेयी जी की दृष्टि में गोदान का क्षेत्र बहुत सीमित है। उसकी सारी कहानी उत्तर प्रदेश के एक छोटे से भूभाग से ही सम्बन्धित है। उसमें भारत के एक ही प्रदेश की जनता का प्रतिनिधित्व मिलता है। दक्षिणी या पूर्वी भारत का कोई भी चिह्न उसमें दृष्टिगोचर नहीं होता। उनके विचारानुसार इसमें तत्कालीन समाज की सभी प्रमुख प्रवृत्तियों का प्रतिबिम्ब भी लक्षित नहीं होता और तो और तत्कालीन राष्ट्रीय आन्दोलनों की झलक भी गोदान में नहीं है। फिर गोदान में मुख्यत: करुण रस की ही व्यंजना हुई है। कहने का तात्पर्य यह है कि वाजपेयी जी की दृष्टि में गोदान अत्यन्त संकीर्ण रचना है।

सबसे पूर्व हम वाजपेयी जी के ही दृष्टिकोण को समझने का प्रयत्न करेंगे। इसमें कोई सन्देह नहीं कि भौगोलिक आधार पर ही गोदान के क्षेत्र की नाप-जोख की जावे तो वह बहुत व्यापक सिद्ध नहीं होगा। गोदान का सारा कथानक उत्तर प्रदेश तक ही सीमित रहता है। यदि प्रेमचन्द जी चाहते तो इस कथानक को एक ऐसा रूप दे सकते थे जिससे उसकी परिधि में भारत के अन्य प्रान्तों का भी समावेश हो जाता। उदाहरण के लिए गोबर की नौकरी लखनऊ के स्थान पर कलकत्ते में लगा दी जाती या रायसाहब को गर्मियों में काश्मीर भेज देते या मिस मालती की ड्यूटी मद्रास में लगा दी जाती अथवा मेहता को किसी बहाने बम्बई भेज दिया जाता तो गोदान में भारत के सभी भागों का चित्रण सम्भव हो जाता। किन्तु प्रेमचन्द ने ऐसा नहीं किया। क्यों ? इसके कई कारण हैं। एक तो यह कि प्रेमचन्द जी को उत्तर प्रदेश का ही अनुभव प्राप्त था। इसलिए वे अपने उपन्यास में उसी का चित्रण अधिक सफलता से कर सकते थे। दूसरा, यह कि इससे कथानक में विश्रृंखलता आ जाती। स्वयं वाजपेयी जी स्वीकार करते हैं कि गोदान में ग्रामीण कथा के साथ शहरी कथानक का जोड़ना ठीक नहीं

रहा। इससे उसमें शिथिलता आ गई है। भला, ऐसी स्थित में यदि गोदान के कथानक को ओर अधिक इधर उधर फैला दिया जाता तो उसमें और अधिक शिथिलता आ जाती। अत: कला की दृष्टि से इस उपन्यास को उत्तर प्रदेश तक ही सीमित रखना अधिक ठीक था।

अब लीजिए विभिन्न वर्गों के प्रतिनिधित्व को। यहाँ भी यदि भारत की जनता का वर्गीकरण प्रान्तीय आधार पर किया जाय तो गोदान का क्षेत्र अत्यन्त संकुचित दिखाई पड़ेगा क्योंकि उसमें न कोई पंजाबी है न कोई बंगाली और न ही मद्रासी। उसका चित्र यू० पी० वालों को ही दृष्टिगोचर होता है। पर हम पूछते हैं कि ऐसे संकुचित दृष्टिकोण को अपनाना लेखिकों और आलोचकों के लिए कहाँ तक उचित है ? यदि प्रेमचन्द का ऐसा संकुचित दृष्टिकोण होता तो वे शायद दो-चार धोबियों और नाइयों को भी इस उपन्यास में स्थान देते। क्योंकि जाति भेद को मानने वाले की दृष्टि में इसमें कई जातियों का प्रतिनिधित्व नहीं हुआ। हाँ, यदि व्यापक दृष्टि से इस पर विचार करें तो हम कह सकते हैं कि गोदान में भारत की 99 प्रतिशत जनता का प्रतिनिधित्व विद्यमान है। भारत में किसानों और मजदूरों की संख्या 80 प्रतिशत से अधिक है और उनका पूरा प्रतिनिधित्व गोदान में है। जागीरदारों, मिल मालिकों पत्र-सम्पादकों, प्रोफैसरों, डाक्टरों, बीमा एजेण्टों व धारा सभा के सदस्यों का भी प्रतिनिधित्व इसमें मिलता है। इनके अतिरिक्त जंगल में रहने वाले असभ्यों और शहर के कोने में रहने वाले इक्के, ताँगे वाले आदि निम्नवर्ग के लोगों का भी उल्लेख इसमें हुआ है। यदि इस हिसाब से देखा जाए तो हमारे विचार में भारत के प्राय: सभी वर्गों का प्रतिनिधित्व इसमें हो जाता है। केवल एक वर्ग ऐसा है जिसका प्रतिनिधित्व गोदान में नहीं हुआ। वह वर्ग है स्वराज्य आन्दोलन में भाग लेने वाले नेताओं और क्रान्तिकारियों का। यद्यपि इस वर्ग की संख्या सारे भारत में एक प्रतिशत तो क्या 1 प्रतिशत भी नहीं, फिर भी यह सोचने की बात है कि प्रेमचन्द जी गोदान लिखते समय इस वर्ग को कैसे भूले। यह भी आश्चर्य की बात है कि गाँधी, सुभाष और पं० जवाहरलाल जैसे नेताओं तथा भक्तसिंह और आजाद जैसे क्रान्तिकारियों के युग में जन्म लेकर भी वे उन्हें भूल गए। इस पर हम आगे विचार करेंगे।

उपर्युक्त प्रश्न के उत्तर में अनेक तथ्य प्रस्तुत किए जा सकते हैं। सबसे पहली बात तो यह है कि अपने पूर्ववर्ती उपन्यास में प्रेमचन्द जी ने नेतागिरी का चित्रण इतना अधिक किया है कि कदाचित् वे अब उससे ऊब गए थे। उनके प्रेमाश्रम का प्रेमशंकर, रंगभूमि का सूरदास, कर्मभूमि का अमरकान्त, सेवासदन का गजाधर-स्वामी आदि नेता वर्ग के ही प्रतिनिधि हैं जो कि उपन्यास के अन्य सभी पात्रों पर छाये रहते हैं। दूसरे, हमें यह भी याद रखना चाहिए कि गोदान के रचना काल के समय विभिन्न प्रान्तों में कांग्रेस के लोकप्रिय मन्त्रिमंडल बन चुके थे। अत: स्वराज्य की समस्या बहुत कुछ हल हो चुकी थी। तीसरा कारण यह हो सकता है कि अब प्रेमचन्द जी

का तत्कालीन आन्दोलनों में विश्वास नहीं रहा। चौथे, गोदान के लेखक का उद्देश्य भारत को केवल राजनीति की स्वतन्त्रता दिलाना ही नहीं अपितु शोषित वर्ग को शोषक वर्ग की आर्थिक गुलामी से मुक्त करवाना है। प्रेमचन्द एक भविष्य-द्रष्टा लेखक थे। सम्भवत: उन्होंने यह भांप लिया था कि भारत की जनता केवल स्वराज्य से ही सुखी नहीं हो सकती। जब तक हमारे भारत के वर्तमान समाज के ढाँचे को बदल कर शोषक वर्ग का उन्मूलन न कर दिया जावे तब तक भारत की चिर शोषित जनता सुख वैभव और स्मृद्धि प्राप्त करने में सफल नहीं हो सकती। अस्तु, इसमें कोई भी कारण प्रमुख रहा हो किन्तु इससे गोदान की व्यापकता को बहुत अधिक ठेस नहीं लगती। वैसे तो स्वयं वाजपेयी जी यह स्वीकार करते हैं कि भारत में इतनी अधिक संस्कृतियों का सम्मिलन है कि किसी एक उपन्यास में उन सबका चित्रण नहीं किया जा सकता। फिर भी गोदान के लेखक की यह महानता है कि उसने अपने इस एक ग्रंथ में ही भारत की शत-प्रतिशत नहीं तो 99 प्रतिशत चनता का प्रतिनिधित्व प्रस्तुत कर दिया। यदि गोदान के क्षेत्र की व्यापकता देखनी हो तो उसे रवीन्द्र और शरत् के उपन्यासों की तुलना में रखा जा सकता है। जहाँ शरत् जैसे कलाकार, बंगाली को देशी और गैर बंगाली को 'हिन्दुस्तानी' लिखते हैं वहाँ प्रेमचन्द में प्रान्तीयता के स्थान पर सर्वत्र व्यापक राष्ट्रीयता का भाव दृष्टिगोचर होगा। प्रेमचन्द का दृष्टिकोण इतना व्यापक है कि राष्ट्र के विभिन्न प्रान्तों की संकीर्ण सीमाएँ एवं स्थूल विभिन्नताएँ उनके लिए महत्त्वहीन थीं। उन्होंने इस विभिन्नता में से ही एकता का आधार ढूंढ़ कर, गोदान के पात्रों को इस रूप में प्रस्तुत किया कि जिससे वे समस्त राष्ट्र का प्रतिनिधित्व कर सकें। गोदान का पाठक यह अनुभव ही नहीं करता कि वह किसी एक प्रान्त की कथा पढ़ रहा है अपितु उसे उसमें समस्त राष्ट्र की अनुभूति का समन्वित रूप उपलब्ध होता है। अतः भले ही राष्ट्र की स्थूल विभिन्नताओं का प्रदर्शन इसमें न हुआ हो, किन्तु भारतीय संस्कृति का एक ऐसा सामान्य रूप इसमें मिलता है, जिसके आधार पर इसे राष्ट्र का प्रतिनिधि उपन्यास कहा जा सकता है।

—०—

22

'गोदान' में समाजवाद या गाँधीवाद?

स्वर्गीय प्रेमचन्द जी की अन्तिम श्रेष्ठ रचना गोदान के सम्बन्ध में विभिन्न प्रश्नों को लेकर हिन्दी आलोचकों में परस्पर पर्याप्त वाद-विवाद हुआ है। इन प्रश्नों में एक महत्त्वपूर्ण प्रश्न यह भी है कि क्या गोदान समाजवादी रचना है? जहाँ डॉ० रामविलास शर्मा इसके पक्ष में उत्तर देते हैं वहाँ श्री नन्ददुलारे वाजपेयी इसका विरोध भी करते हैं। अत: हमें इस प्रश्न पर निष्पक्ष रूप से विचार करना है।

कहा जाता है कि प्रत्येक रचना अपने युग और देश से प्रभावित होती है। यदि इस आधार पर निर्णय करें तो गोदान एक गाँधीवादी रचना सिद्ध होगी, क्योंकि तत्कालीन युग में गाँधी जी का प्रभाव ही सर्वप्रमुख था। इसमें कोई सन्देह नहीं कि प्रेमचन्द जी गाँधीवाद से बहुत प्रभावित थे जिसका परिणाम उनके अनेक उपन्यासों में देखा जा सकता है। उनकी 'रंगभूमि' का सूरदास, उनकी 'कर्मभूमि' का अमरकान्त, 'प्रेमाश्रम' का प्रेमशंकर महात्मा गाँधी के ही आदर्शों से अनुप्राणित है। यही नहीं, उपन्यासों में गाँधी जी की संघर्ष नीति, सत्याग्रह, अहिंसा और प्रेम का चित्रण भी विस्तार से हुआ है। किन्तु यह बात गोदान पर लागू नहीं होती। ऐसा प्रतीत होता है कि गोदान तक आते-आते प्रेमचन्द का विश्वास गाँधीवाद से उठ गया था। यही कारण है कि इस उपन्यास के रंगमंच पर न तो कोई गाँधी जी जैसा नायक ही है और न ही इसमें सत्याग्रह-आन्दोलनों का आयोजन होता है। जहाँ उनके पूर्ववर्ती उपन्यासों में सुधारवादी पात्रों की भीड़ दिखाई देती है, वहाँ गोदान उनसे शून्य है। वैसे मि० मेहता अवश्य इसमें एक सुधारवादी व्यक्ति कहे जा सकते हैं, किन्तु वे सक्रिय राजनीति में भाग नहीं लेते। अस्तु, इस उपन्यास में एक भी गाँधीवादी पात्र का न होना यह सिद्ध करता है कि गोदान का लेखक गाँधीवाद से दूर हट गया था।

गोदान में मुख्यत: उन्हीं पात्रों को स्थान दिया गया है जो शोषक और शोषित वर्ग का पूर्णत: प्रतिनिधित्व कर सकें। एक ओर जागीरदार रायसाहब, मिल मालिक मिस्टर खन्ना, सूदखोर झिंगुरीशाह, सरकारी कर्मचारी पटेश्वरी आदि हैं जो कि शोषक वर्ग से सम्बन्धित हैं तो दूसरी ओर किसान वर्ग के प्रतिनिधि होरी, हीरा और शोभा

हैं। मजदूर वर्ग का प्रतिनिधि गोबर है जो कि शोषित वर्ग से सम्बन्धित है। लेखक ने दोनों वर्गों के पात्रों का चरित्र चित्रण इस ढंग से किया है जिससे हमारे हृदय में समस्त शोषक वर्ग के प्रति घृणा जागृत होती है तथा शोषित वर्ग के प्रति हमारे हृदय में सहानुभूति का उद्रेक होता है। यह तथ्य समाजवादी विचारधारा के अनुकूल है।

गोदान के लेखक ने स्थान-स्थान पर शोषक वर्ग के अत्याचारों का चित्रण विस्तार से किया है। कई स्थानों पर उन्होंने इस बात का भी स्पष्ट रूप से उल्लेख किया है कि जागीरदार और मिल मालिक किसान मजदूरों के पसीने की कमाई को खाकर जीवित रहते हैं। जब होरी कहता है कि रायसाहब अपने भाग्य के बल पर ऐश करते हैं तो इसका खण्डन करता हुआ गोबर उत्तर देता है, "नहीं, किसान मजदूरों के बल पर"। इसी प्रकार मिल मालिक खन्ना के सामने मजदूरों का पक्ष लेते हुए मेहता के मुँह से मजदूरों की दुर्दशा पर प्रकाश डलवाया गया है। वस्तुतः इस उपन्यास में किसान और मजदूरों के हितों का बार-बार समर्थन करना और उन्हें ही इस उपन्यास में नायक का स्थान प्रदान करना स्पष्टतः ही समाजवादी दृष्टिकोण का परिचायक है।

समाजवादी विचारधारा के अनुसार हमारे समाज का वर्तमान ढाँचा धार्मिक नीति, सदाचार आदि सभी दृष्टिकोणों से जर्जर हो गया है। इसी तथ्य की व्यंजना गोदान में हुई है। हमारा धर्म केवल ढोंग में और हमारा सदाचार केवल छुआछूत में शेष रह गया है। इसका चित्रण स्पष्ट रूप से किया गया है। हमारा पारिवारिक जीवन भी किस प्रकार दुराचार से ग्रस्त हो गया है, इसके अनेक प्रमाण गोदान में हैं। हमारे जीवन में कितनी अनैतिकता और अनियमितता आ गई, इसका प्रत्यक्ष रूप गोदान में दृष्टिगोचर होता है। दातादीन, मातादीन, पटेश्वरी, झिंगुरीशाह और नोखेराम सभी के चरित्र के पीछे कोई न कोई कलंक गाथा जुड़ी हुई है। गोदान को पढ़कर प्रतीत होता है कि क्या हमारा पारिवारिक जीवन और क्या सामाजिक जीवन दोनों छिन्न-भिन्न और दूषित हो चुके हैं। क्या प्रेमचन्द जी इस समाज को सुधारने का कोई उपाय बताते हैं? या गोदान का कोई पात्र उसे सुधारने का कोई प्रयत्न करता है? इसका उत्तर होगा, 'नहीं'। क्यों नहीं, क्योंकि अब प्रेमचन्द गाँधीवादी नहीं रहे। बिगड़े हुए समाज को सुधारना एक गाँधीवादी का काम है जबकि एक समाजवादी पुराने मकान की मरम्मत करने के स्थान पर तहस-नहस करके उसके स्थान पर नई इमारत खड़ी करना अधिक उचित समझता है। यही कारण है कि प्रेमचन्द गोदान में हमारी इस समाज की पुरानी इमारत के केवल दोषों को ही दिखा कर रह जाते हैं, जिससे कि हम उसे उखाड़ फेंकने के लिए ही तैयार हो जावें।

समाज की वर्तमान समस्याओं को सुलझाने के लिए सत्याग्रह और हड़तालों का तरीका बताया जाता है, किन्तु गोदान के लेखक ने स्पष्ट रूप से बता दिया है

कि यह तरीका लाभदायक नहीं है या सफलता का साधन नहीं है। मि० खन्ना की मिल के मजदूर हड़ताल करते हैं, सत्याग्रह करते हैं और गाँधीवादी पद्धति से संघर्ष करते हैं, किन्तु इससे क्या उन्हें सफलता प्राप्त हुई ? क्या मजदूरों की दुर्दशा को देखकर पूँजीपतियों का दिल पिघला ? अस्तु, मिल मालिक खन्ना और मजदूरों के संघर्ष की असफलता इस बात का प्रमाण है कि अब प्रेमचन्द जी को गाँधीवादी नीति की सफलता में विश्वास नहीं रहा।

गोदान का अन्त भी समाजवाद के अनुकूल है। जहाँ गाँधीवादी ईश्वर के न्याय में विश्वास रखता है और अन्त में सत्य की विजय की आशा रखता है वहाँ समाजवादी विरोधी बात कहता है। होरी जीवन भर परिश्रम करता रहा, किन्तु ईश्वर ने उसकी एक दिन भी सहायता न की। वह गरीबी में ही जन्मा, गरीबी में पला, गरीबी में काम किया और अन्त में गरीबी में ही मर गया। क्यों नहीं प्रेमाश्रम के किसान की भाँति होरी के जीवन में ही सुनहले दिनों और चाँदनी रातों का प्रवेश होता ? वस्तुतः वह एक गाँधीवादी स्वप्न था जो वास्तविकता की चट्टान से टकरा कर क्षत-विक्षत हो गया। होरी के जीवन की यह दुखद परिशांति इसी बात की सूचक है कि अब समाज में क्रान्ति आवश्यक है। ईश्वर, भाग्य, पाप, पुण्य, न्याय और अन्याय यह सब कुछ शोषक वर्ग का एक माया जाल है। जिसमें होरी जैसे भोले किसान फँसे हुए हैं। अतः यह संदेह रहित है कि गोदान आदि से अन्त तक समाजवादी दृष्टिकोण का समाधान करता है, किन्तु फिर भी इसमें कुछ बातें ऐसी भी मिलती हैं जो समाजवाद के प्रतिकूल हैं। एक तो समाजवादी उच्च वर्ग के समस्त लोगों से घृणा करता है, जबकि गोदान के लेखक की सहानुभूति मि० मेहता जैसे लोगों के प्रति भी है जो हजार रुपये से अधिक कमाते हैं। यह ठीक है कि मि० मेहता अपनी सारी आय गरीबों की सेवा में लगा देते हैं फिर भी एक पैसे वाले व्यक्ति को इतना उदार दिखा देना समाजवादी दृष्टि के प्रतिकूल है। समाजवादी पाप से नहीं परन्तु पापी से भी घृणा करता है। जबकि गोदान का लेखक पापियों के हृदय में भी पुण्य का अंश ढूँढ़ता है। दूसरे, गोदान में मेहता के प्रभाव से मालती का हृदय परिवर्तन दिखाया गया है जो गाँधीवादी विचारधारा के अनुकूल है। तीसरे, मि० मेहता के मुँह से नारी स्वतन्त्रता के सम्बन्ध में जो विचार व्यक्त करवाए गए हैं, वे भी समाजवाद के प्रतिकूल हैं। चौथे, इसमें सामाजिक क्रान्ति का उल्लेख भी स्पष्ट रूप से नहीं हुआ। अतः ऐसी स्थिति में हमारे सामने यह समस्या है कि गोदान को समाजवादी रचना मानें या नहीं ?

वस्तुतः गोदान में जो भी तत्त्व समाजवाद के प्रतिकूल आए हैं उनका सम्बन्ध मुख्यतः मि० मेहता से है। सम्भवतः मि० मेहता को गोदान में गाँधीवाद का प्रतिनिधित्व करने के लिए ही स्थान दिया गया हो। उनका प्रभाव इतना अधिक नहीं है कि वे समाजवाद की भूमि पर गाँधीवाद का रंग चढ़ा सकें। यह ठीक है कि वे

अपनी आय से दस-बीस गरीबों का हित कर देते हैं, पर इससे सारे समाज की दुर्दशा में कोई बड़ा सुधार नहीं होता। मालती जैसी सुकुमार बालाओं के हृदय को भी वे गहरे सम्पर्क के पश्चात् बदलने में सफल हो जाते हैं, किन्तु रायसाहब के हृदय की कठोरता और मिल मालिक खन्ना की कुटिलता पर उनका कोई प्रभाव नहीं पड़ता। वे अपनी एड़ी से चोटी तक का जोर लगा कर किसानों के लगान की माफी या मजदूरों की वेतनवृद्धि नहीं करवा पाते। अत: यह सिद्ध होता है कि पूँजीपतियों और जागीरदारों का हृदय परिवर्तन सम्भव नहीं। कदाचित् यही दिखाने के लिए प्रेमचन्द जी ने इस सुधारवादी पात्र की रचना की हो। वस्तुत: सामाजिक विषमता के इस खारे महासागर में इस सुधारवादी पात्र के क्रिया-कलापों का प्रभाव खांड की एक बोरी से अधिक नहीं पड़ता। अत: कहना चाहिए कि गोदान में सुधारवाद की सफलता की अपेक्षा असफलता ही अधिक दिखाई गई है।

अन्त में सभी पक्षों पर विचार करने के बाद हम इस निष्कर्ष पर पहुँचते हैं कि गोदान में सामाजिक परिस्थितियों का चित्रण सर्वथा समाजवाद के अनुकूल हुआ है। हाँ, इतना अवश्य है कि भविष्य के लिए किसी प्रकार की कोई योजना इसमें वे नहीं दे सके। समाज की क्रान्ति के लिए कौन-सा मार्ग अपनाया जावे, इस सम्बन्ध में लेखक मौन है। कहना चाहिए कि गोदान के लेखक ने समाज के रोग का ही निदान किया है जो कि समाजवाद के अनुकूल है किन्तु उसके लिए कौन-सी औषधि का प्रयोग किया जाये, इसका निश्चय वे नहीं कर पाए।

—०—

23

'गोदान' में आदर्शवाद है या यथार्थवाद?

साहित्य के क्षेत्र मे प्रायः दो दृष्टिकोण प्रचलित हैं—एक आदर्शवादी और दूसरा यथार्थवादी। जो साहित्यकार यथार्थवादी दृष्टिकोण को लेकर चलते हैं वे अपनी रचनाओं में समाज के यथार्थ रूप का चित्रण करते हैं जबकि आदर्शवादी लेखक समाज के आदर्श रूप को ग्रहण करते हैं। यथार्थवादी क्या है ? का उत्तर देता है जबकि आदर्शवादी क्या होना चाहिए—की समस्या पर भी विचार करता है। यथार्थवादी मनुष्य की दुर्बलताओं और बुराइयों का चित्रण करता है जबकि आदर्शवादी मानव हृदय के सद्गुणों पर प्रकाश डालता है। यथार्थवादी का झुकाव स्वार्थपरता, स्थूलता और भौतिकता की ओर होता है जबकि आदर्शवादी परोपकार, सूक्ष्मता और आध्यात्मिकता की ओर झुकता है। यथार्थवादी का अन्त असफलता और निराशा में होता है जबकि आदर्शवादी सफलता की आशा में विश्वास रखता है। दोनों के इस अन्तर को ध्यान में रखते हुए हम प्रेमचन्द जी की अन्तिम रचना गोदान के सम्बन्ध में अपने विचार प्रस्तुत करेंगे।

प्रेमचन्द जी गान्धीवाद से प्रभावित थे। अतः उनकी प्रारम्भिक रचनाओं में जीवन की यथार्थ समस्याओं का समाधान आदर्शवादी ढंग से प्रस्तुत किया गया है। कहने का तात्पर्य यह है कि उनके प्रारम्भिक उपन्यासों में यथार्थ की चट्टान पर आदर्श का रंगीन आवरण छाया हुआ है। इसीलिए उनको आदर्शोन्मुखी यथार्थवादी कहा गया है। सेवासदन, प्रेमाश्रम, रंगभूमि, कर्मभूमि आदि उपन्यासों के नायक आदर्शवादी ही हैं तथा उनके उपन्यासों के अन्त में आदर्शवाद की विजय दिखाई गई है। इसलिए उनके अधिकांश उपन्यास आदर्शवादी ही अधिक हैं। किन्तु गोदान तक पहुँचते-पहुँचते लेखक के दृष्टिकोण में पर्याप्त परिवर्तन मिलता है।

सबसे पूर्व गोदान का नामकरण ही लीजिए। जहाँ वरदान, प्रतिज्ञा, सेवासदन रंगभूमि, कर्मभूमि आदि नामों में आदर्श की सुगन्धि महकती है, वहाँ गोदान शब्द में जीवन की एक कटु यथार्थ परिस्थिति का संकेत मिलता है। इस उपन्यास का नायक न तो सेवासदन स्थापित कर सका, न ही प्रेम का आश्रम खोल सका, न ही जीवन की

कर्मभूमि में सफलता पा सका और न ही संसार की रंगभूमि का आनन्द ले सका। वह जीवन-भर एक तुच्छ गाय के लिए तड़पता रहा और मृत्यु के पश्चात् भी उसे गऊ प्राप्त न हो सकी। 'गोदान' इसी दुःखपूर्ण गाथा को चित्रित करता है जो कि यथार्थ की कटुता से मिश्रित है।

अब गोदान के नायक को लीजिए। वह न तो रंगभूमि के नायक सूरदास की भाँति आत्म-त्यागी है और न ही प्रेमाश्रम के नायक प्रेमशंकर की भाँति परोपकारी। उसमें थोड़ा-बहुत आदर्श है, किन्तु वह यथार्थ की तेज आँच में जलकर भस्म हो जाता है। वह एक सीधा-सादा किसान है जो अपने पेट की आग को भी नहीं बुझा सकता। अतः दूसरों के हित की आशा करना उससे व्यर्थ है। उपन्यास का नायक होते हुए भी उसके चरित्र में अनेक दुर्बलताएँ और बुराइयाँ हैं। कभी वह भोला की परिस्थितियों का अनुचित लाभ उठाकर उससे गाय प्राप्त कर लेना चाहता है तो कभी वह अपने सगे भाई के साथ बेईमानी करने का प्रयत्न करता है। बात-बात पर अपनी स्त्री को पीट कर वह अपने क्रोधी स्वभाव और मूर्खता का परिचय देता है। अतः इसमें कोई सन्देह नहीं कि होरी का चरित्र-चित्रण सर्वथा एक यथार्थ रूप में हुआ है। होरी ही नहीं, उपन्यास के प्रायः सभी पात्र आदर्श से शून्य है। सभी में कोई-न-कोई बुराई है। मि० मेहता अवश्य अपनी बातों से आदर्शवादी दिखाई पड़ते हैं किन्तु उनके चरित्र की सबसे बड़ी बुराई यह है कि वे जीवन के कर्मक्षेत्र में प्रवेश नहीं कर पाते, वे बातें बनाना अधिक जानते हैं और काम करना कम। गोदान में एक भी आदर्शवादी पात्र न होना लेखक के यथार्थवादी दृष्टिकोण का सूचक है।

गोदान में घटनाओं का आयोजन भी यथार्थवादी ढंग से हुआ है। इसमें एक भी घटना ऐसी नहीं है जो अलौकिक हो या जिसका सम्बन्ध आध्यात्मिकता से हो। आदर्शवादी ऐसी घटनाओं का आयोजन करता है जिससे कि पाप की पराजय और पुण्य की जीत दिखाई दे, किन्तु गोदान में ऐसा नहीं हुआ है। इसमें निरपराध शोषित वर्ग दिन-प्रति-दिन अधिक-से-अधिक दुःखी होता दिखाया गया है। गाँव और शहर की समस्त भूमि पर नित्य प्रति होने वाले अनाचार, अत्याचार और दुराचार का चित्रण इसमें यथार्थ रूप में हुआ है। धरती के समस्त वातावरण में चारों ओर पाप, अनैतिकता और अन्याय की गन्दगी महकती हुई दिखाई गई है।

इस उपन्यास में शोषित वर्ग के जीवन की विभिन्न समस्याओं का चित्रण यथार्थवादी रूप में किया गया है। एक आदर्शवादी लेखक की भाँति उन समस्याओं का समाधान नहीं दिखाया है। हमारा समाज कैसा है, हमारी समस्याएँ क्या हैं? गोदान में इन्हीं प्रश्नों का उत्तर है। हमारा समाज कैसा होना चाहिए और समस्याओं का समाधान क्या हो? इन प्रश्नों का इसमें उत्तर नहीं है।

आदर्शवादी लेखक अपनी रचना को अन्त में सुखमय बनाता है। वह नायक की विजय दिखाता है और विरोधियों की पराजय दिखाता है। किन्तु गोदान का नायक

जीवन से मृत्यु की ओर आगे बढ़ता है। उसका अन्त दुःख और निराशा से परिपूर्ण है। लेखक की यथार्थवादिता का यह प्रमुख प्रमाण है। इस उपन्यास में कहीं भी ईश्वर, आध्यात्मिकता, भाग्य, कर्मफल आदि का समर्थन नहीं किया गया। अपितु इनका खण्डन यथार्थवादी दृष्टिकोण से किया गया। जब होरी कहता है कि रायसाहब अपने पिछले जन्म के पुण्य के कारण इस जन्म में ऐश करते हैं तो इसका खण्डन करता हुआ गोबर उत्तर देता है, "भाग्य के बल पर नहीं, 'किसानों की मेहनत के बल पर' रायसाहब ऐश करते हैं।"

इस प्रकार हम देखते हैं कि उपर्युक्त दृष्टिकोणों से गोदान एक यथार्थवादी रचना सिद्ध होती है। किन्तु फिर भी इसमें कुछ बातें ऐसी हैं जिनके आधार पर आदर्शवाद की स्थापना की जा सकती है। एक तो इसमें मेहता का चरित्र थोड़ा-सा आदर्शवादी है। वे अपनी सारी आय विद्यार्थियों और निर्धन व्यक्तियों की सहायता में व्यय करते हैं। दूसरे, उनके जीवन सम्बन्धी विचार भी आदर्शवादी हैं। तीसरे, मालती का हृदय परिवर्तन भी आदर्शवाद का द्योतक है। चौथे, होरी का हीरा और उसकी पत्नी की सहायता के लिए त्याग करना भी आदर्श का सूचक माना जा सकता है। इस प्रकार गोदान में आदर्शवाद के समर्थन में भी कुछ तथ्य ढूंढ़े जा सकते हैं, परन्तु मात्रा और प्रभाव की दृष्टि से ये तथ्य गोदान के यथार्थवाद के सामने आटे में नमक की भाँति हैं, अपितु उससे भी कम। आखिर हमारे समाज में भी एक-आध प्रतिशत भले और परोपकारी व्यक्ति भी मिलते ही हैं। अतः इस किंचित् आदर्श को भी यथार्थ ही का एक रूप समझना चाहिए। अतः यह सन्देह रहित है कि गोदान पूर्णतः यथार्थवादी रचना है। हाँ, जो लोग घोर अश्लीलता, नग्नता और कामुकता को ही यथार्थवाद समझते हैं वे भले ही इसे यथार्थवादी रचना न मानें। अस्तु, जहाँ प्रेमचन्द का दृष्टिकोण पूर्ववर्ती उपन्यासों में आदर्शोन्मुख यथार्थवादी था वहाँ गोदान में आकर विशुद्ध यथार्थवादी हो गया है।

—०—

24

'संन्यासी' में नारी-समस्या

स्व० इलाचन्द्र जोशी के 'संन्यासी' की मूल समस्या नारी की समस्या है। अर्थात् नारी जीवन को सुखी बनाने की समस्या है। इस सारे उपन्यास में प्रत्यक्ष और अप्रत्यक्ष रूप से अनेक नारी पात्र उपस्थित हुए हैं, किन्तु उन सभी के जीवन का अन्त दुःखमय होता है। प्रायः सभी नारी पात्र आत्महत्या करने को विवश होते हैं। इससे स्पष्ट है कि जोशी जी के दृष्टिकोण से आधुनिक नारी का जीवन इतना अधिक कष्ट-पूर्ण है कि वह जीवन की अपेक्षा मृत्यु को अधिक पसन्द करती है। प्रश्न है कि इस कष्ट का मूल कारण क्या है? उसके जीवन को इतना अधिक दुःखपूर्ण बनाने का उत्तर दायित्व किस पर है? इस प्रश्न का उत्तर अपने एक लेख में इलाचन्द्र जोशी ने दिया है। उनके विचारानुसार नारी के समस्त दुःखों का कारण पुरुष की अहं भावना है। पुरुष अपनी अहं भावना की तृप्ति के लिए ही नारी के साथ मैत्री, प्रेम तथा विवाह के सम्बन्ध स्थापित करता है। किन्तु जब कभी नारी उसकी अहं भावना की तुष्टि का साधन बनना अस्वीकार कर देती है तो उस स्थिति में पुरुष की दशा एक चोट खाए सर्प की-सी हो जाती है। परिणामस्वरूप वह नारी के जीवन को और भी दुःखी बना देता है। 'संन्यासी' में भी लेखक ने शान्ति और जयन्ती के जीवन की इतिश्री सम्भवतः नन्दकिशोर के अहं के परिणामस्वरूप दिखाई है। मास्टर की पत्नी की आत्महत्या का कारण भी उसके पति का ही अहं बताया गया है। प्रत्यक्ष रूप में इन तीनों की ही आत्महत्या के मूल में हम अहं को न देखकर उनके पति का वहम या संदेह ही देखते हैं। क्या नन्दकिशोर, क्या वह मास्टर, दोनों ही अपनी पत्नियों के चरित्र पर सन्देह करते थे। जोशी जी के विचार से यह संदेह पुरुष की वृत्ति से ही सम्बन्धित है। पुरुष का अहं यह स्वीकार नहीं करता कि उसकी पत्नी अपने तन और मन का किंचित् अंश भी किसी और पुरुष को दे। इसीलिए उसके हृदय में संदेह और शंका होती है। जोशी जी का यह विश्लेषण किसी सीमा तक ठीक तो है किन्तु एकांगी है। क्या अहं केवल पुरुष में ही पाया जाता है, नारी में नहीं? क्या अपने पति या प्रेमी को किसी अन्य स्त्री में अनुरक्त देखकर नारी के अहं को चोट नहीं पहुँचती? क्या हमारे समाज के दैनिक जीवन और पुराने इतिहास में इस बात के पर्याप्त उदाहरण नहीं मिलते जबकि

एक नारी अपनी सहेली के प्रति ईर्ष्यालु होकर उसे मरवाने तक का प्रयत्न करती है ? हमारे अथर्ववेद में अनेक ऐसे मन्त्र हैं जिनका प्रयोग नारियाँ अपनी सपत्नी के विरुद्ध करती थीं। एक मन्त्र में तो एक नारी देवताओं से यह प्रार्थना करती है कि वह उसके पति को इतना पागल बना दे कि जिससे वह उस प्रेयसी को भूलकर उसके वशीभूत रहे। कहा जा सकता है कि पुरानी नारी यह करती थी आधुनिक नहीं। पर वास्तविकता यह नहीं है। पुराने युग में तो फिर भी पुरुष एक से अधिक विवाह करता था। उसे पत्नियाँ सहन भी करती थीं। आधुनिक नारा इसकी कल्पना को भी सहन नहीं कर सकती। कदाचित् जोशी जी ने जयन्ती की सहानुभूति और श्रद्धा शांति के प्रति दिखाकर नारी हृदय को उदार दिखाने का प्रयत्न किया है, किन्तु जैसा कि पहले कहा गया है कि जयन्ती की शांति के प्रति सहानुभूति जाग्रत होने के कई और कारण थे। एक तो वह प्रत्यक्ष उपस्थित नहीं थी। दूसरे, उसके लौट कर आने की आशा न थी। तीसरे, वह स्वयं नन्दकिशोर को छोड़कर जा चुकी थी। यदि शांति जयन्ती की प्रतिद्वन्द्विनी के रूप में प्रत्यक्ष उपस्थित होती तो वह उसे कभी सहन न कर पाती और फिर जयन्ती ने आत्महत्या क्यों की ? इसीलिए कि उसका अहं कैलाश के अपमान को सहन नहीं कर सका। शांति भी जीवन में दो बार चुपचाप नन्दकिशोर को ठुकराकर चली गई। क्या यह उसका अहं नहीं था। शांति ने बनारस में कमल कुमार से अपमानित होने के बाद उसने तुरन्त ही अपना मकान छोड़ने का निर्णय कर लिया। क्यों ? इसीलिए कि उसका अहं और अधिक अपमान सहन करने को तैयार न था। अतः हम जोशी जी की इस धारणा से असहमत हैं कि पुरुष में अहं है, नारी में नहीं। इसके अतिरिक्त हमें यह न भूलना चाहिए कि जिसका जिसके प्रति अधिक प्रेम होगा वह उस पर उतना ही अधिक अधिकार चाहेगा। प्रेम का मनोविज्ञान यही बताता है। कबीर जैसे भक्त भी प्रेम के क्षेत्र में अपने प्रियतम पर पूरा अधिकार चाहते हैं। देखिए—

नयना अन्तर आव तूं, नयन ढाँपि तोहि लेउँ।
ना मैं देखूं और को, ना तोहि देखन देउँ॥

हमारे पुराने आचार्यों ने भी इस तथ्य को स्वीकार किया है। भोजराज ने शृंगार का मूल अहं को माना है किन्तु वे अहं की स्थिति अकेले पुरुष में ही नहीं मानते, दोनों में मानते हैं। दूसरे शब्दों में यों कह सकते हैं कि प्रत्येक प्रेम के मूल में अहं का होना आवश्यक है। बिना अहं के प्रेम नहीं किया जा सकता। अतः चाहे पुरुष हो या नारी प्रत्येक में अहं का होना आवश्यक है।

प्रश्न है, इस समस्या का वास्तविक कारण क्या है ? हमारे विचार से इसमें जो समस्या चित्रित की गई है वह वास्तविक समस्या नहीं है। समस्या को बढ़ा-चढ़ा कर दिखलाया गया है। संन्यासी के सारे नारी पात्र आत्महत्या कर लेते हैं। वास्तविकता यह है कि आत्महत्या करके प्राण त्यागने वाली नारियों की औसत 1 प्रतिशत

भी नहीं है। हजारों में केवल एक ही होगी जो संन्यासी के नारी पात्रों का अनुगमन करती हो। यदि कोई विदेशी संन्यासी को पढ़कर भारत की नारियों की स्थिति समझना चाहे तो वह इस निष्कर्ष पर पहुँचेगा कि भारत की 80 प्रतिशत नारियाँ जलकर मरती हैं, 10 प्रतिशत नदी में डूबकर और शेष क्षय रोग से ग्रस्त होकर। आश्चर्य की बात यह है कि संन्यासी की एक नारी भी अपनी मौत नहीं मरती। जहाँ समस्या को ही अतिरंजित रूप में लिया गया है वहाँ उसका वास्तविक समाधान खोजना व्यर्थ है। हाँ, इतना हम अवश्य स्वीकार करते हैं कि भारतीय समाज में विशेषतः विवाह के संबंध में अनेक रूढ़ियाँ हैं जिनके कारण हमारा दाम्पत्य जीवन सुखमय नहीं बन पाता। जाति-पाँति, भेद-भाव, लेन-देन और दहेज तथा लड़के-लड़कियों की इच्छा के विरुद्ध विवाह करने की रूढ़ियों के कारण हमारे अनेक विवाह सफल नहीं हो पाते। नन्दकिशोर का विवाह शान्ति से हो जाना चाहिए था किन्तु उनकी जाति और गोत्र न मिलने के कारण नन्दकिशोर के बड़े भाई ने उनके विवाह को अस्वीकार कर दिया। जयन्ती का विवाह कैलाश से होना चाहिए था किन्तु सामाजिक स्थिति की विषमता के कारण यह न हुआ। यह आश्चर्य की बात है कि नन्दकिशोर और जयन्ती के विवाह के पूर्व नन्दकिशोर की इच्छा को जानने का तो प्रयत्न किया जाता है, किन्तु जयंती की इच्छा को नहीं जाना जाता। यह कितने आश्चर्य की बात है कि हमारे इस समाज में अधिकांश माता-पिता अपनी लड़कियों से उनके विवाह से पूर्व कोई सम्मति नहीं लेते। इतना ही नहीं, इस सम्बन्ध में वह अपनी पसन्द, अपनी मान-मर्यादा और अपनी रूढ़ियों को बलात् अपनी सन्तान पर थोपते हैं। संन्यासी में एक स्थान पर नन्दकिशोर स्वयं इस निष्कर्ष पर पहुँचता है कि दाम्पत्य जीवन की सफलता के लिए उसमें दो बातें आवश्यक हैं। एक तो विवाह समाज से सम्मत हो, दूसरे लड़के और लड़की की मनोवृत्तियाँ ऐसी हों कि वे एक-दूसरे से समझौता कर सकें। इसके लिए दोनों में विरोधी गुण हों। उसके विचार से यदि कलाकार का विवाह कलाकार से हुआ तो वह असफल होगा। एक कलाकार हो तो दूसरा वैज्ञानिक। तभी आकर्षण रहेगा। अस्तु, यह विवाह सम्बन्धी उपर्युक्त नियम कहाँ तक ठीक है, हम कुछ नहीं कहते। हम तो केवल इतना ही स्पष्ट कर देना चाहते हैं कि शांति और नन्दकिशोर के विवाह की असफलता का कारण नन्दकिशोर न होकर हिन्दू-समाज ही है। समाज की बुराइयों के लिए एक व्यक्ति या एक वर्ग को उत्तरदायी समझना अन्याय है। यह न समझें कि विवाहित जीवन की असफलता के कारण नारी दुःखी होगी, पुरुष नहीं। दोनों ही दुःखी होते हैं। नन्दकिशोर को कौन-सा सुख मिला? उसे भी तो अन्त में संन्यासी बनना पड़ा। अन्तर यह है कि नारी दुर्बल होती है। अतः वह आत्महत्या करके जीवन के दुःखों से छुटकारा पा लेती है जबकि पुरुष अपने धैर्य और कष्ट-सहिष्णुता के गुण के कारण संन्यासी बनकर जीवन के दुःखों से मुक्ति प्राप्त कर लेता है।

—o—

25

क्या 'मृगनयनी' रोमानी उपन्यास है?

पाश्चात्य साहित्य में जीवट और प्रेम से पूर्ण उपन्यासों को रोमांस का नाम दिया गया है। यद्यपि रोमांस शब्द की व्याख्या भिन्न-भिन्न विद्वानों ने भिन्न-भिन्न प्रकार से की है, किन्तु यह लगभग निश्चित है कि रोमांस में कल्पना का एक स्वच्छन्द वेग होता है, उसका नायक साहस और प्रेम का जीवित पुतला होता है, विभिन्न कठिन परिस्थितियों का सामना करता हुआ तथा अपने शौर्य का परिचय देता हुआ वह जीवन-पथ पर आगे बढ़ता है, किन्तु इस शौर्य में एक निष्ठुर क्रूर की-सी कठोरता नहीं होती, उसके नीचे छिपा हुआ होता है एक कोमल हृदय जो प्रेम रस में सराबोर होता है। नायक अपने इन गुणों के कारण पाठक की सहज सहानुभूति को बरबस ही अपनी ओर आकर्षित कर लेता है। इस प्रकार के नायक को लेकर हिन्दी में लिखे गए विशुद्ध रोमांस कम ही हैं।

रोमांस की दृष्टि से मृगनयनी की व्याख्या करने से पूर्व यह विचार कर लेना आवश्यक होगा कि मृगनयनी क्या वास्तव में रोमांस है अथवा कितने अंशों में रोमांस है? हिन्दी के विभिन्न आलोचकों ने इसमें रोमानी उपन्यासों के तत्त्वों का निदर्शन किया है। डॉ० सत्येन्द्र जी ने 'मृगनयनी में कला और कृतित्व' में ऐसे ऐतिहासिक रोमांस स्वीकार किया है। उपन्यास की भूमिका को देखने से भी यह सिद्ध होता है कि लेखक का भी ध्यान इसे ऐतिहासिक रोमांस बनाने का अवश्य था, क्योंकि उनके अनुसार उनकी 'एक सम्मानित पाठिका ने उनसे मृगनयनी और मानसिंह के ऐतिहासिक रूमानी कथानक पर उपन्यास लिखने का अनुरोध किया था'। अतः इस उपन्यास में रूमानी उपन्यास के तत्त्वों के होने की बहुत सम्भावना है।

मृगनयनी उपन्यास का नायक मानसिंह है, वह आठ रानियों से विवाह के पश्चात् मृगनयनी से विवाह करता है। इस विवाह के लिए भी उसे विशेष कठिनाइयों का सामना करना पड़ता है, उसके विचार मात्र से प्रेमपूर्ण व्यवहार चलता है, विभिन्न कलाओं की साधना होती है, गयासुद्दीन व सिकन्दर लोदी के आक्रमणों के कारण बीच-बीच में उसकी यह साधना भंग भी हो जाती है, एक-दो बार आक्रमणकारियों को

पराजित भी कर देता है, उसका सामन्त अपनी राजभक्ति के जोश में सिकन्दर से जाकर टक्कर लेता है। उसका सिर काट लिया जाता है। किन्तु यह सब कुछ देखकर भी हमारे नायक की कला-साधना भंग नहीं होती है। तुर्कों के आक्रमण के समय उन्हें धन देकर संतुष्ट करने की बात भी सूझती है। आगे चलकर वह नरवर का किला भी हार जाता है, अपने राजकुमारों में से राजगद्दी किसको दी जाए—इस समस्या के सामने भी वह परास्त-सा दिखाई पड़ता है। वस्तुतः सब कुछ मिलाकर देखें तो मान-सिंह तोमर में प्रेम और शौर्य की वह चरम परिणति नहीं मिलती जिसके आधार पर उसे रोमांस का नायक कहा जा सके। आठ रानियों के पश्चात् जिस सरलता से उसका मृगनयनी से सम्बन्ध जुड़ता है वह एक रोमांस के लिए यथेष्ट नहीं, राजमहल की चार दीवारियों के भीतर चलने वाला उसका प्रणय भी बहुत गहरा नहीं कहा जा सकता, उसके शौर्य में भी विपत्तियों के सामने जाकर टकराने की प्रेरणा नहीं है, मानसिंह का शौर्य आई हुई विपत्तियों को किसी प्रकार टालने में ही व्यंजित हुआ है, और उन्हें भी वह पूर्णतः टाल नहीं सका। सांसारिक दृष्टि से मानसिंह को एक व्यवहारकुशल शासक कह सकते हैं, किन्तु रूमानी उपन्यास का नायक नहीं।

शौर्य की व्यंजना वस्तुतः इस उपन्यास में जैसी मृगनयनी और लाखी के द्वारा हुई है वैसी अन्य पात्रों द्वारा नहीं। यद्यपि वे नारी हैं किन्तु नाहर और तेन्दुए का शिकार एक ही बाण में कर देने में समर्थ हैं। दुर्गम वनों में प्रवेश करते हुए घनी झाड़ियों और गहरी घाटियों को पार करते हुए भी वे नहीं घबरातीं। वे दो होकर भी चार सुसज्जित घुड़सवारों का सामना कर सकती हैं। वस्तुतः उनमें आई हुई विपत्ति का निराकरण करने की ही हिम्मत नहीं, अपितु विपत्ति के सामने दौड़कर उससे टक्कर लेने का साहस भी उनमें है जो रोमांस में अनिवार्यतः होता है।

राजा के रनिवास में जाकर भी मृगनयनी की शौर्य भावना का वेग कम नहीं पड़ता। वह कलाओं में पारंगत होती है किन्तु उससे उसकी कर्त्तव्य भावना पर कोई प्रभाव नहीं पड़ता। जब मानसिंह आक्रमणकारी तुर्कों को धन देकर शान्त करने की सोचता है तो मृगनयनी जो उत्तर देती है वह दोनों के चरित्र के अन्तर को स्पष्ट कर देता है—'कलाओं की बहुत अधिक पूजा ने ही क्या आपके ध्यान को राजनीति के दाम वाले अंग पर अधिक जा बिठलाया। दण्ड की बात आप क्यों नहीं सोच रहे हैं।'

वस्तुतः मृगनयनी में जिस शौर्य भावना का परिचय मिलता है, उसकी ऊँचाई तक मानसिंह नहीं पहुँच पाता। किन्तु राजभवन में पहुँच जाने के बाद मृगनयनी की परिस्थितियों ने उसे कोई ऐसा अवसर प्रदान नहीं किया जिससे वह क्रियात्मक रूप में अपनी शौर्य भावना का प्रदर्शन कर सकती। इसके विपरीत लाखी को अवसर अधिक मिले।

सबसे पूर्व यदि लाखी और अटल का प्रेम सम्बन्ध ल तो वह भी उनके साहस का परिचायक है। मृगनयनी और मानसिंह का प्रणय सम्बन्ध तो बिना किसी विरोध

के कुछ घड़ियों में ही स्थिर हो गया और अन्त तक निर्बाध गति से चलता रहा। किन्तु लाखी और अटल की परिस्थितियाँ विषम थीं। उनका विवाह सम्बन्ध एक सरल कार्य नहीं था, उसके लिए उन्हें समाज और जाति से लोहा लेना पड़ा, एक शहर से दूसरे शहर मारे-मारे फिरते रहे। वस्तुतः विवाह उनके जीवन में एक खिला हुआ फूल बनकर नहीं आया अपितु एक जलता हुआ अंगारा बनकर आया, जिसकी आँच से वे जहाँ भी गए, झुलसते रहे। चाहे राई गाँव के अहीरों की बस्ती में हो, चाहे नरवर के मन्दिर में बैठे हों, सर्वत्र जाति-भेद का अंगारा उन्हें जलाता रहा, जिसकी जलन को लाखी अपनी मृत्यु के समय तक न भूल सकी और भिक्षा के रूप में अटल से माँगना पड़ा, 'अपनी जाति में विवाह कर लेना।'

अटल और लाखी में प्रेम और शौर्य की मिश्रित भावनाओं का विकास आरम्भ से अन्त तक होता गया है। समाज और जाति से लोहा लेना उनकी क्रान्तिकारी भावनाओं का परिचय देता है, ग्वालियर राज्य में शरण न लेकर नटों के साथ किसी अज्ञात प्रदेश के लिए प्रस्थान कर देना उनकी साहसिक भावनाओं का परिचय देता है, नटों के घेरे में से निकलना उनकी बुद्धिमत्ता का सूचक है, और अन्त में राईगढ़ की रक्षा में दोनों का एक ही रात्रि में प्राणों की आहुति दे देना, दोनों के अक्षुण्ण गौरव का ज्वलंत प्रमाण है। इनके जीवन की विषमता के सामने मृगनयनी और मानसिंह की जीवन लीला बहुत कुछ समता पर चलती दिखाई देती है। जहाँ लाखी और अटल के जीवन में विद्रोह है, कठिनाइयाँ हैं, दौड़-धूप है, त्याग है और बलिदान है वहाँ मृगनयनी और मानसिंह के जीवन में शान्ति है, प्रेम है, राग है, रंग है, नृत्य है, संगीत है और है जीवन की सुखमय परिणति। अतः हम कहेंगे कि लाखी और अटल की शौर्य और प्रेमपूर्ण कहानी में एक रोमानी नायक और नायिका की कहानी चित्रित हुई है, यद्यपि यह कहानी मुख्य कहानी नहीं है, मुख्य कहानी के समानान्तर चलती है, किन्तु फिर भी इसका महत्त्व कम नहीं है।

अस्तु, हम कह सकते हैं कि मृगनयनी में रोमानी उपन्यासों के तत्त्व कुछ मात्रा में आ गए हैं, किन्तु उनका सम्बन्ध मूल कथानक में नहीं, लाखी और अटल के प्रासंगिक आख्यान से है। वस्तुतः इतिहास का अंकुश होने के कारण मानसिंह और मृगनयनी के निर्माण में लेखक की कलम पूर्ण स्वच्छन्दता से आगे नहीं बढ़ सकी, यही कारण है कि कई स्थलों पर उसे नायिका नायक के रोमानी स्वप्नों को वास्तविकता की कैंची से काट देना पड़ा।

—o—

नामानुक्रमणिका